中國夢
從
鄧小平
到
習近平

Following the Leader:
Ruling China,
from
Deng Xiaoping
to
Xi Jinping

大衛·藍普頓 著 林添貴 譯
David M. Lampton

〔增修版序〕

新時代的中國夢

這本書英文書名 *Following the Leader*（直譯為「追隨領導人」）意在傳遞四個概念：第一，本書探討的是「偉大的舵手」毛澤東之後的時期，從鄧小平直到習近平上台初期。第二，「追隨領導人」表達一個事實；鄧小平欽定的兩個接班人江澤民和胡錦濤，絕大部分時間都遵循鄧小平訂下的內政和外交政策路線。第三，這個詞語的意思涉及中國政治文化的特色──領導人在中國政治生活居於中心地位。第四點關係到、但又與第三點分隔開。猶如孩童玩追隨領導人的遊戲，我們也值得去觀察，中國社會是否有能力追隨領導人走上建設性的康莊大道、還是沒有建樹的死胡同？

本書初版完稿於二〇一三年春天，剛好是習近平完成他取得三合一權位──黨的總書記、國家主席和中央軍委主席（習近平一度自稱是三軍統帥）──的冗長接班過程。本書初版時，對於鄧小平、江澤民和胡錦濤之後的時代會如何發展，唯一能肯定說的只是「習近平會如何演變仍有待觀察」（七十六頁）。鑒於習近平的背景是：他父親習仲勛是鄧小平忠實的支持者，而他本人曾在與西方來往密切的沿海省分擔任領導幹部，他一家人在文革期間顛沛流離，一般人都希望──也有人期許──習近平會繼續奉行他父親和鄧小平啟動的改革開放之內容和精神。然而，事情的發展卻大不相同。回顧二〇一八年以來，中國並不再處於改革時期。

針對改革時期的治理、領導人物和外交政策，本書從二〇一三年的視角，對中國的未來發展描繪了四個劇本，聲稱「這些劇本都有可能發生」（八十七頁）。第一個劇本是政治倒退，增強專制治理和政治經濟的退化。第二個劇本是中國出現改革型的領袖，很快地把中國帶向自由主義或是威權專制——後者的機會比較大。未來可能的第三條路徑是持續一九七七年以來逐步增進的改革過程，將中國的治理逐步訂為法律，根據規範行為，對愈來愈多有力量的社會力量有回應，讓市場日益成為大家渴望的資源分配者，並且與二戰後國際體系的全球體制和慣例日益融合。最後一個危險的可能性是，鑒於社會日益多元化，中國的中心——任何中心——都堅守不住，從而在國內外「導致愈來愈無從控制的中國」（八十七頁）。回顧這些假設性的劇本，至少從西方人的角度來看，會出問題的可能性竟然以三比一的比例超過了建設性的可能性。

在初版出版五年之後，也就是我撰寫這篇新序文的當下，我們愈來愈清楚看到發展已經出發了、並繼續向前邁進的方向。習近平在第一任期間，並沒有抓住他令人印象深刻的權力整合的機會，循著後毛澤東時期三位前任領導人所畫的軌跡進一步推進改革。習近平和他的同僚反而加強了列寧主義的內部治理方法和強悍的外交政策行為。習近平和他的助手們彷彿為了證實這些事態的發展，將這一時期稱為「新時代」——「習近平新時代中國特色社會主義思想」。在這個新時代，習近平不是鄧式改革的管家和推動者——這是別人的願景。他是「中國夢」和「中華民族偉大復興」的設計師。事實證明，《從鄧小平到習近平》講述的改革時代在書出版後不久就沒落了。因此，這本書提供了基準，可用來衡量習近平偏離先前趨勢的程度，以及了解為何及如何會發生這種情況。習近平的崛起提醒我們，正如世界其他地方的民族主義和民粹主義領導人浪潮所證明的那樣，領導人非常重要。

現在我們至少可以說出本書初版問世時無法預言的兩件事。第一、本書涵蓋了幾乎整個改革時期，從鄧小平於一九七七年至一九七八年躍居首要地位，到習近平於二〇一二年底和二〇一三年初通過黨和全國人民代表大會接掌大權、逐步鞏固權位。習近平在贏得第二任期的過程中進一步鞏固他的強人統治，如果他有意、可以繼續任職——廢止任期限制已經成為自從習近平「上台」以來，原本逐漸發展的遵循規範治理的制度遭受打擊的指標。

改革時期的主要特徵包括，市場和非國有部門逐步穩定擴大；中國共產黨沒有搶著站上前台亮相；加強管理領導人權位競爭和繼任的規範；政治菁英內部採行共識式的決策；權力和資源日益分散、民間社會更加突出；以及通常會盡量避免與他人發生衝突的外交政策。誠然，在改革時期，這些趨勢發生過重大的中斷，尤其是在一九八九年的六四事件，但是歷史的弧線通常都朝著這些方向彎曲。改革已經放慢腳步，習近平上台之前又後退了幾步，也是事實。在胡錦濤領導下，改革的速度大大放慢，反映出一個事實：江澤民時代推出太多改革，需要時間消化；經過過去幾十年的進展，中國公民開始感受到國力強大，同時也出現新的利益團體抵制進一步變革。儘管如此，習近平在其第一任、以及現在的第二任任期中，已將中國從上述的改革議程更往前推進。

第二、我們現在可以說，全球環境已經發生了巨大變化，反映出中國在國外的行動，其他國家（尤其是美國）的行為，全球大國關係的轉變，世界各地專業知識的普遍貶值，以及日益嚴峻的跨國挑戰，譬如氣候變遷和移民的問題。國際環境發生幾個明顯變化，包括：（1）美國在二〇〇八至二〇〇九年的全球金融危機及其後，其經濟和信譽遭受巨大的打擊。這也為中華人民共和國快速踏向全球舞台的中央創造出意想不到的機會。（2）川普政府更進一步替中國打開更多的機會之窗，他使華府疏離了美國在國際體系中的歷史性支持基礎，無論這些支持是盟友、多邊機構和安排，還是國際自由貿易體系本身。（3）北京充分利用它二〇〇一年加入世界貿易組織和國內的經濟改革，強化它的全球經濟地位。正如我在《中國國力的三張面孔：力量、金錢和思想》（*The Three Faces of Chinese Power: Might, Money, and Minds*）中所預言的那樣，中國已在全球各地部署它不斷增長的經濟力量。（4）民粹主義和民族主義在全球各地興起，使得習近平推動的威權主義看起來沒那麼突兀。（5）電子計算能力、人工智慧和監視技術的興起，使得北京得以建設社會控制的基礎設施，這是連毛澤東也無法想像得到的發展。（6）北京愈來愈擔心與台灣統一的前景會日益倒退，使習近平得出結論：如果要遏制台北步向自主，就需要向台北施加更多的壓力。之前，中共緩和對台政策有助於一九七〇年代中美關係的正常化，北京對台政策趨向強硬和美國的抗阻，可能預示著衝突即將會加劇。

在川普政府接棒之前，歐巴馬政府就已經開始改變美國對中國的戰略方向，於二〇一一年底宣布將「重返亞洲」。可以預想得到，這也進一步激化了中國在國內和國外政策的負面衝動，中國新任國家主席需要證明他是中國利益、主權主張和全球地位的強大有力之捍衛者。中國的反應（以及北京發動的機會主義舉動，譬如在南中國海的各種舉措）激起西方、尤其是華府的挑戰和對抗衝動。川普政府的「國家安全戰略」（於二〇一七年十二月發布）對於北京（和莫斯科）對美國本土和全球利益構成的威脅，做出廣義的界定，聲稱：「中國和俄羅斯挑戰美國的力量、影響力和利益，試圖侵蝕美國的安全與繁榮。他們決心使經濟變得更不自由、更不公平，並且發展其軍事力量，控制資訊和數據以壓制其社會、及擴大其影響力。」

本書的核心主題是，中國的改革時期除了融入全球經濟之外，還經歷了三項重大的內部變革。首先是出現不再專擅一切的領導人，他們具有互動的性格，相對而言，性格上傾向尋求共識。第二個宏觀趨勢是社會日益多元化、城市化和複雜化，政治體制轉向一種更具利益團體形式的政治。第三，國家與社會之間的平衡正在逐漸轉移，為公民社會和個人提供了更多機會可以表達其利益和願望。中產階級已經（並且也仍在）迅速增長。只要這些似乎還是中國的主要趨勢（從鄧小平到胡錦濤時期大體上都是如此），那麼外部勢力就可以耐心地與中國交往，讓它有空間，以它獨特又互補的方式去發展。

但是，要證明舊時事務卻發現歷史接二連三出岔錯，正是這三個內部的大變化讓習近平及其盟友擔心。此外，就在習近平接棒前，國外出現社會動盪海嘯，「顏色革命」和「阿拉伯之春」成為他最擔心的總和，而且國內「群體事件」也有增無減。總而言之，原本是美國願意持久和中國交往的趨勢和希望，卻愈來愈引起以習近平為主導的中國菁英的焦慮。

習近平上台後的第一批舉動之一，就是成立國家安全委員會（二〇一三／一四年），主要目的是制止從中國國內外發動的內部「顛覆」。此外，習近平在其第一任期初期就發起一場迄今仍在進行的反貪腐運動，它已經打倒了黨國、軍方和地方網絡中的大量政治反對派。這項運動的結果是讓公安部、國家安全部和中央宣傳部及其附屬機構，如大眾傳媒和教育部等老式的列寧主義機構有更大權力。習近平也更加重視政治灌輸和收緊媒體，尤其是在大學校園和不穩定地區，譬如西部的新疆自治區更為明顯。可以預想得到，鑒於上述趨勢，國內外民間組織的空間受到許多因素的限制，包括二〇一六年制訂《非政府組織法》加以約束。所有這一切都濃縮在習近平於二〇一七年十月第十九屆黨全國代表大會上的一句話：「黨領導一切。」

這些發展引發幾個非常大的問題，其中最重要的是：在本書中所確認改革時期的主要變化（社會多元化、國家－社會平衡的變化以及領導人不再一言九鼎）等大趨勢還會堅持下去嗎？換句話說，習近平時代是中間過場、還是長期狀態？我的猜測是，儘管當前的發展可能不受歡迎，但它們的持續時間可能比人們想像的還要更長。但是中國領導人從不假設情勢會穩定——外部觀察者也不應該如此假設。

還有一個新發展也增強專制方向能夠持續下去，就是政府可以利用社交媒體和社會監督的新工具來增強其控制能力。「社會核算」（social accounting）是利用大數據工具實時監控、編輯和分析個人數據和活動，這種社會控制的工具，以前的獨裁者只能夢想。隨著時間的流逝，我預期社會多元化、國家－社會平衡的轉變以及領導人不再一言九鼎的大趨勢應該會持續下去。但是目前的問題是：在那一天到來之前，中國和世界要付出什麼代價？

第二個大問題涉及每個人對中國政治文化的理解，這是一個社會的人民對彼此的互信、妥協的價值以及他們個人和國家相對地位的取向。中國大多數人是把自己視為臣民或是公民？他們渴望成為參與者嗎？或者，正如我所認為的那樣，在這些問題上，不同部門的公民是否有不同的取向？隨著國內外環境的變化，人們的觀點也可能會搖擺不定。

長期以來，在美國的通俗和學術討論中，對政治文化議題的政治正確答案，一直具有普遍一致的性質，認為：「當然，所有人對自由、尊重、自我實現和參與都有著相同的嚮往。」我相信到頭來，這話一點都沒錯，正如殷格哈特（Inglehart）和魏澤爾（Welzel）在他們的大規模研究《現代化、文化變革和民主：人類發展序列》（*Modernization, Cultural Change, and Democracy: The Human Development Sequence*）中所記載的那樣。但是殷格哈特和魏澤爾提出來的警告卻常常被忽視，也就是在壓力下，倒退是可能的；較為專制和家長式的行為以及治理的舊形式會重現。因此，問題是：中國目前的趨勢能走多遠，能持續多久？中國人民將追隨這位領導人或其他人走多久？改革時期的知識分子和社會兒童會堅持自己的主張嗎？如果可以，會是在什麼條件下？或者，他們會徘徊很長時間，或甚至是在不確定的世界中積極地擁抱一個實力強大的中國國家——向國家社會主義（或國家資本主義）邁進，也許更會採取極端形式？

關於中國的未來走向還有最後一個大問號，就是它與外界、特別是與美國互動的特性。劉易斯・柯瑟（Lewis Coser）很久以前在他的大作《社會衝突的功能》（*The Functions of Social Conflict*）中告訴我們，群體內的人通常會通過反對群體外的人的方式來界定自己。對於外部群體的意圖和能力愈是敵對，則內部群體中的個人愈會屈從於面對威脅時整體社會必須團結的需求。中國領導人愈能夠有可信度地描繪出外界，如美國及其他國家，對中國的經濟、安全和地位的渴望懷抱敵意，就愈難期望在中國境內堅持自由化的趨勢。當然，中國對美國的意圖表現警懼之心，也在美國引發了敵意。近年來，約有一半的美國人口和中國人口彼此互視為威脅（這一區分只是粗估），這對未來的互動並不是好預兆。

撰寫這篇序文時，中美貿易摩擦正日益加劇，我們只能形容目前的情境是中美戰略對抗日益快速增長，並且所有領域（太空、網絡、海上、空中和陸地）的軍備競賽也在加速發展的背景下，我們只能預期北京對它和華府及其他國家關係，會走向防禦、強硬和兩極分化的可能性。美國和中國的安全界從對立中相互汲取力量、升高敵意。如第六章所述，中國正在建設一個軍事工業綜合體，它的動力和成果與美國的軍事工業綜合體十分相似。

本書初版問世時，中國似乎正處於一個接班過程，儘管沒有能夠完全制度化或納入有意義的憲法約束之中，但是正變得愈來愈基於規範和可以預測的狀況。我在書中結論談到習近平剛剛完成的權力接班時說：「我們不妨設想一個情景：如果習近平在二〇一二至一三年接班之前不幸失去行為能力：有沒有其他備胎的「B計劃」？根本沒有。這種可能性令人背脊發涼。」（二四八頁）如今，隨著習近平在二〇一八年三月第十三屆全國人民代表大會上廢止任期限制，從而大幅削弱了原先不斷發展的接班規範，我們甚至更沒有信心相信，穩定的政治體系的最基本職能──權力接班──能否順利進行。

這篇序文以初版結論中就美中關係的前景所提出的相同問題和兩點觀察做為結尾。但是，增修付印時，與第一版問世時相比，我們沒有什麼理由感到更加樂觀。過去是問題的，現在仍然是：「相互依存、透過合作可得到的收穫，以及每一方都需要自我改造的向心力，是否比起不同哲學出發點、經常不同的國家利益、不同的國家論述，以及愈來愈碎裂的社會和政治之綜合力道，來得強勁？」（二五九頁）第一個觀察結果是，而且仍然是：「施加粗暴的外來壓力以加速中國的內部改革，以及設計粗暴的外來壓力以製造更符合心意的中國外交政策，一般都會引起反彈。」第二個觀點過去是，現在仍然是：「過度寬待中國的要求反而讓北京覺得你軟弱，會使它進一步咄咄逼人。」（二六〇頁）

在習近平和川普主政的當前時代，中美兩國追隨領導人走上危險的道路。習近平領導中國在國內和國外都走向令人不安的方向，而美國在川普時代的回應更加強了中國的這種行為模式，因為它在其他方面都製造了許多問題。二〇一三年，本書總結說，中國面臨的最大挑戰是建設性地管理多元化、並抵制民族主義的警笛聲。現在我們可以說，中美都共同面臨這兩個雙重挑戰。

大衛・藍普頓

二〇一八年十二月於華府

從鄧小平到習近平

Following the Leader
Ruling China, From Deng Xiaoping to Xi Jinping

大衛·藍普頓 著
David M. Lampton

林添貴 譯

目錄

導言

毛主席偉大，在於他帶給中國統一和獨立。鄧小平同志偉大，在於他把中國帶向改革開放；江澤民同志則讓人民過正常生活。從前，我小時候，長輩告誡我，不要犯政治錯誤；現在我可以告訴我家小孩，在學校好好念書，將來可能成為百萬富翁。現在的環境自由、輕鬆多了。現在的人喜歡去看電影《鐵達尼號》，有個婦人看了九次，每次都流淚。享受日常生活，這是新主意。從前，我們必須講為群眾貢獻。但是我們來到世界是要享受短暫的生命。對中國人來講，能過正常生活很重要。文革時我是紅衛兵，我女兒聽了很驚訝，說我過去是土匪。在我家裡，成長期間，每一餐飯開飯前，當著牆上掛著的毛主席照片，我們要背毛語錄。現在回想起來，幹那種蠢事，實在好笑。

——某特殊活動的秘書長，二〇〇三年七月，北京

這本書以對中國領導人五百五十八次訪談筆記、田野調查，以及無數的文件做為基礎，把鄧小平一九七七年復出掌權以來中國不同尋常的進程人性化，檢視中國的國內政治、對外關係、天災人禍、文武關係和中國式談判。本書揭露中國領導人感受到的人之挫折、讓他們夜不成眠的夢魘，以及他們面臨挑戰規模之龐大。挑戰的範圍包括從符合日益升高的政治期望和維持經濟繼續增長，到提供人民可以呼吸的空氣和喝瓶裝水，並確保世界了解中國國勢日盛並不是威脅。在二十一世紀的第二個十年，中國處於

與一九七七年迥然不同的政治空間。今天，領導人較為弱勢、社會和官僚的分化擴大、社會和利益團體的力量愈來愈大，使得相形落後的政治制度能與改變中的世界愈來愈和諧，乃是最核心的挑戰。

中國自一九七七年以來無可倫比的成長和社會變遷，構成一個重大問題。「中國政府將可以在未來控制其本身對內及對外的行為嗎？」如果不行，對中國、對世界的前程都會遇上重大困難。是否能夠繼續維持控制這個問題，部分答案繫於中國過去有什麼樣的領導人？將來會出現什麼樣的領導人？中國領導人傳達給其人民和世界是什麼樣的願景、而它們會是如何改變？這些領導人將如何與他們要治理的愈來愈複雜、愈來愈多元化的社會互動呢？中國的多元主義會愈來愈固定在愈來愈普世化的體制、法律、規章和倫理模範之中嗎？

在世界事務中，領導人可以起極大的作用。他們的行為植基在個人與團體經驗、國內經濟／社會／政治勢力、體制結構、國際體系、外來壓力及機運的錯綜複雜、變動不居的組合。由於在解釋國家行為時領導人的因素很重要，我們必須深入探究個別領導人的特定動機、能力和理解去預測其未來行為。一般的理論並不足夠。中國領導人面臨的內部治理工作其龐大和複雜度是如此盤根錯節，他們將會忙上一段很長的時間。中華人民共和國目前及未來的領導人，對於是否承擔許多外國人認為天經地義的國際責任，其實是、也仍將會舉棋不定。這些領導人身陷於兩難，一邊是國際地位日益上升、要保護中國在全球日益增長的利益，另一邊是明知他們的國家仍然貧窮、他們掌握的權力仍然薄弱。當中國的公民、企業及其他組織將觸角延伸到全球各角落去之時，北京將發現它愈來愈難控制他們的巨大活動。

自一九七〇年代初以來，中國各層級領導人關於治理國家及處理對外關係的思維是如何演化的呢？相較於鄧小平於一九七七年七月重回全國及國際舞台——我把這個時間視為改革時期的開端——之時，中國政治制度有了什麼程度的不同？❶本書讓中國領導人自己來說明。

然而，除了只是具現中國不同尋常的發展過程之外，本書還有更廣泛的目的——它提出一幅演進的圖象，具體講出改變和持續，並儘可能地揭露在經常備感挫折的中國制度中運作的真實狀況。本書是當代中國領導人面臨挑戰的歷史，以個案研究和個人層面的資料來說明。它以圖表和理論來界定中國已經如何改變，以及未來它對其人民及世界的挑戰是什麼。

我在這裡所界定的「領導人」指的是在公共、私人及社會組織部門，對政策及公共討論（政治、軍事、社會、經濟及知識）等不同領域發揮相當影響力的一些人。中國領導人的範圍廣大，不限於坐在全國權力階層頂峰那幾位中央政治局常委。改革開放時期，中國最重要的改變之一就是領導人的範圍和多樣性逐漸擴大。

改革開放時期的中國領導人如何看待中國的治理及其在全球事務的角色，有持續性、也有劇烈的改變。對於二十一世紀生活在中國境內，以及雖住在國外、卻又必須與中國共存的人士而言，了解這些持續性及改變是非常重要的。例如，對於中國公民及外在世界的人士而言，有一個後果相當明顯的持續領域，即是在十分多數的中國老百姓心目中仍有一個深鑄於心的觀念，認為國家在資訊管理方面有合法、根本及廣泛的角色；中國社會科學院一項研究發現，接受調查的中國城市居民有百分之八十以上認同互聯網應該受到管理或控制，而且將近百分之八十五的受訪者主張政府應該是管理互聯網的實體。❷另一方面，過去四十年有一項極大的改變，不僅是菁英、連一般老百姓也是，愈來愈承認及接受全球相互依存的概念。最大的改變是國內社會及政治制度的發展，其特徵是一個較為弱勢、較不凝聚的領導群，一個更多元化的社會和官僚，以及政府、社會及經濟界次於國家的「行動者」（actors），有更多的資源推動他們的利益。如果在缺乏下述三個條件之下，這些趨勢持續下去，不知節制的中國將給自己、鄰國及國際社會招來麻煩。這三個條件是：一、更合法、依規定的管控；二、更透明化及可問責；以及三、更多的倫理拘束。

歷史背景

中國在二十世紀發生過三次革命，其中兩次發生在共產黨主政時期；第一次則是一九一一年清朝覆亡，傳統的朝代體系也因之崩頹。經歷一段漫長的過渡時期，二十世紀上半葉的國內外動亂交加，促成一九四九年毛澤東的第二次（共產黨）革命，他運用權力的古怪方式又持續到一九七六年九月九日去世為止。最後，在二十世紀的最後二十多年又發生第三次革命，雖然是在共產黨治下——在改革開放時期——卻比較漸進、比較不暴力。它的特色出現在鄧小平一九八六年和哥倫比亞廣播公司（CBS）記者麥克·華萊士（Mike Wallace）的一番對話之中。麥克·華萊士說：「鄧小平的中國和毛澤東的中國不一樣。這兒正在進行新革命，至少看起來你是在試圖推動新革命。」鄧小平回答說：「你說得對。我們也說現在我們所做的，本質上就是革命。以另一個意義說，我們正在進行實驗。對我們來講，這是新鮮的事，我們必須摸索找出路。由於它是新生事務，我們肯定會犯錯。我們的方法就是不時檢討我們的經驗，一發現錯誤，立刻改正，小錯才不會變成大錯。」❸

經過數十年之後，毛澤東時期的極端作法已經遠去、幾乎絕跡，而鄧小平推動的改革其影響愈來愈清晰。雖然某些人懷念毛澤東時期的人為平等和單純，對於毛之後的改革時期某些不受歡迎的結果深感不滿，也痛恨不能發生的某些變革，可是沒人支持所謂的毛主席「秩序」下的核心特色：窮困潦倒、暴力頻仍、社會經濟控制和國家功能喪失。自從一九七七年以來，中國社會已經徹底改變，除非發生接近社會全面瓦解的事，這種國家暴政的先決條件已不復存在。

本書記載、說明和評估從毛澤東過世至鄧小平、江澤民、胡錦濤及至二〇一二年秋天習近平開始掌權這段期間中國革命不斷的演進狀況。革命是一種突然、有系統的改變，涉及捨棄和推翻原本已存在的社會政治秩序。雖然它可以自上發動，也可以從下發動，革命因為群眾全民參預而獲得活力，其特徵是出現新體制和行為模式。布林敦（Crane Brinton）在《革命的解剖》（The Anatomy of Revolution）中提到，革命經常經過初始的溫和、逐漸的放肆、全民的反應，以及有時候出現新的後續革命的周期——這說明了從毛澤東到鄧小平的進展。❹

一九四九年十月，毛澤東和中國共產黨崛起掌權，中國進入共產黨革命階段。毛澤東變本加厲，在往後四分之一個世紀以上時間裡進行一大堆代價高昂的實驗，為我所謂的第二次共產黨革命（鄧小平本人也這麼說）預鋪設舞台。我把這場革命的起始點定在一九七七年七月，即鄧小平復出、恢復領導要職，並迅速成為中國最高領導人——不過並非完全不受節制。以政治意義而言，鄧小平革命第一個戲劇性證據呈現在一九七八年十二月中共十一屆三中全會制訂的政策。這場會議把新時代界定為關心社會主義現代化、把農村生產制度去集中化，不久之後即又宣布美、中建立正式外交關係——此一大膽動作向外在世界擺出全新的姿勢。❺

毛澤東在一九四九年的掌權象徵了治理體制、意識型態、領導特質、體制組織、權力分配、社會經濟基礎發生劇變，同時也得到受治者相當大比例的積極支持（至少在開頭是如此），而鄧小平在將近三十年後的崛起也象徵了同樣巨大的革命轉變。在改革開放新時代裡，許多層面出現戲劇化變化：從馬克思主義／毛澤東政治教條到可衡量且務實的經濟和治理表現指標；從計劃經濟到相當大程度的市場導向制度；從年邁強硬派、農民和內陸革命家的統治到由年輕、更文雅、沿海、受過教育的及其他不同學術背景的人來統治；❻從自力更生的經濟到全球化和相互依存的定調者（pacesetter）；從知識上與外在世界隔離的制度，到愈來愈資訊飽和的社會，大量送人出國留學，同時也在國內大舉擴張教育；以及從極權的政治制度到以維持中國共產黨當家執政此一有限目標的威權制度。總而言之，從中國共產黨時期第一次革命往第二次革命移動中，中華人民共和國從一個積極尋求改造人類行為（與思想）的制度向主要關心維持平靜的政治現狀變化；從界定自給自足和孤立才是成功的制度，轉變為追求擴張中國在全球規模的權力和地位的制度。

把鄧小平發起的改革形容為「革命」，還需要附加一個重要的但書。按照鄧小平的設計，中國共產黨保持對權力的壟斷，實質上不允許非共產黨競爭治理體系的高位。然而，隨著時間進展，中國共產黨的組成起了相當大的變化，變成比較能反映它所統治的社會，並且在中國最低層級（村及城市的區級）逐漸出現十分有限的政治競爭。中國也採取一些有限度的作法試圖在中國共產黨黨內選派官員過程引進有競爭、看成績的設計，例如意向投票（straw poll）、差額選舉（候選人人數大於官職數），以及包含民眾意見的成績報告。❼甚且，隨著時間進展，政治菁英要爭取政治局常委及委員、中央委員，以及這些高層機構特定位置的競爭，也變得更加公開而明顯；二〇一二年秋天中共十八大及次年春天全國人大召開之前的波濤詭譎即是證明。重慶市委書記薄熙來在重慶任職期間「唱紅打黑」，努力爭取躋身中央政治局常委。他藉民心痛恨貪腐、希望有更安全、以國家為中心的社會安全網，以及對毛澤東時期單純的矇矓懷念，打造民眾支持基礎。二〇一二年春天，他的政治地位急轉直下，一部分原因是他太太謀殺外國商人海伍德（Neil Heywood），以及隨後部屬認為他大勢已去、紛紛棄他而去。

想要達成新社會與舊政治之間更和諧、可永續及平衡的經濟發展，以及增強法律與司法、管制和稽核體制的奮鬥，會在未來數十年驅動著中國政治。改革、不僅只是政治改革，就像騎腳踏車——不持續向前，就會跌倒。

領導人與社會力量的角色

要了解、甚或預期這個民族—國家的行為，至少有兩種不同的方法。一是運用理論，觀察國家以及國際對某特定狀況的行為之一般模式，並依此模式來預期它未來的行為。因此，米爾斯海默（John Mearsheimer）或保羅·尼茲（Paul Nitze）會認為，在一個基本上無政府狀態的國際體系內，一個力量日盛的崛起中大國（中國）面對目前的主宰大國（美國）時，這個崛起中的大國很可能會強調把經濟力量轉化為脅迫的力量，從而設法取代領先者、取得主宰優勢，也因此確保自身的安全。❽反過來說，崛起中大國此一行為，理論上會誘導目前的領先者（美國）採取防禦性反應，因此造成競爭的上升氣旋緊張、最後即使不爆發戰爭、也會導致衝突。從所謂的一般化模式和理論預測的特定行為，不太涉及在個別國家某一時段的特定體制或個人。進入二十一世紀之後，中國在亞洲的海上行為、中國鄰邦的憂慮，以及美國的回應試圖將美國的注意力及資產轉回太平洋的事例，即是這個觀點的某些證據。

不過，本書的立足點不同，在於尋求用他們自己的說法來了解中國的體制、社會政治制度及領導人。焦點擺在辨識領導人的目標和目的、體制會局限或便利他們的行動、以及關鍵個人及群體透過什麼樣的鏡頭篩濾資訊。這個作法是由內而外；是歸納法。本書採取的另一個視角是相互依存理論——認為在國際體系內體制和經濟的相互依存澆熄了走向衝突的衝動。相互依存限制了領導人的選擇，可以促進合作。例如，上海市領導人頗有先見之明，深知上海的福祉和它的主要出口市場、尤其是美國的經濟活力有直接關連。上海想盡辦法避免台海衝突或中美衝突——因為這對生意有百害而無一利！

要了解中華人民共和國不能單靠演繹法的戰略觀點，也不能靠歸納法的資料為主的辦法。可是，今天我發現一種對中國的了解起於正在興起的危險的大國衝突理論，它不僅出現在美國、也出現在中國某些圈子。❾本書想要藉由將我們對中華人民共和國的觀點置放在二十一世紀初的真實人物身上、讓他們用自己的聲音講述他們的國家、它的目前狀況及未來，從而豐富我們對中國的了解。我尋求傳遞中國領導人和社會的觀點，它們不僅比純粹從跨國理論和概括論述演繹的觀點更真實、也更能預測未來中國人的行為——且更人性。外交家肯楠（George Kennan）在和替他寫傳記的蓋迪士（John Lewis Gaddis）談話時，表示用類似的方法去理解另一個國家（他指的是蘇聯）的行為，這和他長期的冷戰工作夥伴保羅．尼茲大不相同：

〔保羅．尼茲〕對軍事規劃人員有很特殊的見解……誰是你在規劃戰爭時可能要對付的對手？我們要假設他會做些什麼呢？我們假設他希望我們事事耍奸邪。我們不問他為什麼該這麼希望。但是為了安全起見，我們假設他會對我們無所不用其極。其次，當我們對他的軍事力量、他的能力不敢確定時，我們會做最壞的打算。我懷疑這些事情會進到保羅的觀點裡。

你會看到，差別之一是他〔尼茲〕對付的是虛構的、非人的蘇聯菁英，而我要處理的是我所懷疑、但認為有可能的真實的人。❿

我在這裡用的基本途徑是歸納法，本書卻達成重要的理論結論，並做出預測。結論是，中國政治制度自從一九七七年七月鄧小平復出掌權以來已經徹底變了——領導人變得更弱、社會變得更強，而領導階層和社會都變得更加多元。預測是，若是政治和治理結構及過程沒有更進一步的根本改革，中國的政治文化也沒有進一步演進，將會很難維持社會和政治的穩定。中國已經進行極大的改變，但是唯有更加巨大的變革才能維持穩定直入二十一世紀。

資訊基礎：力量、限制和責任

雖然借重官方、其他文件和統計資料做為重要材料，本書的基礎是一九七一年至二〇一三年所進行的五百五十八次訪談記錄。這些訪談有極大部分（占九三％）由我親自進行，但我也借重少數同事所進行的訪談記錄，尤其是美中關係全國委員會副執行長珍．貝瑞斯（Jan Berris）的記錄。很少數情況下，我把美國政府高階會談的記錄謄本，以及新聞記者的採訪收進資料庫，特別是一九七一至七七年那段時期，因為當時中國才剛開始對美國開放、也是我定期前往中國訪問之前。⓫整體而言，我的訪談對象七〇％是中華人民共和國人士（不包括香港人士），一九％是中華民國人士，這兩大地區之外的人士列入「其他」（包括香港人士），我在本書附錄中會有更詳盡的說明。

我的職業生涯始自俄亥俄州立大學助理教授，後來到紐約出任美中關係全國委員會（National

Committee on United States –China Relations）執行長，再轉任美國企業研究所（American Enterprise Institute）和尼克森中心（Nixon Center）——它後來改名為國家利益中心（Center for the National Interest）——首任中國計劃主任，然後重返學術界在約翰霍普金斯大學高等國際研究學院擔任海曼講座教授（Hyman Professor）暨中國研究主任，我與來自大中華地區及其周圍轄區人士的絕大多數會議、談話和正式訪談，幾乎都會逐字做筆記。這些筆記包含與各階層領導人一對一交談、及團體會談，時間涵蓋相當長時期的田野調查，如一九八二年在中國、一九七八年在台灣，以及一九七二至七三年在香港，以及短暫的研究訪問，還有我自一九七〇年代中期以來即參與的不計其數的政策導向的代表團及對話。

這些接觸發生在許多不同的場合，通常是我兼具學術、官僚和政策目的一些情況下。這些不同、但又經常交織的目標意味我涉及建立持續、長期的關係——有些跨越數十年之久。這讓我對個人及他們的囿限有了感情，也給予我變化的感覺、而不只是人物不同的差異，不過有了這些見識、也有可能出現盲點和同理心，不僅會澄清、但也會遮蔽判斷。伴隨著這些交情和來往，肯定會對消息來源懷有責任感。

相當大部分的訪談全程以中文進行，或是受訪人說中文、當場譯成英語（通常是中國政府通譯負責翻譯）。採用接續翻譯方式時，雙語的聆聽人有兩次機會聽到傳遞的訊息，一次是發言方用本身的母語講、一次是聆聽方用本身的母語再聽一遍。這增加記錄內容及如何翻譯的可靠性。與中國資深學者、政策分析家和智庫研究員訪談時，由於他們語言相對流利，通常以英語進行對話。這種情況也代表通常不會有譯員或記錄員在場將對話正式記錄下來，以及干擾了現場的親密感。絕大多數的訪談是在中國、台灣和美國進行。起先，尤其是一九七〇年代和一九八〇年代初期，對中國談話人而言，在美國交談比較沒有拘束，但是我覺得隨著時間進展，中華人民共和國人士在中國境內也比較放得開、敢表達他們的想法。

資料庫裡的五百五十八項訪談並不全都是我在本書涵蓋的四十多年當中所記錄的談話，但它們都是我保有高品質材料和我認為最重要的談話。在我資料庫中的每一份文件通常都有一段「前言」，交代談話緣起。它會提供一些主角的小傳以及我們可能從前有過的交往互動，也敘述產生這次談話脈絡的背景（實質的及政治的）。每一項訪談錄都輸入微軟存取資料管理系統，研究人員只要使用關鍵字或「領域」（field）——如訪談日期、受訪人姓名、訪談進行的政治轄區、受訪人性別、地位、官職和地區——都可以搜尋。關於這套資料管理系統及用語的細節請參見本書附錄。

透過「訪談進行的政治轄區」可以搜尋訪談錄，指的是我畢生事業過程都採用「大中華」視角。雖然主要焦點是在中華人民共和國，我從來沒有忽視台灣、香港、澳門和海外僑民（特別是遍布東南亞的華僑）的重要性。這些不在中華人民共和國行政控制下的社群是中國思想、人才、行銷網絡、資金以及有時候政治支持的重要來源，更不用說也是北京的政策、安全及其他挑戰的主要源頭。想要完整理解中華人民共和國治理、發展和國際行為的全貌，都必須考量到這些地區，即使相較之下，它們的人口不多。

我在本書所界定的「訪談」，其實經常是團體會面，在討論的過程中，不只一個人表達他的想法和觀點——其他外國賓客的觀點也會收納進來。⓬我不曉得在整個資料庫中有多少人表達了觀點，但肯定遠超過五百五十八人。例如，一九七一年有一次訪談周恩來總理，兩個四人幫的成員（姚文元和張春橋）就在場、也表達了令人害怕的空泛觀點。插一句話說，參加這次會面的美國訪客大體上也難辭其咎。⓭四十多年之後重讀這次談話記錄，一定沒有人會認為今天的中國會崛起，或是會出現今天的中美關係。在另一些訪談裡，「首席」領導人的部屬有時候也會簡短地參加談話——雖然罕有部屬講話；多年來我所見過的高階領導人當中，趙紫陽最親善、允許部屬參加談話。

我在引述這些訪談記錄時的規矩如下：鑒於大部分的訪談錄在〈前言〉裡已標明「近乎逐字謄錄，確切用字加上引號」，我在本書各章若是以整段做為引用，我只用引號標出這段內的確切用字（少數情況下，整段話都用引號標出，代表全段都是確切的文字）。若是引文出現在某一段文字、或某一句子之中，我把引號做為「近乎逐字謄錄」之始、雙引號標明確切用字（有時候整句都是確切用字）。關於中國人名的羅馬拼音，若是我知道他喜歡用哪一種拼音法，我就採用它。如果沒有偏好，我大多採用漢語拼音法，但台灣是例外。關於地名，我也採用當地使用的羅馬拼音。

本書的規劃

本書分為四個單元——開端、中間兩大部分，以及結論。

第一章描述從一九七一年至二〇一三年有關中國治理、領導人和菁英對於與外在世界關係的觀點之演進的變化與持續性之大圖象。這個總覽特別注重鄧小平一九七七年復出之後頭幾年的改革政策之戰略衝刺，以及從二十一世紀視角來看這些政策的結果。

第一篇（第二章至第四章）篇名〈廣角鏡下的中國〉，談的是一九七一年至二〇一三年制度的變革與延續，跨越中國的官僚、社會和地理。第二章和第三章專注在中國的治理和領導人，以及決策制度；因為當代中國有一個想法備受分析，即是中國有經濟改革、沒有制度改革。其實內情十分複雜。中國的治理、領導人以及決策制度，在重要領域都有變革和延續。第四章，我討論中國對世界的觀點以及它在國際行為上的改變和持續。

第二篇（第五章至第七章）篇名〈特寫中國〉，對中國的治理、以及處理對外關係的方方面面進行更細緻的檢視。「夢魘」、「軍人與文人」（論文武關係）和「中國式談判」各章讓中國制度在某些層面栩栩如生，決策者、學者與學生，以及一般讀者都會特別有興趣。

最後一章〈結論：走在車前燈之前〉則根據我在本書提出的許多考量，國內及國際都有，評估中國的軌線。我最後提出這條道路將要求中國人民及其他國家、更不用說美國，在未來需要做些什麼的評估。

1 革命的演進

摸著石頭過河。

——一般公認鄧小平說的一句話，象徵一九七七年以來中國改革的務實作風

首先，我們必須承認在科技方面，中國遠遠不及世界其他國家。我們騙不了人，因為你走到任何地方，不可能看不到我們的落後。我們硬說自己不落後，只能騙自己。

——鄧小平，一九七七年十月二十三日

我在一九九二年陪鄧小平南巡，有一天他接見官員時說到〔中國〕幾千年來都很貧窮——我們需要盡快發展。這是我們的職責。像廣州這樣的城市增長率要快。如果〔GDP增長率〕〔每年〕低於一〇%，我們就沒法子處理問題，會出現許多困難。

——廣州市長黎子流，一九九四年六月九日

從一九七九年起，中國人生活上經歷大變革。當然未來的困難無法避免。但是誠如我們中國人常說的一句話，最重要的是「我們已破冰、啟航」。

——李慎之教授，《中美關係的歷史與未來》

核心利益是政權存續和政權安全。「改革開放不是為了改善中國，它是為了增進黨的生存；它是改善的副產品。為了自己的生存，〔黨〕必須給老百姓帶來福祉，就好像國民黨一九八七年以前〔在台灣〕一樣。」

——某位資深學者的評語，二〇一一年八月一日

一九七七年，中國的問題很單純：民族與國家會變得更強、更繁榮嗎？三十五年之後，原本的問題已經相當可笑，現在的問題是：已經相當強大的中國人能不能控制自己，變得更公正，對全球穩定和發展有所貢獻？

鄧小平的第二次共產時期革命，不能像第一次革命那樣日期很精確；後者正式始於一九四九年十月一日中華人民共和國建政那一天，而我把它的結束定在一九七七年中期，也就是鄧小平在文革期間第二度遭罷黜之後復出的時候。從二十一世紀的角度回看，與鄧小平及其改革派同僚相關的這場革命，代表從他復出以來八年初步的關鍵戰略決定的積累。這些決定的某些後果是預料得到的，有些是預料不到的，還有一些則是後果還未完全顯示。這些結果包括：

・大幅改善中國人民的物質環境，並大幅擴張中國在世界的相對正面地位。
・由於市場機制傳布、卻缺乏有效的監理和體制、缺乏農村地區土地權利，以及出現極大規模的貪腐，經濟與社會不平等增長、市場失靈。
・中國累積資金爆炸、國際財金和貿易角色突然擴大，因而造成全球不均衡。
・城市化步伐飛快、中產階級勃興，逐漸成為推動參與式政治改革的力量。❶
・經濟成長正在考驗仍然模糊的環境永續的外限，以及是否有能力把軍事力量維持在中國的鄰國可接受的範圍之內。

因此，當鄧小平推著「他的」革命巨石下山時，它的確切路線、效應、移動速率和終止點，過去是、今後也將會繼續受到許許多多勢力的影響，而其中有許多將證明超乎當初的意圖、預期或控制。

本章先敘述鄧小平時代一開頭時做的七大戰略決定，然後檢視因此出現的若干轉變。在後續幾章，我們將檢視不同層級、不同職掌領域的中國領導人如何理解一九七七年以來的持續性和不持續，以及他們如何設法營造自己及國家的發展環境。

背景

毛澤東一九七六年九月九日去世之後，有一段短暫的權力空檔，毛澤東名義上的接班人華國鋒及其身邊一夥革命元老，努力剷除重要的左翼文革遺孽，穩定經濟和政治局面，並決定仍然處於政治流放的鄧小平復出的話應該扮演什麼角色。❷一九七七年七月十七日，十屆三中全會正式宣布鄧小平問題已經解決。他在一九七六年四月被褫奪的一切職位，統統恢復，包括中央副主席、中央軍委副主席、解放軍總參謀長、國務院副總理，當然中央委員和政治局常委也不在話下。周恩來在一九七六年一月去世之後，北京發生騷亂，行將就木的毛澤東把矛頭指向鄧小平。左翼文革派亟思在即將到來的後毛澤東時代奪取權力，他們判斷這場騷亂是衝著他們而來，而他們怪罪鄧小平在背後支持此一騷亂。❸

一九七七年夏天鄧小平復職，起初專注在科技和教育政策。可是，他迅速累積影響力，開始做出一系列的政策宣告，建立起他預見的整體改革的方向與維度。到了一九八二年，鄧小平完成了將毛澤東軟弱的接班人華國鋒擠出權力中樞的工作，不過他並沒有羞辱華國鋒。鄧小平和毛澤東不一樣，他讓敗陣對手保留尊嚴，漂亮下台，因而相當程度降低了菁英政治的溫度。❹此後，雖然鄧小平從來不像毛澤東那樣萬能，他成為中國無可匹敵的主要領導人。一九七七年至一九八五年間，鄧小平找出並倡議與中國共產主義時期第二次革命相關的重要戰略政策改變。

以下，我們檢視這些政策改變所產生的方向和轉變。比較中國經濟、社會狀況可以從這個時候做出發點，表一即依據世界銀行數字顯示一九八〇年的情況。此時中國人口約占全世界二五％，但是全球GDP占比只有二％左右。中華人民共和國此時的全球貿易占比還不到一％。城市人口不到全國總人口的五分之一，而且全國人口將近一半沒有完成初級學校教育。當時，除了毛澤東制度的確提升健康指標（這方面裨益中國人民甚大）之外，中華人民共和國在多項社會表現範疇（如城市居民的占比）都落在印度之後。彈丸之地的香港，在世界貿易的占比，比起巨無霸的中國還要出色。甚至義大利人口的全

表一　中國經濟、社會比較表，一九八〇年

	佔全球GDP百分比（%）	人均所得	佔全球貿易百分比（%）	醫院病床數（每千人）	平均壽命（歲）	嬰兒死亡率（每千名嬰兒）	城市人口（佔總人口百分比）	受過初等教育的成年人（佔總人口百分比）
中國	2.0	524	0.9	2.2	66.0	46.1	19.6	54.6
印度	2.3	895	0.6	0.8	55.1	103.2	23.1	28.4
香港	0.3	13,945	1.1	4.0	74.7	*NA*	91.5	72.0
義大利	4.1	18,837	4.4	9.6	73.9	14.1	66.6	84.1
韓國	0.8	5,544	1.0	1.7	65.8	17.0	56.7	86.0
日本	7.8	17,570	6.3	13.7	76.1	7.4	59.6	89.4
美國	22.1	25,531	12.2	6.0	73.7	12.5	73.7	97.4

說明：本表所呈現都是一九八〇年的資料，教育程度的資料取自 Barro-Lee Education Attainment Data Set(2011), www.barrolee.com，其他資料都來自世界銀行發展指標 (http://data.worldbank.org/indicator)。

球GDP占比都是中國的兩倍以上。

情勢很清楚——鄧小平所繼承的中國不但貧窮、而且十分貧窮，雖然它能把相當大數量的蘇聯軍隊牽制在綿延的中蘇邊界上。大多數外國觀察家都沒預見到鄧小平及其同僚早先做出、並執行的戰略決定，有朝一日竟使得中國的現代化在世界舞台上產生一個大不相同的行動者。可是，回過頭去討論「戰略決定」卻有在過程中強加命令的風險，而其實在當時是不存在的；當時鄧小平所推動的全是實驗、見風轉舵、見招拆招和堅忍不拔的性質——基本上要找出人民願意朝他規劃的方向走去。

主要的戰略決定

一九七七年至一九八五年間，鄧小平及其盟友創造、並立即展開熱切推行戰略政策倡議，它們可分為七大基本類別。這些倡議不是全都新的，而且從今天的角度看，它們也沒有全都同樣成功、甚或相互一致。固然它們的整體成就可觀，有些卻有極大的不利面，有些並沒有走向它們合邏輯的結論，還有些則仍然難以評估。

這七大決定或政策傾向的類別並沒有依照想定的重要性排列，我們也未必能夠指出某一「決定」確切在什麼時候做下。它們全都出自鄧小平的意思，有些早在一九七四年即現端倪，但大多數是在一九七七年至一九八五年期間頒布。雖然這些政策傾向大多數涉及國內倡議，其中有兩類著重國際方面；並且全都對國內、國際產生極大影響。

戰略類別一：從戰爭與革命到和平與發展

中國有一項治理必要，即必須對時代訂定國家目標。界定時代有助於建立目標和施政優先，也提供訊息參數從中央傳遞給地方上數千萬黨政幹部及鄧小平復職後將近十億的民眾。毛澤東界定他的時代為「戰爭與革命」。反之，鄧小平將他的時代清楚界定為「和平與發展」。

鄧小平和同僚運氣很好，在他掌舵的頭幾年，局勢的發展使得他所描繪的新時代是有可能實現的。❼這個新焦點有助於建立他所需要的大致上和平、經濟導向的區域環境，而區域及世界的其他多數行動者也從其中受惠。多數有益的事發生在鄧小平政策形成的那幾年：

- 美國最近剛退出越南。
- 台灣在蔣經國執政下，邁入相對開放的階段。
- 貿易和製造業的全球化正在取得動力。
- 日本、南韓、新加坡和台灣等活力十足的東亞經濟體正在起飛，為剩餘資金尋找機會，並在勞力及土地成本上升之際尋找廉價的生產零組件的地方。

國際航運成本下降，美國經濟向價值鏈上端攀升，中國有機會、美國樂於合作。雖然直到一九八〇年代蘇聯仍是威脅（今天還是），有了新朋友，中國不再需要單獨和莫斯科對峙，且經濟迅速在中國及大部分亞洲國家成為火紅之事。

鄧小平已經預備好向別人學習及參與全球經濟，他在一九七七年十月、即復出之後才三個月，就對一群美國訪客表示：「例如，我們必須向先進國家學習，而四人幫卻說那是奴隸模仿……一個人必須對

圖一　中國國防預算支出，一九七八－二〇〇一年

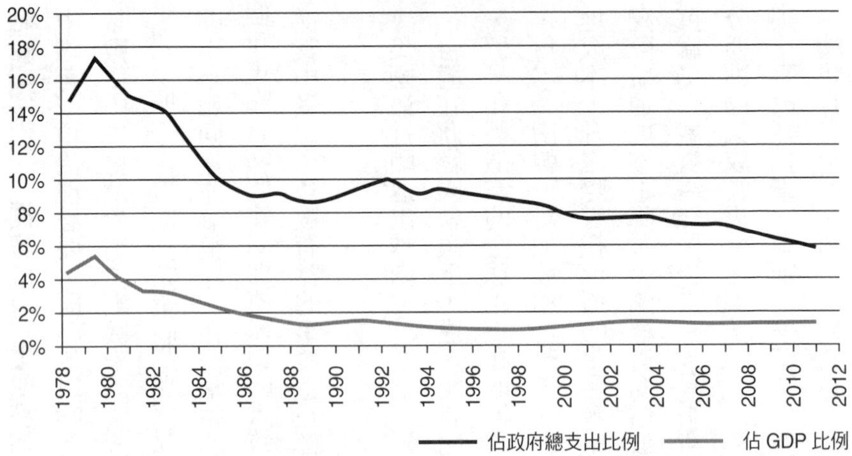

自己的能力有足夠的信心，才學得到別的事。要自立，我們也應該向先進國家取經。」[8]他一句話就把毛澤東的「自立」觀念扭轉。

鄧小平幾乎對其他所有政策推動都會算計。如果不是他和同僚判斷國際環境相當友善，也將會持續相當一段時候，恐怕很難讓他在改革的頭十二年，保持相對於中華人民共和國GDP占比、以及中國總預算占比相當低的軍費開銷（以人民幣絕對值計算）。這使他可以將稀有資源專注在國內投資、降低中國大多數鄰國的焦慮程度，因而進一步緩和區域環境。如果北京像一九六〇年代那樣，同時受到來自美國和蘇聯的威脅，軍方將會扮演悶死國內、經濟和政治的角色。由於本身軍中資歷深，鄧小平可以節制軍費開銷——暫停增加、直到國內經濟遠比現在強再說。（圖一）鄧小平身為軍方要角，能夠節制解放軍，他的文職接班人不具這種地位，是很難辦到的。[9]

戰略類別二：務實的實驗主義

鄧小平的革命不僅要求特定政策要變、連心智狀況也要變。所謂「心智狀況」就是允許不同區域、不同層級系統發展出對問題的回應，「讓我們瞧瞧怎麼樣才能辦到經濟成長」，然後普遍推動成功的政策——允許它們從草根向上傳布。低階領導人向上級索取許多東西（金錢和資源為主），但是通常上級能給予基層的最寶貴的東西，則是政策的彈性空間。鄧小平即授予這種自由：他經常鼓勵地方主動倡議，自己先按兵不動、不做承諾。唯有確定會成功，他才明確表態，鼓勵其他地方試行成功的模式。一九七九年會見美國州長訪問團時，鄧小平表示：「我們所接受最重要的方法是，由於中國實在太大，我們採取權力下放，包括賦予企業權力及決策。唯有如此，他們才能自然地找出正確的方法……過去兩年，我們做了實驗，在這方面全都成功。這已經證實了，現在將成為制度的一部分。」❿毛澤東固然也被形容是個實驗主義者，他的實驗一向是為意識型態目標服務，它們最後往往以把倡議交給「群眾」的名義，強行要求一致遵行。鄧小平允許多樣化，不過有時候出現太大的偏差，以及中央在關鍵領域（如中央稅收）失去太多權力時，他會試圖至少重新取得中央控制。

戰略類別三：物質誘因、市場和國家—社會均衡

政治領導人覺得哪一種權力工具最有效或最契合，通常有不同的癖好。恫嚇、物質獎賞和意識型態說服是常見的權力工具。⓫毛澤東深信第一項（恫嚇）和第三項（意識型態），顯然非常不偏好物質激勵。只有在中國陷入嚴重的經濟危機，如一九四九年至一九五三年解放後的那段期間，以及大躍進之後的一九六〇年，毛澤東才會考慮第二項。由於毛澤東強調恫嚇和意識型態，需要有可以創造及運用這種工具的強大黨國體制。

反之，鄧小平主要依賴報償的力量，只有在政治體系遭到威脅，如一九七九年的民主牆運動，及十年之後的天安門示威時，才會動用恫嚇手段。鄧小平希望有個強大的國家體系，但是這個國家體系與社會的關係又不是那麼強迫性——盡可能使用物質誘因，而不是直接的行政控制和群眾動員。他的一些政策——最明顯的就是農業政策——幾乎可以自己推行，因為它們十分契合運用它們的那些人之利益和意願，也因為人民大感輕鬆、不再受到已經禍害連連的政策所羈束。一九七九年鄧小平對一群美國訪客講話時就說得十分清楚：「不可能不給人獎勵就要人熱情、主動。過去十年（一九六九至七九年）已經證明有決定權的企業，工人本身所得增加，也提繳更多獲利給國家。不僅工廠如此，農村也是如此。」⓬一九七七年秋天的一次談話裡，他似乎在復職後不久已經又疲又倦，鄧小平說：「以工資來講，過去十年工資都沒有調升。一九七四年有個提議要稍微調升工資，但四人幫反對。一七九五年又是如此。現在我們又在努力要調升工資。」⓭鄧小平認為工資高可以製造更多工作，而更多工作可以替工人及國家製造更多福祉。毛澤東是零和型的政治領導人，而鄧小平則是雙贏型的領導人——但是要確保中國共產黨堅實的領導地位。

關於市場，大躍進之後的一九六〇年代初期，鄧小平努力要扳回、不再讓中國陷於飢荒時，就已經認識到市場的力量和效率。⓮鄧小平在一九七〇年代末最後一次復出掌權時，他緊抓的第一個大倡議就是恢復農村家戶的生產誘因，重新開放氣息奄奄的農村市場。從這裡開始，他和同僚有條不紊地在更大的範圍裡引進市場，逐步再推向原料和勞動市場。中國已有相當大成就、從而更進一步開放市場，但是完全的利率自由化和土地市場開發，以及降低選擇性的壟斷和國家補貼，則是改革尚未完成的領域。

鄧小平引進市場在經濟上攸關重大，在政治方面也有深遠的影響。把許多經濟決定權從中央計劃官員手中拿掉，鄧小平釋放出一個演進過程，國家與社會的均衡逐漸起了變化。它已經自由化到一個程度，個人對本身的經濟生活取得更大的控制。在這個程度上，專橫的低階官員可以攫走中央所放棄的一些或大部分權力，這實在令人失望：在某些案例上，似乎只是由一群暴君取代另一群暴君而已。市場帶來平等、平衡和社會正義的結果，它們愈來愈難局限在僵固的政治制度範圍內。不過，鄧小平的繼承人迄今表現得還相當會調適。

戰略類別四：人口

鄧小平最早的一個懸念就是中國的人口實在太多了——他覺得他必須制止人口再增長。一九七九年十月和美國州長訪問團談話時，鄧小平就說：「最突出的特點就是我國人口太多。即使提升生產到﹝先進國家的﹞水平……生產許多鋼鐵、各種工業產品和糧食，和其他國家相比，人均GNP仍不會太高。」⑮

鄧小平很堅持，中國人口太多了：每年人口增加一些就吃掉一大部分增長。⑯他考量的是政治正當性，在一九八〇年代初期，中國必須快速提升人民的人均所得。人口增加不利於此，因為即使出生率不高，淨增加的絕對值也不少。鄧小平衡量進步的標尺是人均所得，分母愈大，得出來的數值就不會高。或許鄧小平也擔心他的政策帶來的和平繁榮，會造成生育率大增，這一來要提升人均福祉就更困難了。不論他確切的邏輯是什麼，他排斥毛澤東的民粹思想：中國人口愈多、就愈強大。回顧起來，鄧小平顯然沒想到長期的人口問題，如性別失衡或倒金字塔型的年齡分布。

這是鄧小平的想法，也是一九七〇年代末一胎化政策的起源。這一政策在中國各地以許多方法執行，隨著時間也有變動，但是很快在全世界就成為恫嚇脅迫的同義詞，因為它剛開始時不分青紅皂白，就實施到各種社會、經濟族群身上，而且往往強迫節育或強迫墮胎。誠如鄧小平一九七七年說的：「很難達到〔人口〕零成長。在農村必須十分努力才能克服所有中國人多子多孫的想法。」[17]

戰略類別五：為經濟與政治培養人才

就鄧小平而言，文化大革命造成他失去權位、備受屈辱、下放和傷痛，[18]但是就中國而言，文革造成「失落的十年」，年輕人很少有機會受教育或根本無從受教育。除了軍事相關領域之外，科學研究停擺。鄧小平一九七九年告訴美國州長訪問團說：「你們曉得，我們有一段十年空檔，沒有產生有技術或科學人才。我們失去了一個世代……因此，在這一方面，我們要向先進國家學習，不僅學技術知識、也要學管理本事。」[19]鄧小平幾乎和每位訪客交談，不論是一九七八年的卡特總統的科技顧問普瑞斯（Frank Press）、一九七九年的美國大學校長訪問團，還是一九八〇年的世界銀行總裁麥納馬拉（Robert McNamara），都極力爭取大量的教育援助。一九七八年，鄧小平和普瑞斯協商中、美兩國交換學生，中國學生只有一項限制，他們要申請到美國高等教育機構入學許可，以及取得必要的財務支持，就可以到美國上學。世界銀行在中國最初的項目之一就是協助中國關鍵的教育機構現代化，讓它們和外在世界連結。一九七八年，中國第一批赴美留學生共有五十人；到了一九八四年，人數達到一萬四千人；再到二〇一〇至一一學年度，中國有十五萬七千五百五十八人在美國的學院、大學和其他教育學府上課；而二〇一一至一二學年度，人數再激增百分之二十三，躍升為十九萬四千零二十九人。

就中國國內高等教育而言，鄧小平一復職，立即重新開放大學，展開嚴格的考試與入學篩選；大學本科學生人數從一九七八年的十六萬五千人，爆增到二〇〇〇年的九十五萬人，然後到了二〇〇九年更高達五百三十三萬人。㉑二〇一〇年代，各種形式的高等學校更是快速擴張。㉒到了二〇一一年，「全球前五百強大學排名榜上，只有五個國家大學家數比中國多，而八年前還有十二個國家比中國強」。㉓

鄧小平同樣十分關心全國上千萬黨、政、軍幹部教育水平不足，這些人年紀已大、作風僵固，沒念過書、也沒受過訓練，在政治上又死守教條——他認為他們形同化石。毛澤東的升遷標準是政治可靠度重於技術能力——「紅勝於專」。一九七九年，也就是開創性的十一屆三中全會啟動改革開放之後約一年，鄧小平說：「為了現代化計劃所通過的路線和原則都正確，但是問題在於——而且是嚴重的問題——缺乏執行它們所需要的有訓練的人員。」㉔就當時而言相當大膽的是，他竟然稱讚資本主義，他說：「我們說資本主義社會不好，但是它毫不猶豫發掘人才、利用人才……論資排輩代表習慣的力量，是落後的。」㉕他立刻開始建立在職訓練學校、訂定退休年齡，把進入政府機關服務的門檻逐步提高，更著重競爭和技能要求，不是只講究政治正確。

戰略類別六：維持中國共產黨壟斷權力

鄧小平在一九七八年和一九七九年之間推動社會、學術和經濟領域政策放寬後，可想而知，老百姓開始試探政治空間的囿限——很快就出現反對聲浪。一九七八至七九年，鄧小平及其若干政策遭到魏京生等人的挑戰。魏京生認為，沒有政治民主，就談不上經濟與社會的現代化。魏京生說：「我們要做自己命運的主人。我們不需要神祇或皇帝，我們也不相信任何救世主。我們要做自己宇宙的主人，不做具有個人野心的獨裁者之現代工具。」[26]這個民主牆運動在一九七九年頭幾個月愈滾愈大，又因同年二、三月中國對越南發起短促的軍事衝突——「自衛反攻」——表現奇糟，更是火上加油。「懲越作戰」發生在鄧小平於對美關係正常化、立即訪美之後。卡特總統建議不要對越南動武，但顯然並不預備設法攔阻、或是在事後制裁中國。

鄧小平藉由倡導「四大原則」、設法終結民主牆運動。四大原則的核心直到今天還是：「我們必須堅持共產黨的領導。」[27]鄧小平在其生涯中一再遵守此一原則：他在一九五〇年代後期涉入反右運動、一九七八至七九年鎮壓民主牆運動，後來又在一九八九年六月四日在天安門廣場動用武力。

鄧小平整體計劃的內部矛盾當時就很明顯，隨著時間進展而更加激烈——他的經濟、教育、社會和外交政策倡議所促成的社會多元化和次級團體能力提升，不利於中共持續政治壟斷。鄧小平覺得經濟進步，加上中國人在整個二十世紀、乃至共產黨時期本身悽慘的不安定經驗，可以給他一個換一口氣的時間，讓他在政治自由化方面踩煞車、而在經濟方面踩油門。他在一九七九年告訴一群美國訪客說：所謂的民主牆、示威或靜坐等等都不能代表我國人民真正的感覺。」[28]我認為他真心相信這一點。固然他認為會有一段換一口氣的時間是對的——在這段期間，滿足參與式政治的要求可以推遲，因為經濟進步和社會安定是全民重視的優先——他給接班人留下一枚滴答作響的定時炸彈。問題是：這個換一口氣的時間能撐多久？需要多少不利建設性的彈壓來拖延此一時間？如果在無限期的未來要避免政治爆炸，是否需要規劃一條比較平順的道路走向更參與式、更回應民意的未來制度？這個問題是中國第五代領導人、不只是習近平，在二十一世紀第二個十年所要面對的種種挑戰當中最重要的課題。

戰略類別七：從自力更生到比較優勢和相互依存

毛澤東認為貿易會產生依賴外國的高度風險，中華人民共和國唯有盡可能自給自足才能確保安全和獨立。反之，鄧小平了解，貿易攸關國家富強——或許是因為一九二〇年代留學歐洲、親睹貿易盛況，以及觀察到一九七〇年代及一九八〇年代中國周遭四小龍經濟發展的成績斐然。他相信貿易會有互惠的效果。從一九七七年復出掌權初始，鄧小平就計劃至少要以下列三個方法讓中國進入國際經濟制度，其中兩項的成就遠遠超過他的想像。

不成功的一項是他起初以為中國有足夠的能源資源（煤礦及預期的石油蘊藏量）可以出口、換取外匯，再以外匯買進技術。結果到了一九九三年，中國就成為石油淨進口國家，原因是對國內能源需求量的增長快過預期，而能源的發現又小於預期。這個事實排除掉鄧小平原先以能源為基礎的發展戰略。縱使如此，在改革開放之初，鄧小平滿懷希望藉由中國能源換取外國技術來啟動經濟。他的希望（或許還有某些不確定）出現在他一九七七年十月接見美中關係全國委員會理事會訪問團的談話中。㉙他說：「我們打算出口更多的石油產品。我們有非常大的石油蘊藏。基本上，我們自己可以解決開採的問題。我們主要引進的科技將是石油業方面的技術。日本人告訴我們，美國人曾經對他們說，中國有五百億噸的蘊藏量。我問中央情報局的布希〔即日後的老布希總統〕，你怎麼知道的？『你從天上得到〔這個數字〕的嗎？』他說：『或許是的。』」㉚

後來證明加入國際分工十分成功，則是始於一九七八年。改革派的副總理李嵐清日後在回憶錄《突破》中對此有所描述。㉛經濟策略就是要讓中國成為外人直接投資（foreign direct investment）的目的地，並且利用外資在選定的沿海地區興建製造及組裝平台，以有利的條件生產出口商品，藉以賺取外匯。它很快就牽涉到在福建和廣東兩省開發「經濟特區」（汕頭、廈門、深圳和珠海），並且在蛇口發展很有意思的（民主）治理經驗。與這四個經濟特區相關的經濟和行政管理政策在一九八〇年代延伸到其他地區——一九九〇年代初期開放上海，即是一路走來最亮麗的路標。

在這裡插一句話，二〇一二年底出任中共中央總書記的習近平，就生長在這些發展當中，當時才剛踏出學校到北京國務院工作，後來調任中央軍委服務。習近平的父親習仲勛，我見過兩次面，他是鄧小平的親近同僚，他在擔任廣東省委第二書記時，發展與推動前鋒性質的〈在寶安縣和珠海縣建設外貿基地及城鎮發展暫訂計劃報告〉。㉜一九七八年十二月，這項計劃獲得北京核定通過。習仲勛奉派出任廣東省委第一書記，楊尚昆（後來出任國家主席）成為他的副手；一九七九年一月二十三日，一部分寶安縣成為深圳、最著名的經濟特區。習仲勛這些工作替鄧小平遺緒大樓奠下礎石。當時要採行還有相當爭議的這套經濟政策時，爆發激烈辯論，鄧小平說：「中央沒有錢，但我們可以給你一些政策，允許你自己去做、開出一條新路。」㉝

另一項成功的作法就是開始和世界銀行及其他布瑞登森林機構（Bretton Woods institutions）密切合作。世界銀行總裁麥納馬拉（任期一九六八年四月至一九八一年六月）敘述鄧小平熱切接受財務援助、以及接受世界銀行建議的經過。麥納馬拉一九九一年接受「世界銀行歷史計劃」訪談時透露：

我在一九八〇年四月到中國，和鄧小平會面……我的目的是交涉中華人民共和國重新加入世界銀行——他們在前一年已啟動申請。和鄧小平完成〔談判〕後，我對他說——我們已經起了頭；我們也協商好重新加入——我說：「你還希望什麼？我猜，不需要問你，（A）你要我們幫你嗎？」他告訴我，他才剛開始……我又說：「第二、你要我們幫你發展宏觀經濟政策嗎？」

他說：「是的。」

「你要我們提供財務協助於調整過程嗎？」

「是的。」

「你要我們在北京成立辦事處嗎？」

「是的。」㉞

幾年之後，麥納馬拉接見中國研究人員，對鄧小平在改革初期的領導備加贊揚。他說：

「二十五年前，〔身為世界銀行總裁〕我和鄧小平談到他的目標。它們是：西元二〇〇〇年前中國GDP翻兩番，並擴大人民福祉。美國人不了解這個成就。他完成了清晰的目標。一胎化政策。他要求高階管理人負起責任、推進目標。鄧小平要求內閣高級幹部徹底研讀世界銀行評估中國經濟提出的八冊報告當中的摘要那一冊。官員全都要知道全國消除貧窮的主要社會福利指標。他把軍方擺在優先順序最後一位。他提出激勵。結果就是農業有八％的成長率——這是前所未聞的成就。」㉟

重要轉變

我們現在從一九七七年至一九八五年之間所做的一堆決定快轉到二十一世紀第二個十年所能看到的轉變。這個作法犧牲年代前後的細節，但是可以看清楚鮮明的對比。不過，在往後各章我們將藉由檢視中國的各個層面——透過廣角鏡和特寫鏡頭——從歷年來中國不同領導人的視角，來掌握這些細節。在這裡，我們先描繪在上述初步政策決定之後三十多年，中國領導人所面臨的大環境景象。表二以表一所採用的相同尺度來展示中國到了二〇一〇年的進步情況。比較表一和表二，最明顯的就是中國在全球GDP占比增加，中國在全球貿易占比巨幅增加，基本健康指標、城市化程度上升，教育制度進步。

一九七七年至二〇一三年關於質性的改變，特別明顯的改變可分為政治、經濟、社會和全球四大方面敘述。

政治改革

正當性的基礎

毛澤東的政治正當性植根在他們個人的經歷以及他們出身的威權主義政治文化，鄧小平在相當程度上也是如此。他們是生根到中國三個最根本權力基礎——黨／官僚、軍隊和國家的核心地理區域——的領導人。他們具有多樣化又深厚的權力基礎。[36]目前中國的領導人沒有那麼強有力的革命經歷或那麼堅

表二　表一 中國經濟、社會比較表，二〇一〇年

	佔全球 GDP 百分比（%）	人均所得	佔全球貿易百分比（%）	醫院病床數（每千人）	平均壽命（歲）	嬰兒死亡率（每千名嬰兒）	城市人口（佔總人口百分比）	受過初等教育的成年人（佔總人口百分比）
中國	13.5	6,810	7.8	4.1	73.3	16.6	44.0	84.4
印度	5.6	3,240	1.9	0.9	64.1	50.3	29.8	65.4
香港	0.4	41,871	2.6	*NA*	82.7	*NA*	100.0	85.7
義大利	2.4	26,713	3.3	3.7	81.4	3.4	68.2	93.1
韓國	2.0	27,027	2.5	12.3	80.3	4.5	81.7	96.1
日本	5.8	30,920	4.0	13.8	82.9	2.4	66.6	95.9
美國	19.5	42,551	11.3	3.1	78.7	6.8	82.0	98.9

說明：本表所呈現都是二〇一〇年的資料，教育程度的資料取自 Barro-Lee Education Attainment Data Set(2011), www.barrolee.com，其他資料都來自世界銀行發展指標 (http://data.worldbank.org/indicator)。

強的多樣化權力基礎，而且他們面對的是愈來愈有知識、有網絡關係且城市化的百姓。因此今天的領導人更要倚重以政績表現為基礎的正當性——他們的表現要以經濟成長、社會穩定以及替公民擴張機會來衡量。今天中國所有的領導人都在高唱「輿論」的重要性，他們也忙著測度它。例如，上海有位區委書記在二〇〇七年告訴我：「唐朝的時候我們不管老百姓的想法，現在我們必須聆聽。我每天要讀《時代》周刊、《今日美國報》，還要上網。事實上，這是治理上、治理哲學上最大的改變。」37

毛澤東主持的政策造成數百萬人餓死，而就我所知，從來沒有到農村地區表現絲毫悲憫，更不用說沒有承認錯誤。他到農村出動員民眾，但是當他的宏偉計劃出了岔錯，也從來不曾道歉。今天，一旦出了天災，比如二〇〇八年五月十二日四川汶川大地震，國務院總理和其他高級官員都得趕到災區，幾小時之內電視上已經播出現場鏡頭，而社群媒體和手機更已經早把訊息傳播出去。同樣地，胡錦濤、溫家寶於二〇〇二年底、二〇〇三年初剛上台不久，「非典」（SARS）在華南爆開、然後迅速蔓延到其他省份、甚至國外。衛生部長和地方官員卻忽視疫情，然後低報疫情的嚴重，以致一發不可收拾。胡溫新領導體制立刻在二〇〇三年四月把衛生部長張文康免職，因此建立了問責。這個動作強化了新領導班子的正當性，也加速了江澤民在二〇〇三至〇四年退到權力圈外。

固然這肯定稱不上民主，但這是政治學家所謂的「呼應民意的威權主義」。

國家的野心、先發制人的寬鬆和鎮壓

後毛澤東時代最重大的轉變之一就是國家退出大範圍的日常生活。國家事事控制的野心自一九七七年以來即告萎縮，不過並沒有法律和憲法保障情形會一直維持下去，而且在某些領域，如網路空間，原本不可能的控制現在卻十分強大。如果你問毛澤東在他那時候想要管什麼、即使他完成不了，答案是「事事皆管」。今天，黨／國主要尋求保護對權力的壟斷、不受任何有組織的反對所干擾——迄今為止，它在這方面表現的成績不俗。

然而，除此之外，在政治上已經對相當大範圍的人類活動取消管制，如個人所得的決定，生涯前程的計劃和個人的流動，意見表達的自由（只要不是以有組織的方式反體制），可以自由出國。甚至在文字上表達意見的權利也已擴大，制度已經從粗暴的事前檢查改為若是觀點太偏差、事後追懲——標準游移不定，懲處可以從申斥到坐牢、鬆緊不一。

目前的挑戰是，已經從毛澤東時期的緊箍咒把部分人民生活開放到這個地步，中國共產黨要如何防止對其壟斷權力的威脅不會傳遞到批評聲浪強烈的群眾，尤其是社群媒體遍及全球的時代？黨的作法是先發制人的寬鬆和彈壓：盡可能提早找出民怨，吻合合理的要求，防止不同的社群團體串連，逮捕著名的為首者、如果他們組織的抗議太招搖、有威脅的話。這個作法絕不民主，但也稱不上極權主義。

領導人的型態

這個問題在第二章會有相當詳細的討論，不過今天中國領導人的型態已經和毛澤東、甚或鄧小平大不相同。伯恩斯（James MacGregor Burns）曾提出三種理想型態的領導人：轉型式（transformational）、交易型（transactional）和權力支配型。[38]所有的政治人物都具有這些型態的某些元素，但是領導人會因其癖性、目標及其覺得最自如、有效的權力工具而各有風格。

轉型式領導人及其追隨者建立起精神或意識型態的連結，他們對民眾的影響力是建立在營造全新的社會和政治秩序的基礎上、且也以之為目標。這種領導人經常領導革命（如毛澤東或太平天國的洪秀全），或是在已有相當建制秩序下應付嚴重的制度危機（如小羅斯福總統）。39 這些領導人發揮異采，不是因為有東西來維繫制度，而是因為出現了重大危機和制度的改變。反之，交易型領導人則比較像是已有建制秩序的政治機器的潤滑劑——降低磨擦、建立同盟、找出漸進方法脫離政治問題、交涉務實的協議，以及執行系統維護工作（柯林頓或許是個典型，而江澤民庶幾近乎）。行使權力者最顯著的特色是專注於維護個人權力；他們所採取的手段或執行的政策，全以它們是否有助於個人得勝為考量（伊拉克的海珊立刻浮上我腦際）。

不同型態的領導人有不同的罩門——某種特殊型態的危險正等著目前中國當家的交易式領導人。事件可以很快扭轉民眾對他們的觀感，一下子就從不可或缺、務實的解決問題高手，變成軟弱、優柔寡斷、不適任的人。交易型領導人必須不斷解決問題、建立可行的聯盟；當他們做不到時，他們的效用就完了。民主國家當舊團隊疲態畢現時，選舉就是有規律的方法，可以產生新團隊；可是威權主義國家卻揹負著比較不可預測且經常會出亂子的方法。

中國領導人不僅在型態上有極大的改變，自從一九七六年以來從轉型式往交易型改變，他們也有更高的教育水平，相當年輕，在專業及地域背景上更多樣化。李成對五百三十八個所謂「第五代」領導人（絕大多數出生在一九五〇年代）進行分析，發現在副省級和副部級及以上幹部裡頭，不是共產黨官職出身的人數逐漸上升；不是華東沿海省分籍貫的幹部在增加中；專業學習及後來的功能專長愈來愈多元化（不再專重工程及硬科學背景）；教育水平愈來愈高，七三%的第五代領導人有碩士以上學歷（不過品質差異甚大）；更多人有出國留學經驗。40

這個改變正在把制度推向一個狀況不明的政治水域。鄧小平把中國帶上一個非常不同的方向，這個方向需要在很長一段時期保持巨大而持續的改變。他這些愈來愈傾向交易型、而不是強勢的接班人，有能力打造所需要的轉型嗎？比較不強勢的領導人現在面臨更強勢的社會。

經濟改革

政治制度的改變影響經濟改變、也受到經濟改變所影響。以下幾項經濟改變在中國特別重要：一、從計劃經濟變為市場經濟；二、從嚴峻的國有制變成相當大的非國家控制；三、國有企業權力大增，它們愈來愈不受中央控制、現在可以追求自己的利益，而且其中之一可以維持對關鍵行業的壟斷；四、從農業向製造業及服務業轉變；五、監理體制的發展（雖然還不完美）；以及六、從自力更生到相互依存。

經濟結構的變動

就所有權而言，一九七七年的農民仍然歸屬於人民公社，而工業活動也幾乎完全掌握在國有企業手中。反之，到了二〇〇九年，國有企業在GNP的占比只有一一・五%，利潤占比只有八・一%，產業就業人力占比僅有一〇%——可是國企耗費的投資占比卻不成比例，高達三一%。從另一方面看，世界銀行界定的「純私有企業」在GNP占比有二九・六%，利潤占比有二八%，產業就業人力占比為三三・七%，而投資占比只有二一%。[41]從這些數字我們可以得出許多結論，不過其中三項最突出。第一、民間部門投資效能相較於國有企業相當驚人。第二、民間企業在融資分配上持續受到歧視——這是系統失能的一個主要原因。第三、向真正競爭的民營企業更加推進將會釋放更多的大幅成長。

談到中國經濟結構，一九七八年，二八%的GDP來自初級產業（大多是農業），約四八%來自次級產業（製造業），非常低比率的二四%來自三級產業（服務業）。但是到了二〇〇八年，初級產業的GDP占比已經降到一一%，次級產業占比持平，仍在四八%，而三級產業占比成長到四〇%（二〇一二年中期更達到四三%）。[42]要更進一步提升服務業的GDP占比，成長空間仍然很大，尤其是在醫護及教育方面。

建立監理結構

一旦在一九七〇年代末做出利用市場力量的決定，也就愈來愈需要對不同的經濟參與者進行監理規範。在計劃經濟中，監理功能是由命令或相關的功能官僚機關負責。在日益演進的市場經濟新狀況下，必須從底下建立具有特定目的的機關來監理愈來愈活潑的市場，以及愈來愈多的經濟參與者（其中有許多不易管到）。即使國有企業，一旦以利潤做為激勵，也需要制訂獨立的監理規範。必須發展監理及行政法規。我在一九七六年十月第一次到中國訪問時，檢視製藥業的監理機構：當時在中央層級基本上是不存在的，而在省級機構則形同虛設、毫無作用。我問一個官員，曾經有多少藥品因為安全或品質因素下架召回？他的答覆是：零。[43]

經濟愈是活潑，意味監理機關持續落在日益演化、日益創新、受市場驅動的參與者之後。自從一九九〇年代以來，中國不斷出現全新的監理機關，譬如：證券、銀行（包括出現更有效率的中央銀行）、食品及藥物、環境保護、核能發電（國家核安全局）等等。納頓（Barry Naughton）指出，一九九〇年代監理機關、法律和財政稅務制度、銀行和金融制度、公司治理、外貿——更不用說加入世界貿易組織等發展——在經濟和社會方面的重要性。[44]要發展一支有技能的監理人員隊伍，提供他們調查工具和法律救濟以發揮功效，使他們不跟受他們監理的行業沆瀣一氣，不讓黨官員掩護偏袒的項目及特定利益，都不是易事。貪腐只是危險之一。

在中國的市場創新和公共利益監理之間的競賽中，年輕、未經考驗、妥協或不存在的監理權力經常失敗。例如以下領域：

- 食品藥物受污染，有些竟然還賣到外國去
- 影響國際社會的環境災害，尤其是石化產品的污染
- 基礎建設出問題，譬如橋樑崩塌
- 不安全的玩具或製造產品
- 假證券
- 侵犯國內及國外的智慧財產權
- 偽造學歷和學術作品，在學術界非常盛行
- 忽視煤礦區及其他工作場所的安全，甚至替西方知名品牌（如蘋果電腦）生產零組件和組裝產品的下游廠商也是如此。[45]

從自力更生到相互依存

毛澤東一心提倡「自力更生」，讓中國人民付出極大的代價避免依賴其他國家，尤其是他一九五〇

年代在莫斯科受氣吃癟之後。這個經驗起初也讓鄧小平不能釋懷，他在一九七七年告訴一群美國訪客說：「自力更生的另一面就是靠我們自己的儲蓄，不向別人借錢。我們曾經向蘇聯大量借貸，欠了一大堆錢。後來，蘇聯企圖利用我們欠債來控制我們。他們想把我們弄成像東歐衛星國家那樣。因此我們跟他們鬧翻。」[46]

然而，到了一九八〇年，鄧小平已克服向外國舉債的不安（以及他所面臨的國內阻力），預備和世界銀行合作——不過，他一直很小心，盯緊北京的償債能力。一九八二年，中國向世界銀行借款占其GDP的比例是零；到了一九九三年，中國向世銀借貸占其GDP的比例達到高峰，有二·二%。然後，因為中國國內能力大增，到了二〇一〇年這個比例下降到只剩〇·三七%。[47]中國樂意以毛澤東無從想像的方式依賴國際金融制度的另一個跡象是，二〇〇八年九月，中國超越日本，成為美國國庫券外國最大持有者，在二〇一二年六月，它持有的美國國庫券是一兆一千六百四十三億美元。[48]就外債而言，中國的淨外債是負值（中國是淨債權國），不過北京的確有大量的外債，在二〇一一年底達六千九百五十億美元，占GDP的九·五二%，其中大多是貿易融資。[49]

中國願意接受相互依存，還可以從其他的重要領域看到，例如關鍵的糧食、尤其是黃豆。中國有史以來奉為執政圭臬的最大信條就是「養民」——餵飽人民肚子。對毛澤東而言，這道諭令就是中國所需的所有的糧食——尤其是穀物——統統在國內生產，不管生產效能如何（相對於向更有生產效能的國家，如澳大利亞、加拿大、巴西或美國購買穀物和其他糧食）。在毛澤東的想法裡，糧食依賴外國無異於讓敵人扼住中國的咽喉。可是，中國在二〇〇四年已成為糧食淨進口國家，黃豆八〇%依賴進口、對蔬菜油和食糖的依賴度也相當高，對小麥的依賴度則起伏不定。[50]

同樣的模式也存在於能源方面。一九九三年，中國成為石油淨進口國家——而且需求量一路上升，到了二〇一二年十二月，石油進口量超過美國。近年來，中國在全球煤礦市場上也成為主要買家，大量進口煤礦。涂建軍和瑞瑟（Sabine Johnson-Reiser）解釋說，中國「依賴其他國家的煤礦出口日益增長……二〇一一年有一億八千二百億公噸煤來自海外，中國已經超過日本成為世界主要煤礦進口國家」。[51]

另一個國際依存度的重要指標是，二〇〇七年，中國全國有四千五百萬人受雇於出口產業，約占大陸勞動力六%。[52]在上海，出口占全市GDP極大的比重。一九九八年，上海市長徐光迪告訴我：我們上海有一萬七千家外資企業。上海三五%的出口來自外資企業。上海三分之一的GDP來自外資企業。」[53]二〇〇七年拜會江蘇省委第一書記李源潮（日後出任黨的中央組織部部長、政治局委員和國家副主席）時，他的一位同僚指出，江蘇省有八千六百家美商投資企業，占全省對美國出口總值的八〇%。[54]

概括來講，自從一九七〇年代末期以來，中國已接受相互依存，而相互依存對經濟成長、政治穩定以及政權生存有極大影響。地方財政經常要靠與國際貿易體系有關的企業所貢獻的稅收，而關稅收入占中央政府稅收的相當大比例。二〇一一年的關稅收入達到人民幣一兆六千一百億元（即兩千五百六十億美元）。中國政府在二〇一一年的財政收入高達人民幣十兆三千七百億元（即一兆六千四百億美元）。因此，關稅收入占政府總歲入的一五·五%。[55]

最後，雖然上述種種大多是正面性質，其實經濟層面上也有些問題存在。其中就有錯綜複雜、或明或暗、扭曲市場的補貼、退稅等安排，更不用說低利率造成資金成本低廉。另外，某些「支柱」產業

（例如鋼鐵、汽車和電子相關產業），被設定為特別注重和保護的產業，造成國內資金配置不當，以及對外資企業不公平。再者，經濟依然過度偏重投資和出口，使得基本的國內領域（如醫護、教育和社會安全網）沒有受到適當的注意，而且在過程中，讓全球泛濫過多的出口商品，它造成不能永續的失衡、使得美國國民儲蓄率不高。

社會改革

中國在一九七七年至二〇一三年之間所發生的社會劇烈變化，包括令人咋舌的城市化、中產階級興起、人口驚人的發展，以及社會和官僚的多元化。大部分的變化是正面的，但是也有極大的缺點——從生態破壞到貪腐猖獗、貧富日益不均以及愈來愈傾斜的人口結構。這些社會變遷當中有一個最重要的結果，就是出現比較不強勢的領導人和強大的社會，下一章會有更詳細的討論。

城市化

一九七八年，城市人口占全國人口比例為一八%；二〇一一年，有史以來第一次，中國城市人口超過農村人口；[56]而根據中國社會科學院估計，到了二〇三〇年，城市人口將達到全國人口六八%。[57]也就是說，從二〇一三年至二〇三〇年期間，中國城市人口預計將再增加相當於美國二〇一一年人口約八〇%的人數。城市化已驅動中國中產階級的成長，而按照經濟合作發展組織（Organization for Economic Cooperation and Development）的統計，二〇一〇年中國的中產階級有一億五千七百萬人，相當於全國人口一二%左右。[58]世界銀行估計，在二〇一一年至二〇二一年期間，中國城市中產階級人數可能增加一倍。[59]這個改變將會帶動消費水平上升（城市人口增加一%，將帶動消費水平上升一．六%），並創造出對水、能源和其他資源更大的需求。[60]

可是，中國中產階級的成長卻造成更大的貧富不均——吉尼係數從一九八〇年鄧小平時期起始年的不到〇．三，增加到二〇〇九年的將近〇．四五，反映出來二〇〇七年城鄉所得呈現四．一對一之比。[61]〔吉尼係數是統計貧富差距的一種尺標，「一」代表完美的所得不平均，「〇」代表完美的所得平均。〕懷特（Martin Whyte）在《社會火山的迷思》（Myth of the Social Volcano）中告訴我們，雖然這裡所顯示的所得分配不公相當重要，但是至少在中國目前的發展下，它們還不是最有可能爆發的社會火山。[62]最具爆炸力的隱憂是全面性的程序不正義，個人和社會團體覺得受到不公平待遇。有一項很重要的程序不正義是戶口制度，戶口註冊登記在城市的人民享有相當大福利，而註冊登記在農村的人民則受到極大差別待遇——要把農村戶口改為城市戶口極為困難，即使移工已經進城工作多年都還夢寐難求。

人口

城市化、教育和所得水平上升，以及女性機會增加，它們的綜合效應就是中國整體生育率明顯出現數十年的下降現象——在鄧小平推出一胎化政策之前，生育率已開始下降。生育率下降（加上一胎化政策）產生若干效應，包括人口快速高齡化；工作年齡人口比率即將下降；以及嚴重的男女性別失衡——二〇一〇年出生嬰兒性別比率是男嬰一一八對女嬰一〇〇。[63]

受孕持續下降，加上很低的生育率（二〇一〇年第六次人口普查估計每名婦女只生一．四四個小孩），使得中國可以快速提升人均GDP，因為很長一段時間中國有比較高比例的工作年齡人口，這是鄧小平一九七〇年代末期推動一胎化政策時即已預見到的效應。可是這項短期之得必須拿來與長期代價做比較才能判斷真正的得失利害。易富賢比較日本和中國的情況，他說：「日本在人口老化前已經富裕，而中國是先老後富。日本現在人均ＧＤＰ超過四萬美元，而中國只有四千美元。到了二〇一三年，中國從十五歲至六十四歲的工作年齡人口將達到高點、然後就往下坡走。」[64]

社會與組織多元化

中國社會和政府變得愈來愈複雜，所得與教育提升；官僚機構增多（如監理機關）；國有及非國有企業皆出現愈來愈多積極、能力夠的經濟參與者；愈來愈多專業學會與全球同行增多接觸；更多團體與組織有自己獨立的資源；社會團體快速增加；而且與國外增加各式各樣的交往。關於社會團體（約略等於美國所謂的「第三部門」或非政府組織）的數量，一九八八年有四千四百四十六個，二〇一〇年，增加為一百倍，高達四十四萬五千六百三十一個。[65]

這代表中國出現更多多樣化的利益團體，其中不少發展出能力表達他們自己的偏狹關切。例如，軍方不和其他機關充分協調，甚至有時候在高階文人領導人不知情的情形下，自行其是，造成重大影響。（見本書第六章）要做決策變得愈來愈困難。同時，中國領導人和他們底下的社會和團體的相對關係變得更弱勢。當他們變得相對弱勢時，他們必須建立同盟、不能強迫服從。比較不強勢、交易型領導人能有效完成鄧小平改革的未竟目標嗎？他們能夠處理問題、抓住改革賜予的機會，妥善解決鄧小平三十五年前發動改革所預見不到的挑戰——諸如中產階級增多、全球暖化加劇等等嗎？這就使得我們要檢視中國的全球角色。

全球角色

上述的政治、經濟和社會變化已經大大改變中國自一九七七年以來的世界角色。一九七〇年代末期和一九八〇年代需要求助的中國，現在在二〇一三年已變成大把撒銀子提供外援；它在二〇〇四至〇九年期間，每年對外援助成長率為二九．四％。[66]一九八〇年中國要求重新加入世界銀行，在新世紀之前還大量借貸，現在對世銀及布瑞登森林體制相關機關的說話份量卻愈來愈大。從一九七〇年代末期到一九九〇年極力壓抑軍方需求的中國，現在則十分努力建設武裝部隊。中國從債務國變成債權國，中國現在不僅爭取外人直接投資，阿根廷、美國和尚比亞也歡迎中國去投資。[67]羅申（Daniel Rosen）和哈尼曼（Thilo Hanemann）告訴我們：「假如中國遵循其他新興國家的模式，在二〇二〇年以前，超過一兆美元的中國直接投資將在全世界流動，其中很大一部分將會湧向美國這樣的先進市場。」[68]中國全球角色在以下三個層面的改變特別值得注意：力量投射、國外牽纏和榮耀與自信。

力量投射

力量投射指的是一個國家有能力超越其陸、海、空疆域到達遠處，以便對遠方事物發揮力量。綜合國力投射是有能力把各種形式的力量（恫嚇、經濟和觀念）在愈來愈廣的範圍內發揮。外界觀察家特別注意投射軍事力量的能力。雖然與美國相比，中國在這方面的能力仍然有限，但是從一九九〇年代中期起已有顯著的進展，例如：

・從二〇〇三年至二〇一三年中期，五次成功將十二名太空人送上太空，其中有兩位女性

・武器製造和航空工業大幅進步[69]
・二〇〇七年射下一枚老舊的人造衛星
・解放軍海軍於二〇〇八年底宣布後，即參與在亞丁灣反海盜的行動
・二〇一〇年測試反彈道飛彈的能力
・二〇一一年一月展示初期的隱形飛機能力
・二〇一一年第一艘航空母艦下水
・持續發展更強大的核子潛艇及潛艇發射飛彈的能力
・增進精密的網路能力
・二〇一一年利比亞發生動亂，展現有能力撤出將近三萬七千名中國公民及其他國家人士[70]

解放軍的現代化已經默默進行了三十年，往後還有一段很長的路要走。我們也要指出，中國取得投射力量的能力，有相當大一部分的目標是支持其台灣政策、保護中國的海上生命線、聲援它對南海和東海的主權主張、支援其核子嚇阻可信度，以及在更廣大範圍內保護其海外僑民。

力量投射遠超過軍事力量——它也是從遠距離發揮經濟與智慧力量的能力。我們在前文已提到中國在經濟、金融領域擴張其力量。以交通、文化交流和外交實力來講，北京的力量空前強大——建立區域及全球的電信和廣播系統，接待外國學生來華留學（二〇〇〇年的外籍學生有五萬人，到了二〇一〇年，激增到二十六萬五千零九十人，計劃到二〇二〇年擴增為五十萬人），同時它也增設更大的外交機構及援外單位。[71]

簡言之，中國已從區域大國向全球大國邁進。這是十分了不起的進步，當年毛澤東去世時，中國的軍事、經濟或知識力量還踏不出國門咧！

國外牽纏

一八〇一年三月，傑佛遜（Thomas Jefferson）總統在第一任就職演說中叮嚀美國同胞「與所有國家建立誠摯的友誼，但是莫與任何國家結盟」。中國一九五四年以來的外交政策也有類似的主張，它的「和平共處五原則」歸結起來，核心就是不干預其他國家的內政。傑佛遜的原則在國家強盛之後的現實需要下行不通了，一如北京也已經不可能置身事外。有位中國將領在二〇一一年和我談話時說了一句話：「因為中國的綜合國力上升，因為我們的國家利益擴大，我們需要軍隊保護我們的能力。」[72]

中國觸角日益伸向世界，且參與一些國際事務，其實並非全是軍事性質。比如，中國是持有美國國庫券債券最多的國家，形同美國財政金融政策的人質——北京現在覺得他有權就這方面議題向華府提建議。當中國公民陷身動亂國家時，北京必須出手救出國民，二〇一一年利比亞撤僑事件即是一個例子。日益全球化的中國，已經不可能不介入、不干預了。把中國愈來愈介入國際事務看做是它居心叵測的徵兆，其實是忘了它有更普遍和正當的動機：它要善加利用全球經濟的機會，也要保護它勇敢創業走遍全球的百姓之性命、財產和利益。

榮耀、民族主義和國家效能意識

上文所述的轉變讓中國領導人和人民舒了一口氣，覺得在國際間挺直了腰桿，也提供資源使它在世界舞台上更介入、更有效。中國的全球角色也在中國領導人和人民心中創造一股意識，認為他們應該、也可以協助打造外界發展、以保護並增進中國的利益。皮優在二〇一一年中期做了一項民意調查，發現六三％的中國人認為中國「已經取代美國」成為世界領導的超級大國，或是「終究將會」成為世界首強。[73]

世界也有反應，先是承認中國的力量，不過經常誇大了它。根據二〇〇九年二月蓋洛普民意調查，認為中國「是今天全球經濟領導國家」的人有三九％，而認為美國是的人只有三七％。[74]中國這一方面，許多中國人聽了外在世界對北京崛起的種種說法後，也覺得自信滿滿。有位中國外交政策分析家對中國老百姓對中國在世界地位的整體意識有如下的評論：「你們（美國）需要我們的合作拯救你們的汽車業；我們在世界銀行的投票權在上升；中國在貿易和金融事務上將會有更大的發言權。『錢會說話。』『在非洲加碼投資，中國最後將超越美國。』」[75]

我們在以下各章將會敘述，中國還必須先克服極大挑戰才能按照上述樂觀心態，審慎做事。最大的挑戰將是調適其政治制度來符合鄧小平推動共產黨時代第二次革命所建立的新社會，我們在下一章將討論這個主題。

自從鄧小平一九七〇年代末期與西方訪客談話以來，中國已經走了很遠。有清晰的戰略決定和亮麗的執行，中國在二〇一三年居於一個極為不同的地位——國內、國際都是——這是任何人（不分中國人或西方人）在一九七七年都料想不到的。

以下我們要檢視中國所有階層的領導人是如何看待他們目前遭逢的挑戰、以及擺在面前的挑戰。中國人本身對一九七七年至二〇〇三年期間國內治理及國際事務所經歷的問題又是如何了解，它們能告訴我們，這個世界能期待中國在未來數十年會如何行事嗎？

中國從一九七七年以來固然已經走了一段長路，在它前面還有一條很長、又不確定的路要走。鄧小平做了關鍵性的戰略決定、並一路推進，他雖不是毛澤東那種轉型式領導人，但是傅高義（Ezra Vogel）說，他的政策改造了中國。[76]從二〇一三年放眼前瞻，主要的問題是：中國大都是交易型的「第五代」領導人能就鄧小平改革所造成的結果做出艱鉅的抉擇嗎？而且，做了抉擇之後，他們能夠有效執行嗎？政治不穩定是可以預想得到的，或許也會發生，只不過它的規模大小、時間長短和後果是無從確定的。中華人民共和國面臨的最大挑戰是，它的領導人不是那麼強勢、它的官僚和社會又已更加多元化、更有力量，它是否能在國內、國外控制住大局。

第一部　廣角鏡下的中國

2 治理與領導

「這個大國家，不容易，但是有希望。」

——鄧小平會見美國州長訪問團，一九七九年十月十七日

「我局的工作是『處理矛盾』。」

——城鄉建設暨環境保護部局長，一九八二年十一月十日

「中國的歷史不一樣。從唐朝起，我們就有一個中央政府。」

——四川省長楊析綜，一九八三年十二月

「關於我這個人，不論國際上對我怎麼報導，和我接觸過的人都可以得出一個結論，我不是威權的人——不是獨裁者。為什麼？我受過西方資本主義教育的元素，在我腦子裡還有相當份

量。我研究過歐洲資本主義革命史、獨立宣言、蓋茨堡演說——全是西方文化的元素。因此我是中國人裡頭對西方有相當認識的人。」

——江澤民主席，一九九六年六月十四日於北京中南海

今天中國的治理和領導反映的是持續與不持續的混合。持續性多少見諸政治文化、體制作法和結構、資源局限，以及治理這麼大的國家所產生的問題上面。自從一九七七年以來，不持續則出現在中國個別領導人變得在整個體系上不再一言九鼎，社會和官僚已經愈來愈多元化（裂解），各層體系上許多行動者變得有能力依自身利益而行動——他們擁有資訊、人力資源和金錢。中國中央領導人還保持控制全局的表象、但面臨了政治、社會和經濟改革與變化所產生的新問題。

一般認為是集中化控制、強人領導傳統，以及負荷過重的決策結構的政治制度，要如何處理弱勢領導人、愈來愈巴爾幹化的社會，以及各階層都有更有權能的參與者的現實呢？拚命要控制自己的中國，會在相互關聯的世界扮演合作的角色嗎？

大景像：持續與變化

持續

中國的治理和領導在一九七七年以來的改革時期一直維持相當的持續性。當前的治理和領導的確應和中國傳統的朝代體系，以及深鑄人心的政治文化——其特徵就是領導人十分焦慮是否能牢牢掌控住這樣一個巨大又多樣化的人民和領土。後殖民時期第一任香港特區行政長官董建華曾說：「『〔中國〕領導人自幼就被教導要預期危機四伏。要小心！』」❶

姚依林是中國最著名的經濟領導人之一，政治上屬於保守派，他曾經提到治理中國的基本智慧：「中國太大了，事情很難是完全壞或完全好，因此領導人只要抓住大問題、儘可能管好它們，不要在行動或分析上走極端。」❷西蒙（Herbert Simon）稱之為「過得去」——也就是「差不多」。

令人驚訝的是，治理中國的工作一直是沒有變的，歸結起來就是達成成長、並維持社會和政治安定。達成安定的關鍵一直就是「養民」；維持歲入流向中央政府；把政策期望有效深入傳遞到基層；監督中央指令的執行，握有足夠的內部情資可預警地方或全國潛在的不穩定；確保中國歷來頗有伸縮的邊界不受遠近鄰國的威脅——通常來自偏遠地區人口外溢的外族。一九七九年，副總理李先念（日後出任國家主席）接見訪賓時，想必對大躍進和文革的經驗記憶猶新，在表述他設定的治理低標時透露出憂慮，他說：「我不能保證結果，但我可以『保證沒人餓肚子』。」❸

中國的公民和領導人堅信，集中權力的國家扮演決定性的角色以達成這些目標。對美國人而言，政府是一種危險；而中國人認為，政府必須提出解決方法。二〇〇〇年一月，錢其琛副總理表達出東亞政府若無強勢政府就不能達成進步的觀點。❹中國的政治論述環繞著政府能做什麼、應該達成什麼、以及它要如何有效率地達成目標。這一點和美國人認為政府角色應該有限度、要擴大民間和個人角色，相去甚遠。中國有位資深學者在一九九九年解釋說：「『在美國，政府向人民負責。在中國，人民向政府負責。』」❺

中國學者陳亞麗（譯音）闡釋這些概念：

在中國過去的治理傳統裡，官員，尤其是地方督撫，被稱為父母官。古代的地方督撫叫牧守，意即他們代表皇帝照顧群眾或一大群人。這表示這些地方官員有權管這些人、像父母一樣，曉得什麼對子女最好、有權管子女、包括教育、訓練和紀律。父母官的概念在一九四九年以後多少保留下來……我猜想，這個概念的對比就是「納稅人」，中國人借自西方的概念。它代表群眾、人民，有權曉得官員怎麼花他們繳的稅，因此隱含民主和代議政府的意義。❻

思考中國的治理總是強調政治領導的重要性。領導人不是偵測民心意志的風向儀，他的職責是了解人民要什麼、設法實現它們，只不過今天中國領導人已經明顯朝這個方向發展。政治領導的核心任務是了解、界定並掌握社會的持久利益去動作；當民眾不了解本身的重要利益時，領導人就該教育、說服，或許還要改變人民的愛好。在一個深符儒家傳統的論述中，領導人的正當性未必在於代表性，而是著重有遠見、智慧和學識；實行「仁政」；對「民族復興」的共同目標有貢獻。這一點和西方政治論述中所謂領導人是受託人的觀點有點類似。在西方此一傳統中，領導人執行他們所認為的公民之實質利益、不是公民一時的需求。選舉是民眾贊同或摒棄領導人之理解的機會，但是在選舉與下次選舉之間的時期，領導人的職責是了解人民的利益、追求它，並教育民眾。

整個共產黨當家、乃至更早的時期，最高領導人同時坐在黨、政、軍階層的頂峰（我稱之為「制度性的中央階層」），從北京透過官僚層級一路管到相當低層、雖然未盡相同的中國社會。法治與制衡的觀念在限制領導人或賦能民眾方面，於中國扮演的角色遠低於西方。

超越對於中國領導人及國家機關這個理想化角色之上，有一個持久的事實——中國體制不足、過度集權中央。幅員廣大、人口眾多、集權中央，加上期許高階領導人是無限範圍的問題出現爭端時所不可或缺的解決人，這代表在任何一刻，中國實際上是超乎中央的察覺和控制的。治理中國就像遊樂場裡的「打地鼠」——玩家手持一根木槌，必須把冒出來的地鼠打回洞裡——當你注意某個方向出現的挑戰時，新的挑戰同時從好幾個地方冒出來。由於必須同時採取多項倡議，政治中心很難了解執行的狀況，或一項政策如何可能影響其他倡議——更不用說確保中央初期的意向與地方最後的結果保持一致。中央自以為掌控一切，但現實上北京的命令往往相當有限：一根木槌並不夠。有個怪異的事例可以說明這一點。有一位美國國會眾議員和溫家寶總理會談時挑戰他、要他解釋為什麼北京大學有個教授因為政治理由被解職。溫家寶似乎不敢置信他會問這樣的問題。溫家寶說：「或許我們〔質問人〕需要改變作法；我們可以看到中國的特色是人很多——足足有十三億人。〔你所說的是一個〕小問題。我不知道你提起的這個人。身為總理，我腦子裡想的是十三億人民。」❼

中國領導人位於一個上下顛倒的漏斗上方，把最棘手的問題往上推去找解答。部屬——有些代表職能別的官僚、也有些是地域行政部門——是相互依存的，但彼此之間的歧見往往不能解決。因此相互競爭的各造尋求有權的上級來調停或執行爭議之解決。這些高級官員發現自己面臨緊湊逼人的旅行和會議行程表、一路忙著解決接二連三發生的衝突。本章一開頭引用了某位局長的話，中國領導人的工作就是「處理矛盾」。自從中國一九七〇年代末期開始對外開放以來，國內問題變得愈來愈複雜，且與全球考量交織在一起，更需要高級領導人經常注意。中國領導人從同一條消防水管喝水，受到利益攸關的每一方所包圍。國務院某重要辦公室主任說：「高處不勝寒呀！」❽另一位非常資深的國務院前任官員形容，菁英遊說經常走非正式途徑，就像「欽差向皇帝上密折一樣。」❾

以中國的治理詞語來說，「協調」可以說是「解決官僚、地方、團體等等彼此之間的衝突」。協調是「最高領導人」、副總理、國務委員及居於政治權位的人士之職責。從一九七七年鄧小平改革迄今，整個時期的領導和治理的工作大體都一樣。脅迫通常沒有用，官僚停火一天，只是暫時休兵，各方勢力藉此機會重新整合、以待來日再鬥。在西方人看來，這種中央集權、領導主宰和不完美執行的結合，全在那裡費時間、耗力氣。似乎這個制度具備威權主義所有的缺陷，得不到效率和專注等應有的好處。在中國，這種方式已經運行了許久。

變化

縱使有持續性，中國的治理和領導在後毛澤東的改革時期也有大幅變化，而國內及全球環境的變化預示著未來更深刻的發展。❿

比較一九七〇年代初和今天的領導人及普通老百姓的心理狀況，就可以看到一個非常明顯的變化。

一九七一年，社會的每一領域，從普通老百姓到下層官員、甚至在黨內高階成員的舉動（他們幾乎無一不是老菸槍，菸不離手）裡都明顯存在恐懼和高度焦慮。由於一九四九年之後群眾運動及政治整風運動不斷，不光只是無產階級文化大革命，到了一九七〇年代人人自危、不知什麼時候就會冒犯了毛澤東的意識型態和個人心念，以及他的侍從之政治陰謀。例如，一九七一年中，周恩來總理接見一群美國大學生時就很注意陪同在場的毛主席的年輕左派哈巴狗——他們坐在旁邊仔細監聽他的談話。⓫謝淑麗（Susan Shirk）當時也在場，多年後公開評論說：「房裡頭氣氛十分緊張。毛澤東的宮廷派姚文元和張春橋就坐在那兒，滿臉不屑神色，擺明了就是在那兒監視周恩來。」⓬周恩來的關切不是沒有理由，隔了幾年左派發動的「批林（彪）批孔（夫子）」運動就是衝著周恩來來的。

鄧小平在文革期間兩次落馬，一九七四年從第一次落馬後復出不久，他在接見一個美國大學校長訪問團時也表現得很小心。他說話拖泥帶水、言必稱毛主席，因為他很清楚，他的政敵可能又會煽惑毛澤東對付他——果不其然，鄧小平在一九七六年春天又被罷黜一切職務。⓭在這次談話中，他講了和他在毛澤東一九七六年九月去世、以及「四人幫」垮台後不久所說的話完全相反的話。當時，他重申毛澤東的主張，人口眾多是中國力量強大之所恃，他說：「過去二十年，我國人口增加六〇％，但是我們的稻穀增加一四〇％。即使人口再增加五、六成，我們還是夠吃、還會有一些剩餘。」⓮一九七七年十月二十三日，與再次復出擔任副總理的鄧小平談話後，白魯恂（Lucian Pye）教授對現場的描述是：「鄧小平在整個談話過程十分低調。他似乎疲倦、幾近無趣，沒有什麼活力或熱忱，好像是他必須經歷一場儀式表演似的。」⓯一九七六年拜會北京大學周培源教授時，我感覺到這股肅殺氣氛。這位滿頭華髮的著名理論物理學家早年曾在普林斯頓大學與愛因斯坦一起工作，他是北大名義上的領導人，但是和我講話的是北大「革委會」的無知頭目，周教授低頭不語。

今天，中國各階層的領導人一般都相當公開談話，一般老百姓更是經常點評領導人、政策，以及菁英常犯的過錯和癖性。老百姓沒有什麼能力組織政治改革，但是他們可以表達不滿意，以及追求相當大範圍的個人及家庭利益。互聯網和社群媒體已成為培養皿，醞釀極大的不滿與各色評論。

除了政治氣氛和自我表達之外，有幾個因素使中國的治理和領導進入一個和一九七七年全然不同的政治空間。第一，中國最高層的領導人的型態，以及他們與多元化的社會之相對權力關係，已經出現劇烈變化——這個題目在前一章已經提到，現在要進一步闡釋。中國正在從毛澤東的轉型、有奇魅的領導和鄧小平的強人領導，走向傾向交易型、系統維持型的領導。

中國已經從強人制度走向集體領導制度、即使它還有裂縫。有位非常高階的政策顧問形容當前的領導圖像是「中國馬賽克……彩虹聯盟」。[16]我稱之為委員會的治理。

第二，中國的社會和治理的官僚都已經多元化，反映出經濟成長、專業化、城市化、科學發展和全球化。例如，從典型的國有企業向更接近西方式公司的移動尚未完全達成，但已創造出強大的經濟參與者，它們在國內、或在國外的行為都只有部分回應黨國的指令。全球化的中國經濟有極大部分是在國家結構之外成長、或是與國家結構只有極淡薄的關聯。例如，根據學者馬洛瑞（Tabitha Mallory）二〇一二年，七成以上的中國遠洋漁船是由民間業者所有。漁業如此大量民營化有一個重大影響，就是即使中國政府承諾不在全球公域過度漁捕，也愈來愈難兌現。[17]

在北京，外交部大樓和附近中國三大石油公司之中兩家的總部大樓一比，矮了一截。全球主要軍火商保利科技集團（Polytechnologies）的巨型總部也在同一街坊。你可以把這個地理位置解釋為象徵外交

圖二　中國政治空間變化

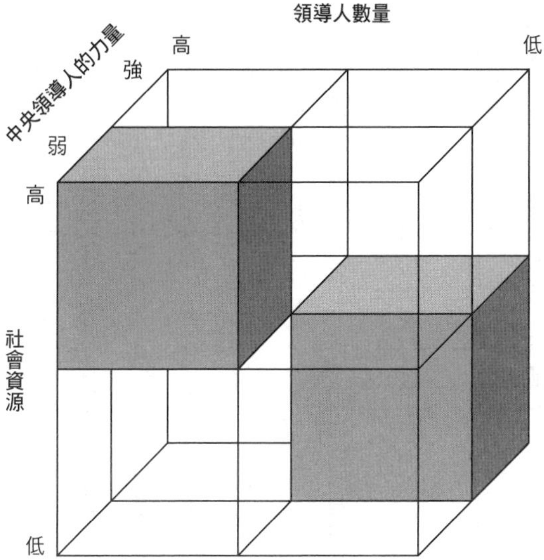

部控制著這些參與者。但是，外交事務系統人士卻把這一現實描繪為代表外交部對於中國的對外關係和行為控制減弱、以及經濟利益影響力上升的表徵，自問——究竟是誰包圍誰啊？社會、官僚和經濟的多元化，已經使得決策、有效的政策執行和監督結果——不論是國內或國外——愈來愈困難。

最後，資源（人才、財務和資訊）愈來愈不是黨國中央所能壟斷。中國的領導人曉得，他們必須動員愈來愈擴散的資源，來解決愈來愈多的問題。可是一般而言，他們害怕賦予社會團體能力來協助，擔心賦予這些團體處理重大挑戰時有自由行動的餘地，會演變出追求未經核准的活動，進而反過來危害到政權本身。縱使如此，社會團體的數量仍快速增加，一則是因為愈來愈自主、有能力的公民決心處理它面對的問題，一則是領導人認識到他們及其官僚工具沒有能力單獨應付所有的挑戰。

資源與行動的能力傳遞到廣泛範圍的社會行動者。財政資源也分散到低層政府，因此低層政府有能力獨立自主於中央之外行動。例如，到了二〇一〇年，五〇%以上的政府科技類別支出是由地方政府花掉，⑱而同一年全國七一．七%研發費用出自「企業」。⑲因此，權力移向與中央沒有清楚關聯的經濟部門（企業）和低層級的地域階層（地方政府）。以企業而言，談論發展剛萌芽的創投產業、以及「企、政」夥伴關係的需要已經十分普遍。以地方政府而言，有位身經百戰的前任國務院官員說：「地方政府富有了，他們就想要擴大控制。」⑳

總而言之，原本主宰一切的中央面臨愈來愈強大的地方機關、經濟參與者和社會團體，它們握有更多的財政資源、人才和資訊。這些種種力量產生不受羈束的多元化——強大的社會、每個層級的官僚都很積極、不受既有的法治、適當的監督、足夠的監理結構，或甚至倫理規範所囿限。

圖二顯示把中國制度從一個政治空間移到另一個政治空間的改變。從一九七七年到二〇一三年，中華人民共和國從一個強大領導人、相當同質性的社會以及弱勢的下層社會和政治為特色的政治空間（右後下方），移向一個比較不主宰一切的高階領導人、更加分裂的政府和社會以及愈來愈有能力的下層組織和社會團體為特色的政治空間（左上前方）。中國在一個世代之內，從政治空間的一隅移動到完全相反的角落。

一個以較弱的中央領導、更強的多元化和愈來愈有能力的社會、組織和個人為特色的制度，需要有十分強大的法治和降低衝突的機制（法院與立法），以及有效的監理、透明化和責信，更不用說以強大的倫理規範對個人有所節制。它需要的是逐步建設一個改變的政治制度，以及對正當性擴大的合理解釋。有個部長說：「利害相關人現在已經有關係了。」㉑若沒有這些改革，中國將邁向一個顛簸、甚或動盪的未來。這樣的動盪將以非常不受歡迎的方式溢入廣大的世界。

簡單地說，治理中國變得愈來愈困難。兩個例子提供具體證據說明我們所觀察到的中國現象：它已進入一個較欠主宰力量的領導人、更加多元化的社會和官僚，以及更有能力的下級團體的時代。第一個例子是萬達集團開發公司取得四川省綿陽縣地方官署批准，在距本地機場不遠的地方興建兩棟摩天大樓（究竟是行賄打通關節、還是規劃差勁？）。接下來，中國民航局和軍方（分別負責班機營運和控管空域）都要求公司停止興建。萬達集團根本不甩、照蓋不誤，也賣出各戶公寓，而機場基於安全考量必須削減夜間營運、每天要付出三萬一千美元的代價。[22]

另一個案例，廣東省汕尾市委書記鄭雁雄如此描述治理中國的困難：「只有一群人真正是年復一年、日子愈來愈難過。他們是誰？就是幹部嘛！我也在內……你的權力日益削弱，手上的辦法愈來愈少——可是你的責任卻天天加重。老百姓每天的要求愈來愈多。他們日益聰明，也愈來愈難控制。今天的政府官員很難做事啊！」[23]然後，鄭雁雄和美國政客一個模樣，責備起大眾傳媒——「如果你能信媒體，豬也可以爬上樹。」[24]

我們現在再仔細看看一九七七年至二〇一三年的領導人、官僚和社會的改變，看它們如何一起把中國推進新的政治空間。

領導

界定領導

中國領導人數千年來治理廣大多樣的領土，而且自秦朝（西元前二二一年）之前即有系統地思索領導人的職責。[25]外界人以為中國在一九四九年共產黨革命後才有的列寧式治理作風，其實也深植在中國長遠歷史上的治理方式中——只不過儒家傳統和法家傳統彼此相互扞格。

中國政治哲學對於領導人的天性和性格——此人的戰略思想，以及領導人放在他（很少有她）身邊的人之性格——有極大的影響。偉大的領導人應該具有行「仁政」的特質，要遵循「王道」。[26]「仁政建立在統治者本身高超的道德力量之基礎上。」[27]照這個觀點，人民的福祉直接依賴領導人的智慧、能力與惻隱心，以及在他四周的官員的心性。同時，也承認馬基維利的特質，即領導人也必須持有利劍、謹慎掩藏起來，只在必要時先砍掉小威脅、預為防制大威脅出現——所謂「殺雞儆猴」是也。

前上海市長汪道涵一九七七年曾說：「『中國人理解的起點就是全體中國人民的利益』。」[28]領導人的職責就是辨識人民的利益、採取政策服務這些利益、選任官員，以及有效地籌劃執行。隨著時間進展，前後關聯改變，利益和政策要與時俱進，而明智的領導人也要調整。但是中心要點是：領導人扮演決定性的角色界定社會的利益。「人民的利益」不只是個人與團體利益衝突之後所產生的均勢結果，這只是我們西方人對政治生活的想法。即使在今天的民主台灣，有關領導人的這些假設仍有共鳴。台北某位部長級官員二〇一一年說：「『正確的前瞻是關鍵；領導人有責任以人民利益施政。這是他們最高的職責。』」[29]

中國的政治哲學談到對「君」的基本限制，普遍為人民所接受：統治者如舟；人民如海；舟浮於海上；海若出現風暴、舟就翻覆。溫家寶總理二〇〇七年在記者會上就說：「每個幹部和領導官員應該知道，『水能載舟，亦能覆舟』。」[30]儘管有這樣清晰的理解，中國卻沒有以民意或代表為基礎的政策。歷史上，西方民主制度下主要的政治工作是限制領導人；在中國，它卻是賦予領導人能力。既然少有體制上的限制，中國領導人必須明智地評估目標、人民的利益，以及什麼是可以客觀達成的。一九七三年六月某個晚上，周恩來對前任美國駐聯合國大使約斯特（Charles Yost）說：「古有明訓，聰明的統治者不會制訂他曉得無人理睬的法律。」[31]統治者要立法，但必須明智為之，因為普遍不遵行會削弱正當性、並且孕育叛亂。

中國領導人傳統上在指定接班人一事扮演主導角色，不過近來已經走向集體決定新的領導人。二〇〇二年十一月，在江澤民即將交卸黨的總書記和國家主席之前，他在會見訪賓時有一番精彩談話。他解釋說，毛澤東和鄧小平都不只一次選錯接班人，可是他江澤民卻一次就選對了，選了胡錦濤。他也暗示自己將留任中央軍委主席。江澤民表示，決定留任中央軍委主席（結果是留任到二〇〇四年）基本上是他自己做的決定。他當著同僚和外國訪賓的面如此公開描述接班過程，展現出領導階層有了共同概念的重要意義。

> 我要談談我如何處理領導人的過渡……「我們偉大的領袖」（江澤民用英語說這幾個字）毛澤東有過好幾個接班人——劉少奇、然後林彪、王洪文，最後是華國鋒。華國鋒是個好人，但是

他後來提出兩個凡是的理論〔凡是毛主席做出來的決策，我們都要堅決維護；凡是毛主席的指示，我們都始終不渝地遵循。〕……至於鄧小平，他最早屬意胡耀邦〔當接班人〕。後來，他不適合，趙紫陽也不適合。而我在十三年前繼承了鄧小平。我在這裡不談我的成就和一些問題，但是重要的是過去十三年〔中國享有〕的穩定局勢……這一次，在黨代表大會前，我很認真思考了這次接班，而我決定七個政治局常委只有一人留任。胡錦濤留任，其他人都卸職……這使我想起了莎士比亞的《皆大歡喜》（As You Like It）。「世界若舞台，人人都是演員，每個人有上場、也有退場。」因此，我很樂意交棒給胡錦濤，也樂見他做得比我好。32

中國領導人所占的政治空間和美國政治論述和實務中的領導人之空間大不相同。在非戰爭時期，美國人視節制領導人、賦能給公民為核心任務，而中國人傳統上視弱勢、負荷重的領導人是一種威脅，必須提防。中國政治文化有個中心成分，就是怕「亂」，怕在一個掠奪成習的社會無人掌舵且脆弱。對中國人民而言，他們的國家問題很大，需要有英明的領導人來守護穩定。中國老百姓對其領導人的期許，和中國領導人彼此互相如何期許，是依據這個需求。

中華人民共和國和西方對於政府和政治權利的適當角色之衝突，大多出自於這個觀念。雖然權利意識正在中國社會增長，有可能因為結合了人民的挫折、全球化、城市化、物質安全上升、年輕網路世代成熟，以及單純渴望尊嚴而爆炸開來，但中國同樣仍有根深柢固的政治文化，在此一政治文化中，人民自認為「臣民」、而非「公民」——依然期待受到領導指揮、而不是積極參與治理。即使中國正在快速城市化，它在二〇一三年仍有近半數人口仍住在農村。在農村，人們仍期望領導人以傳統、家長式、以及權威主義的態度做事。

領導的多樣化與演進

縱然如此，經歷改革時期，領導人已從傳統強人型變成更加受規範節制的人物，他只是集體群體中略為突出一點的領導人而已。這些新型領導人的作風比較逐步漸進、習於交易，專注在系統維持、而非輕率的社會改造。

儘管有這些類似之處，中國領導人也多樣化，反映出在每個人類社會都會看到的各種各樣的性格——從野心勃勃、在人群中長袖善舞到羞怯靦腆、從嚴肅到幽默、從戰略思想家到狹隘的戰術家、從善於密室折衝到與現場民眾打成一片，無所不有。[33]有些人是惡棍、有些人則具有惻隱心。

鄧小平話不多，孤岸自高、仔細聆聽他信賴的人建言、不依靠智庫、一般而言不輕易表態，必要時清楚交代幾句話就構成決定——還經常配上朝痰盂吐一口痰。中國資深政策顧問在一九九八年說：「鄧小平一向腦子裡有大戰略觀，因此除了和橋牌搭子交換意見之外，不需要和其他人諮商。」[34]鄧小平也比較親密，對他所愛的人展現出款款深情；這一點和毛澤東不同，毛澤東把家族關係幾乎視同死刑。鄧小平的女兒蕭榕回憶父親對第一任太太張錫媛（一九三〇年難產而死）的動人故事：他會到她墳上祭拜、保護她的遺骸多年，直到一九六九年才又安排重新安葬。[35]

趙紫陽總理有活潑、好問的頭腦和讓人敬愛的笑容，喜歡身邊簇擁著一批聰明的年輕人。他相信專家的建言，願意聆聽。他十分注重資料。[36]總書記兼國家主席江澤民依賴顧問，利用誇張而善變的言談突然轉換話題以化解情勢、轉移注意，然後像一隻伺機捕獵的禽鳥繞圈子飛、在最佳時機俯衝叼食。他利用幽默緩和歧見。朱鎔基總理的作風是不斷追問問題、仔細觀察。他像個鋼鐵捕獸機、有打破砂鍋問到底的態度。他可以在這一刻痛批犯錯的部屬，下一刻又以幽默擒服他的聽眾。他的親信對他十分忠誠。他非常喜歡國樂。溫家寶總理一向神色緊張，但是他絕不浪費時間、直接切入重點，而且一直保持人道精神。他喜歡引經據典，而且和趙紫陽一樣，重視資料和事實。人大委員長吳邦國的快人快語，是我在中國高階領導人中所罕見的。

地方層級的中國領導人同樣個性鮮明。以前任大連市長薄熙來為例——他非常積極、急欲吸引外人直接投資，以便現代化他主政的城市（這方面他成績可觀），他曾經同時作東，分別主持兩場晚宴，接待日本和美國的訪客，只見他整個晚上忙進忙出穿梭在兩個宴會廳。薄熙來二〇〇七年十一月出任重慶市委第一書記，他很快就在重慶發動來勢洶洶的「打黑」反貪腐運動，讓許多觀察家想起當年他在文革期間當紅衛兵所幹下的殘暴行為。二〇一二年三月，他被褫奪重慶市委書記和中央政治局委員職位，他太太遭起訴謀害一個英國公民（同年八月被判有罪），部屬也被指控涉及財務及其他不當行為。二〇一三年夏天，薄熙來因貪腐、濫權，被判有罪。

上海方面，汪道涵市長喜歡看書，後來擔任市長的徐光迪則特別喜愛莫札特。上海市委書記陳良宇（二〇〇六年因貪腐落馬）很驕傲地告訴訪客，他父親曾在芝加哥留學——「實際上，美國並不陌生；我父親一九四九年曾在芝加哥唸書——在美國住了一年兩個月。他在美國留學的時間，比我在英國學習八個月還要更久。」[37]因此我們清楚看到，中國的制度並不只是生產陰沉、官僚的技術官僚。對領導人的誇張描繪會誤導人們的理解。例如，一夥人集體拜會李鵬總理時，我發覺他是很仔細聆聽的人、直接回答問題，不會因為擔心對聽者而言或許太敏感、就明顯緩和自己的觀點。

從毛澤東到習近平中國領導人的演進中，中國政治制度所「挑選」的人選已有改變。政治局委員的平均年齡即是此一改變的跡象。一九八二年，政治局委員平均年齡七十二歲，二〇〇七年已降為六十二歲。[38]二〇一二年底十八大選出的政治局委員，平均年齡略降，達到「略高於六十一歲」。[39]周恩來一九七一年十月二十日在北京接見季辛吉時，曾對美方代表團一名團員有所評比。他問查平（Dwight Chapin）說：「查平先生，你看起來很年輕嘛。」查平答說：「我已經三十歲了。」周恩來點評說：「我就是非常佩服你們。在這方面，我們中國人還得追趕你們美國人，因為你們敢用年輕人。」[40]除了年齡、教育和類似的指標之外，我們可以用兩種方式來描述中國領導人在改革時期的根本演進：一個是馬克斯．韋伯的方法；一個是伯恩斯的。[41]

透過馬克斯．韋伯鏡頭的中國領導

馬克斯．韋伯把領導人運用權威和掌握權力（正當性）的基礎分為以下幾類：傳統的權威（traditional authority）是根植於習俗統治的權利；奇魅的權威（charismatic authority）是建立在領導人的特質和對領導人的忠誠的統治；而法律－理性的權威（legal-rational authority）是權威奠基在憲政、法律規範的正當性。[42]社會從以傳統和奇魅為基礎的領導，向以法律－憲政規範及有規律的程序為基礎去演進。當社會城市化、且變得更複雜，加上教育程度和社會對參與及可預測性的期許上升，正當性朝向以法律－理性權威為基礎的傾向也益發明顯。在社會瓦解的情況下，法律、規範和官僚程序會動搖，而建立權威的舊方法（習慣和忠誠）會重新出現，造成政治衰敗。

毛澤東在他最後十多年所拚命抗拒的正是體制化、規則化、官僚化和對領導設限的過程。一九五〇年代末期被迫退居「領導的第二線」後，他在整個文革動亂十年（一九六六至七六年）全力反抗此一變化，這段期間他極力重建他的奇魅、傳統的權威。溫家寶總理二〇一二年在記者會上提到這種政治衰敗的可能性，他說：「改革已到了緊要關頭。沒有政治改革的成功，經濟改革無法落實。我們所獲致的成果可能會失去。像文革那樣的歷史悲劇可能會再發生。」[43]

從毛澤東到鄧小平、然後到江澤民、胡錦濤，再到習近平的過渡，有一種進展反映著韋伯的期望。毛澤東和鄧小平各自都有「傳統」和「奇魅」權威明顯混合的正當性，很大一部分是源自他們不凡的一生歷史──毛澤東在很多方面是個偽裝為新型領導人的皇帝，而鄧小平在晚年時只有一個頭銜「中國橋藝協會」名譽主席，可是卻有極大的影響力。江澤民和胡錦濤是由鄧小平指定的前、後接班人（雖然江澤民在前文自居其功）。就胡錦濤接班而言，鄧小平進了棺材，影響力仍在。

一直要到習近平，領導人躍升高位是由集體政治過程產生、比較不受前人決定性的影響；不過，年齡和輪替的常態在江澤民和胡錦濤接班時已開始發展。領導人接班的這種常態之發展，以及降低提攜人的影響，並不代表中國已經採行全面的法律─理性制度，但是習近平得登大位是依據和其前人很不一樣的正當性基礎。習近平的權力來自涉及許多「挑選人」（selectorate）──中國共產黨高層幹部──的挑選過程。挑選人能賜與，挑選人也能收回。管理挑選的規範愈來愈廣為民眾所知悉，同時黨內也有績效考評的尺標和意見調查、不再只是主觀評估。管理選任領導人的規範（黨內協商、可預測的輪替、任期和年齡限制，以及有公眾參與的績效考評）並不等同於法律和憲政主義，但是或許可以往那個方向發展。這些逐步鞏固的規範並不完整、也可逆轉，但是它們代表從毛澤東制度的劇烈改變，當年的毛主席就像西班牙畫家哥雅（Goya）的名畫《撒旦吞食兒子》中的撒旦，可以隻手動員「街頭」起來反抗他建立的共產黨，其中即相當大程度涉及他關注的接班問題。

雖然鄧小平沒有毛澤東無法無天、隨意濫施的權力，但是要做策略性的決定時，一旦他聽完同僚的意見，鄧小平就會做出權威性、決定性的裁示。這些決定涉及的範圍和後果經常非常巨大。李成就說，鄧小平「做決定時，不覺得需要諮詢智庫……的確，他最重大的決定……全都歸於鄧小平的前瞻思維和政治勇氣」。[44]鄧小平一言九鼎最鮮明的例證就是他在一九八九年五月十七日決定宣布戒嚴，調兵進入北京──他和黨內幾個大老（大多不具正式官職）商量過後就拍板定案，完全不符憲政體制。同一天稍後，國務院總理李鵬向政治局常委會以既成事實提報鄧小平此一重大決定，常委會（理論上應該決定這類事項的機構）只被告知要如何進行。李鵬照會黨名義上的首腦趙紫陽及其政治局常委會同僚，「戒嚴的決定……是小平同志今天上午開會決定的。我支持小平同志對戒嚴的看法。我認為現在開會的議題不在該不該實施戒嚴，而應該是要採取什麼作法去執行。」[45]傅高義教授說當天稍早鄧小平在會議宣布決定時，「房間裡有人表示擔心外國人對於動用武力會有負面反應，鄧小平回答說，因此需要快速動作，『西方人會忘掉的』。」[46]

除了這個決定之外，我們還可以想到鄧小平有好多次大轉折的抉擇，包括第一章提到的他決定鎮壓一九七九年的民主牆運動。鄧小平當時對美國訪客解釋說：「所謂的民主牆、示威和靜坐等等，不能代表我國人民真正的感受。」[47]另一個決斷的決策──一胎化政策，鄧小平堅決相信若不限制必須餵養的人口之出生，中國的人均所得無法大幅提升，這一點已在第一章討論到。[48]鄧小平似乎認為不證自明，個人的抉擇應該次於集體的需求和經濟成長的重要性，而往這個方向勇往直前全靠他一人乾綱獨斷。

談到台灣問題，他的後繼者在這個充滿濃厚民族主義的議題上十分掙扎、不能被視為立場軟弱，鄧小平則安之若素，可以含糊其詞，甚至在這個議題上放鬆——願意把這個問題的衝突延擱到無限期的未來。台灣有個非常資深的學者歸納鄧小平一九八〇年代末和他一次對話的內容，描述鄧小平對台灣似有彈性想法：「我和鄧小平、趙紫陽和江澤民談過話，而和鄧小平的談話最有用。一九八七年，鄧小平問我：『你在台灣長大？』〔他想知道〕為什麼民進黨要獨立。〔我回答說，〕因為〔台灣過去是〕殖民地、國民黨非常腐敗、〔台灣人〕沒受到善待。鄧小平說：『是啊，看來〔我們應該〕把兩岸〔關係〕留給下一代。』他開始動筷子吃東西。」㊾

快轉到二十一世紀初期、繼鄧小平之後當家的三個中國領導人（江澤民、胡錦濤和習近平），我們很難相信他們——以他們出任領導人所代表的特性而論——會啟動像一九七〇年代末期一胎化政策影響如此重大的政策。正當性的基礎已逐漸移動，這種正當性賜予鄧小平接班人的力量已逐漸減弱他們發動、更不用說是維持高度滋擾、侵犯和任意涵蓋全社會政策之能力。中國有位資深學者在二〇一一年說：「我們已經從強人領導、即鄧小平移轉到江澤民，他們還可以稱為『核心領導人』，現在轉移到胡錦濤以及他選定的接班人，他們稱不上『核心領導人』，『只能說是在集體領導中地位高人一等』。」㊿中華人民共和國已經從有個人及經歷可信度的領導人演變到受集體決策、任期限制、演進的規範、部分由「輿論」界定允許範圍，以及受其本身技術官僚和相當有教育的特質所限制的領導人。二〇〇二年，中國有位資深外交官這麼說：「毛澤東和鄧小平可以做決定，江澤民和目前的領導人必須諮詢大家的意見。」51

二〇一二年底、進入二〇一三年時，有權的鄧小平和更加受限的接班人之間的差異再次表露出來。一九七〇年代，為了與日本關係正常化和建立邦交，鄧小平與東京協議，把位於台灣東北方東海中的釣魚台／尖閣群島這個充滿民族主義的主權爭議問題先行擱置。到了二〇一二年底、進入二〇一三年時，正是從胡錦濤過渡到習近平的節骨眼上，中國新領導人覺得有必要在面對日本將釣魚台「國有化」時採取更強硬的態度。既沒有新力量供他們調配，中國二十一世紀的領導人並沒有鄧小平握有的政治影響力。

透過伯恩斯鏡頭的中國領導

政治學者伯恩斯提供另一個角度來檢視中華人民共和國領導人的演進：即檢視領導人訂定的目標：有些領導人的目標包含極大的變革，也有些人以系統維持者自居。領導人可分成轉型式和交易型。伯恩斯提出第三種類型——權力支配型，以追逐權力為目的的領導人、不是把追求權力當做其他目標的手段。

在轉型式到交易型的光譜上，鄧小平會被擺在很靠近轉型那一端，即使他的轉型與毛澤東大不相同。毛澤東藉由改變其人民和基礎社會組織來改造中國——他希望的改變方向經常背逆老百姓天生的傾向。這導致毛澤東企圖建立及運用威嚇性的教育、同儕團體和組織工具，來創造外在世界所謂的「新毛派人類」。他也是一個殘酷無情的權力支配型領導人。[52]

鄧小平雖然也是一個具有轉型式目標的領導人，卻發現他的行事方法須吻合其人民的天性——這些人民具有壓抑不住的自我改善（尤其是物質方面）的動力，還具有愛國情操、希望提升中國的國際地位。毛澤東想藉由改造人民而改造中國，遂利用威嚇手段和意識型態去做。鄧小平樂於運用物質誘因，可以舉他在一九七九年底告訴美國訪客的一番話，做為最明顯的表述：「有一件事是正確的。不可能不連結到激勵而要求個人發揮熱情和主動。」㊸鄧小平預備提升中國的經濟，下手之處是人類有所欲求。有個副部長對中國在改革初期的狀況以及鄧小平的作法有這樣的描述：「在計劃經濟下，沒有快速增長；而在文化大革命期間，中國幾乎破產。『是的，中國人平等了，中國人是均貧了。』鄧小平會被大家懷念為『當代中國最偉大的人』。鄧小平說過：『貧窮不是社會主義。經濟發展是當務之急。』『他找回了中國人血液中的創業精神。』」㊹

鄧小平其他作法即是敞開中國門戶，迎進外國知識，鼓勵許多中國青年出洋學習（這個態度受到他早年在法國學習經驗的影響），也讓比較優勢、貿易和教育發揮其功能。他預備配合人類天性的力量、而非逆其道而行去改變中國。

在鄧小平的接班人江澤民身上，我們看到的是位居伯恩斯轉型式—交易型尺標中間位置的一個領導人。套用前任上海市長汪道涵的話，江澤民因為「考試」成績最優接下鄧小平的棒子，㊺因為他被認為有幹才，又不會威脅黨內希望繼續改革的一派、也不會威脅擔心改革的一派。江澤民擔任中共中央總書記的初期階段（一九八九至九二年），他小心翼翼地走在這兩條路線之間，但是一九九二年鄧小平的「南巡」重新點燃改革之火，幫助（或迫使）江澤民跳下騎牆、投向快速改革的一方，然後一路堅持到二〇〇四年交卸中央軍委主席一職為止。一九九四年，鄧小平因為年老體衰、關掉個人辦公室，江澤民顯然才真正踏出鄧小平的身影。有個與江澤民有互動的中國資深人員形容和江、鄧兩人做事的不同：「鄧小平當家時，不易接觸到他。因此智庫只有間接影響。鄧小平相當有距離。很少人能接近他。江澤民則樂於和更多不同的人士來往。去年十月我們和江澤民談話時，他還做筆記、非常用功。」㊻

江澤民能言善道，在好幾個重要層面推動中國的重大改革。他推動中國在二〇〇一年加入世界貿易組織，使得中國與世界的貿易爆炸性成長，從二〇〇一年占全球貿易比四%，激增到二〇一一年占比九·九%。[57] 從二〇〇一年至二〇一一年，中國的全球雙向貿易總額約二十兆美元，比前十年大了七倍。[58] 他督導並支持中國進軍太空，二〇〇三年締造首次載人太空任務的成績。他首次宣稱中國共產黨需要吸收更多有創意、有技能的人才入黨（二〇〇〇年他提出「三個代表」政策）；此後，黨員人數從二〇〇〇年的六千四百五十萬人，爆增至二〇一一年的八千二百六十萬人，增加了二八%。[59] 一九九三年至一九九九年之間，江澤民和他倚為股肱的朱鎔基總理，為了追求效率和改造中國工業基礎，讓兩千五百萬國企員工下崗。[60] 江澤民主政十三年期間，中國年均經濟成長率為九·七%。[61]

縱使有這些事蹟，從性格和所處環境而言，江澤民的交易性格大於他的轉型特質。他在不同勢力之間尋求平衡。他是工程師出身，因此務實、傾向於要把事情弄好。江澤民與美國國會眾議員康納伯（Barber B. Conable Jr.）等一群訪賓談話時就說：

> 康納伯先生一九八八年時到過上海。我當時是市長，向他談起我的工作；很困難；市中心有七百萬人——總人口是一千一百萬人。到了夏天，最大的問題是處理西瓜皮；到處都是西瓜皮——很棘手的垃圾問題。一九八一年我到芝加哥訪問，有人問我想參觀什麼，我說我想了解垃圾的清運處理。芝加哥也有這些棘手的問題，但是比起上海善於處理垃圾。「美國人一定很難想像如何處理〔中國〕這麼多人。」[62]

江澤民在結束這場談話時又說，在上海要造橋也很困難，因為通常以直線和水平方式造橋，會占用太多土地面積、必須遷走太多市民。他提起他的市政府採取一個創新的解決之道：「在上海要造橋也很困難。光是營建工程就要花兩年時間。〔我們〕用螺旋式、節省土地空間。這一點我很自豪。」江澤民所謂的「螺旋式」指的是通往橋面的路不採直線、而採向上螺旋形興建，以降低占地面積。[63]在中國這樣日益複雜的社會，治理其實是一種「交換」。中國領導人已少有機會思考轉型，因為他們忙於在受許多限制的情形下做決策，而且犯錯的代價相當高。

接下來是胡錦濤和溫家寶。這兩位領導人在尺標上更趨近於交易型這一端、而遠離轉型式。這種態勢有一部分造成一種國內、國外普遍的看法，以為中國的改革相較於鄧小平、江澤民時期的成長和改變，已經緩慢下來。有位資深的中國外交官二〇〇二年夏天，即胡錦濤上台掌權前夕就預言：「另一個趨勢是走向集體領導、不再是最高領導人。未來的領導人將是集體的、更民主的，他們將尋求共識、而不是獨斷獨行。但缺點是他們的權威將愈來愈小。他們將愈來愈難在需要有大膽決定時、做出大膽的決定。這樣的領導人將更加小心，更專注社會進步。」[64]習近平會如何演變仍有待觀察。

這使我們跨進政治空間的第二面向，這是中國政治制度在改革時期所踏進的空間：多元化。

中國官僚與社會的多元化

背景

即使在毛澤東一九七六年九月去世之前，西方分析家已專注研究他們認定中國也會存在的官僚、地域、階級、職業和其他明顯的政治分立——相信中國的政治和其他大多數地方也一樣，即將調和或鼓動不和以達成目標。文化大革命揭露中國政壇的深刻分裂，但外界很難明白其輪廓。毛澤東時代意識型態掛帥，高唱的口號就是全國只有一個利益：「中國群眾的利益」。「群眾」成為團結的器物。治理的工作就是壓制頑抗勢力，教育群眾認識他們真正的利益、才會擁抱它們，至於官僚機關，則是簡化它們，將職能機關置於政治指導之下、而非以專家領導。治理不是要調和歧異、而是要消滅歧異。

且以一九七一年七月十九日，人民大會堂接待美國學生訪問團為例。當時周恩來十分戒慎警覺，反映著當時的政治氣氛。會場挺超乎現實，因為左翼份子姚文元和張春橋就在座緊密監視著他：

> 你們已進入紅衛兵時期。我們得請這兩位同志〔姚文元和張春橋〕向你們說明紅衛兵運動。紅衛兵自稱是「服務委員會」成員、或「總務委員會」成員。紅衛兵還有一個思想趨勢，他們不喜歡被稱為「部長」、「科長」或「主任」。他們認為這一切太官僚，因此我們必須掃除官僚

結構，自稱為人民的「服務員」……我聽到你們在問，為什麼人們不穿紡織廠製作的色彩鮮豔的衣服。這是因為今天的習慣是生活簡樸，因此人們喜穿簡樸的衣服，而且它們也是紀律的表徵。為了表示向解放軍學習，人們喜歡穿軍服。而且簡樸風也代表反對資產階級墮落……因此我們非常歡迎你們〔指的是跟他談話的美國學生〕的精神援助。這是「糾正錯誤思想」。這是毛主席說的。這不是洗腦，這是糾正錯誤思想。我還沒有想出有什麼方法可以洗一個人的腦。其實我也希望我的腦子能夠洗一洗，因為我腦子裡有太多舊思想。我已經超過七十三歲了，怎麼能說我腦子裡沒有舊思想呢？我是來自舊社會的呀！……在座哪一位若是帶著錄音機，如果願意的話，也可以把今天的談話錄下來。既然和你們見面，當然我們可以自由地發言。或許我在這兒會說錯話，或許這兩位同志會說錯話，或許譯員會翻譯錯誤……因此如果回到美國後，你們想出示錄音，你必須在開頭先聲明，在這個錄音中肯定會有一些錯話……當然我們站在無產階級的立場，你們對這一點當然也很清楚。至於我們的觀點，我們全力確保它們符合馬列主義、毛澤東思想。[65]

從一九七一年至二〇一三年的四十多年間，中國領導人和公民已從否認社會和政府衝突，轉移到以衝突角度說明治理的挑戰。雖然表達利益的途徑依然有限、不透明，菁英也經常不回應，中國的統治者現在試圖解決利益衝突，只在感到威脅高的時候才會彈壓它們。

擁抱多元化

改革時期，尤其是鄧小平之後，中國已發展出積極做出回應的威權主義，（透過在中國共產黨內最高階層的代表性，平衡主要的地域、職能、派系和政策利益。[66]中國試圖儘可能吸收衝突、接納團體的基層，但是要讓有組織、反體系色彩的運動領導人付出高昂的代價。

中國到處看得到多元化的現象。強有力的個體有互相衝突的野心，中國的官僚機關、經濟部門、地方政府和社會團體內部及彼此之間顯然也是各唱各的調。有個官員說：「『我看到的就是競逐利益戰場。』」[67]在官僚體系內，「領導小組」做為論壇，由高於部委的官員解決相爭不下的部委級或其他下屬組織和地方政府彼此的鬥爭。國務院副總理和國務委員花費不少時間解決爭端。各省市及工商協會紛在北京設立「駐京辦」，與相關官僚機構的決策者培養良好關係、以爭取本身利益。各縣市也模仿此一模式、在省會設立辦事處。大城市（如上海）自己成立推廣單位在全國尋求商業及政治支持。然而，有個中國外交官解釋給我聽，這些辦事處「不向人大遊說，他們只向行政部門遊說。現在在中國，他們比較少為錢遊說、而多為爭取有利的政策而遊說。」[68]有位中央政府科技部會的司處級官員說，在爭取研發經費時，「『現在利害關係人很有關係。』」[69]固然誠如上述，遊說活動大多朝向行政部門以爭取行政管理和政策的彈性空間，但是現在也愈來愈朝向地方及全國立法部門。

政府之內及之外的中國人已經愈來愈開放、敢討論這個過程。前任副總理李嵐清吐露他的挫折，表示他命中註定持續要調停官僚鬥爭。李嵐清敘述在一次會議中，三個涉及外貿的公司互爭有專屬權對某特定紡織品（「抽紗織品」）進行交易，他必須居中調停：

中紡的代表主張抽紗織品是紡織品，中國工藝品進出口公司的代表一口咬定它是手工藝品。China Tushu的代表則說，苧麻是天生產品，甚至還說天上飛的、地上長的、人養的，不論是天生產品或是動物產品，都在他公司的營業範圍。他只差沒說，天底下所有的商品都該歸他公司管……當我宣布裁示時，我曉得這只是暫時的「停戰協定」、不會徹底解決這個問題。[70]

我們也可以看到地方層級的官員調適接納新的政治方式。一個美國訪問團會見上海閩行區委書記，這位衣冠楚楚、年輕、自信的地方官員描述地方治理所走的方向：「『在上海、現在在閩行，是不同的治理方式。文化不同、語言不同。我們已經發展得很快，現在是發展的問題。我每天上互聯網四個小時，注意有沒有任何抱怨。下一代將更會如此。這是根本的改變——我們有更好的反饋。』」[71]

這就使我們進入中國新政治空間的第三個面向——更有能力的地方政府、社會團體和個人。

社會能力趨強、資源日益分散

中國政治制度也正在轉變，因為社會和下層政府變得愈來愈有能力（我們將在第三章詳細討論）。下層社會和政府擁有的資源和資訊比過去多，也有更大的能力相互認識。更常見的是知識份子、政策倡議家和商業化的大眾傳媒成為「輿論」的主體，而領導人愈來愈援引輿論來增強自身的正當性。中國的中央當局沒有能力處理每一個需要注意及資源的問題，迫使他們依賴政府之內或之外的下屬組織、這些組織及各層社會有其利益和資源。

輿論

對毛澤東來講，「輿論」（或「群眾的意志」）不能局限他的政策；這是他有特權去界定、訴求和動員的東西。或許只在大躍進及其後（一九五九至六二年）的極端狀況下，民眾的失望才構成限制，迫使毛澤東在一九五九年退居第二線領導（把國家主席職位讓給劉少奇）。但這是不尋常的狀況。雖然地方幹部對於他們住的社區不可能完全沒有反應——或許群眾動員期間是例外——大體來講，「輿論」不是中央決策日常要考量的東西。

對鄧小平來講則完全相反，他之所以發動改革，主要驅策力量是他擔心過去二十年的動亂和貧窮會讓中國共產黨失去正當性。怒海覆舟在即。改革開放政策從「輿論」上看，有它存在的理由。再者，鄧小平的改革策略是先找出民眾天性最支持改變的領域，藉由這些領域的成功建立動能，進一步去改革政府、黨和一部分社會內部會有更大惰性和抗拒的範疇。[72]鄧小平的改革策略是以他正確解讀輿論做為基礎，但是唯有在輿論吻合他本身的分析時，他才走向民眾思維的方向。

然而，進入二十一世紀，中國領導人比起以前要更加訴諸「輿論」來解釋對外及對內的政策選擇。雖然不提輿論未必是證據，用電腦搜尋本書所採用的所有訪談筆錄謄本，「輿論」這個詞語實際上根本不出現在一九七〇年代和一九八〇年代的筆錄中，一九九〇年代也非常少見，到了二〇〇〇至二〇一三年期間才頻頻出現。[73]再者，過去二十年，中華人民共和國已建立相當大的組織結構測量民意（二〇〇八年全國有五萬一千家公司進行各式各樣的民意調查，其中一千五百家專業機構），[74]關於黨領導人的調查資料開始在評估幹部是否適合升遷、或黨內選舉過程產生作用。有個民意調查人員做了如下的解釋：

至於民意在社會的角色，我大部分替公司做事，有些是為了賺錢，但是我的業務愈來愈多來自政府部門，而〔他們〕「可以感受到輿論的壓力」。鄧〔小平〕之後已經沒有超人〔強人〕，因此輿論變成一種「公民社會」。什邡、寧波有那麼多問題、通常是環境問題，現在要考量民意，所以他們〔中央領導人〕希望地方領導人別惹出麻煩，因此官員必須有兩種聲音。領導人利用公眾評估。在美國，民意測驗用在選舉，但是在中國，主要用途是監視政府的表現。從業務上看，〔對我來講，〕這是好消息——〔我的公司〕生意愈來愈多。[75]

固然這稱不上民主，這些發展代表已經認識到現在有需要對群眾觀點要多做回應。

在後二〇〇〇年時期，中國外交官和經濟談判代表時時援引「輿論」來說明對台灣、日本、美國、匯率和海上爭議，以及純粹內政行動（如農業及天然氣稅等稅務政策，或者因民眾反對而取消一些已經計劃的工業和基礎建設項目）。[76]例如，在中國許多鄰國和遠方的大國（包括美國在內）的眼中，二〇〇九至一〇年中國的對外行為變得「更加強勢」。這一來導致中國的鄰國和美國做出回應，要發起在亞洲「再平衡」或「重回」的政策，針對中國的轉變加強團結。

中國現代國際關係研究院分析師牛新春解釋，北京姿態強硬是因為中國領導人在國內沒有足夠的安全感，這又是因為二〇〇八年北京奧運之前美國和西方在種種問題上對中國咄咄逼人，造成民眾憤怒所致。牛新春解釋說，同時，中國民眾對國家的成就相當自豪，例如太空發射成功、在全球財金危機中表現強勁等等。領導人有不安全感、需要民眾支持，加上民眾更有自信，是牛新春對北京在二〇〇九年和二〇一〇年姿態強硬的解釋。「〔民眾〕國家自信心增強，〔中國領導人〕本身政治地位轉弱，迫使國家採取更強硬的外交政策，即使這麼做的空間狹窄。」[77]到了二〇一二年，民眾又揪住另一個挑釁的問題發作——他們認為中國領導人在東海和日本人交涉釣魚台爭議時立場「軟弱」、在南海和越南、菲律賓發生島礁爭議時也不夠強硬。

外交事務系統一位相當高階的官員的結論是：「〔中國〕有深刻的社會變遷。你瞧瞧電視上的談話節目。大城市裡人們的感覺變得很快。現在大家強調自由、法治、人權、個人自由、國際習慣——這是很深刻的變化。最後這會影響到外交政策和國內政策。」[78]

資源：金錢、人才、社會團體和資訊

鄧小平啟動改革開放之初，想到的就是將資源「去集中化」，以刺激誘因、把資源放在更明智的決定上。雖然集中化與去集中化之間的均勢有起有落，各種資源大部分都往下層積累。國家總歲入花在中央層級的百分比，已從一九八〇年的五四．三％，下降到二〇一〇年的一七．八％，相對來講，花在地方層級的百分比，從一九八〇年的四五．七％，攀升到二〇一〇年的八二．二％。[79]同樣的，國有企業占工業總產值的百分比，從一九七八年的七八％，下降到二〇〇九年只剩一一％。[80]民間部門占工業總產值的百分比，在改革剛開動時微不足道，到了二〇一一年已達到四一％。[81]

金錢是最有取代性的一種權力。它和其他類型的權力一樣，也向下層移動。可是，金錢、資源以及下層官僚機構或社會的裁量權之積累，並不代表政治、經濟自由的必然性。有了權力的貪腐地方官員、犯罪黑幫、某些軍方領導人，以及兇惡的創業家從事的行為，既不是為了中央的利益、也不是為了地方百姓的利益。[82]

有許多方法可以顯示人力資源領域出現的變化，但是最清晰的指標是高等教育學府入學人數及出國留學生人數。一九七七至七八年（文革之後，高等教育首度恢復招生），國內註冊入學的高等教育學生為四十萬二千人。[83]到了二〇一〇年，人數暴增到六百六十二萬人。[84]從一九七八至七九學年度到二〇〇九年，中國留學生人數達到約一百六十二萬人，其中三七％赴美國。[85]二〇一〇至一一學年度，中國在美留學生人數有十五萬七千五百五十八人，[86]次一學年度激增為十九萬四千零二十九人。很多出洋留學生在完成學業後還回國服務——到二〇〇九年底，所謂「海歸派」約有四十九萬七千人。[87]重點是中國產生相當大數量的人力資源，留學生回國服務的比例也相當高。這些人才進入政府機關服務，但是也有不少進入不完全受國家主宰的社會或商業機構服務。在這種情勢下，國家—社會的均勢逐漸起變化——往對社會有利的方向發展。

非政府組織及其活動受到某些實質的限制，那麼中國的社會團體究竟有什麼力量？即使國家設法多少還管控住它們，這些團體的數量和能力仍然日益增長，使它們更有潛力可以取得自主。國家需要非政府組織，基本上是因為國家沒有能力迎合社會愈來愈多的需要。前文所述的上海市閩行區委書記說：「中國的〔中央〕政府不夠強大；我們需要把某些職能移交給非政府組織，但是這需要時間。」[88]有一個例子顯示非政府組織有可能做出貢獻：北京的非政府組織「公共及環境事務研究所」負責人馬軍蒐集工廠廢棄物處理方法及水污染統計數字的相關資料（水污染資料庫和中國水污染地圖），公布不良作法及

「違犯者」，從而促使政府、民眾和市場力量對他們施壓、促其改進。馬軍在接受《耶魯國際事務學刊》（Yale Journal of International Affairs）訪問時表示：「這有利於對公司製造公共壓力……有些公司很想從名單中拿掉名字。」[89]

資訊是政治發展中的關鍵資源。布瑞姆（Ian Bremner）以「J曲線」來描述此一發展——各國通常都從穩定、低資訊的環境開始，經過資訊日益增大的不穩定的過渡，終於來到高資訊（「開放」）社會的新均勢。中國人民解放軍某位將領二〇一〇年談到美國對台灣銷售武器、以及北京可能會如何反應時，嚴峻地提到互聯網對中國決策起的影響：「決定受到「網民」影響……如果賣了〔武器給台灣〕，我不曉得〔將會〕有什麼反應。中國領導人不能做決定——網民將做決定。」[90]另一位中國將領則說：「『互聯網、推特二・〇以及下一代的智能手機可以設定保密、可以做為資料終端機：這是一種全新的通訊方式。』中國政府改變了它對信息戰〔資訊戰〕的看法……我們有三億四千萬個互聯網用戶、六億支手機，網站數居全球第一。『中國必須要管理；古代中國，民可載舟、亦可覆舟。水能疏導，不能阻擋，山也擋不住。』」[91]

互聯網和它那些會引人上癮的社群網路工具，加上全球化，以及伴隨它而來的覺醒和相互依存，催生了布里辛斯基（Zbigniew Brzezinski）所謂的「全球政治覺醒」。[92]它深刻影響到中國的治理。就以城市化為例——這個過程提升教育和所得水平、增加民眾期望、製造高人口密度，同時公民也變得更有政治意識。城市化因為新的通訊科技變得更強有力。有位中國資深經濟學者說：「在城裡，人們呼吸到自由的新鮮空氣。」[93]這一切造成中央政府十分努力，既要駕馭互聯網的好處、又得透過同時建設網路「防火牆」和e政府來把它和最會產生動盪的效應隔絕開來。

這個「覺醒」的第一個證明就是因中國國際地位上升而產生的自傲浪潮，它擴大了潛在的民族主義，而這股力量是中國領導人必須疏導和緩解的。這種自傲一向是既可威脅政府、也可有助於政權。這種新的通訊和組織手法最大的威脅之一，即是中國人民有能力在公安系統視線之外組織起來。領導菁英在一九九九年四月首次領教到這方面第一個戲劇化的實例，法輪功竟然號召了數千名信徒在中南海、即北京市中心領導基地之外集會，而政府事先竟然毫無警覺。這種「閃靈群眾」令中國領導人毛骨悚然。

自從一九七七年以來，中國已經歷經濟改革、但沒有政治改革，這個老生常談乍看之下言之成理，其實它遮蔽了一個更深刻、更重要的事實——今天中國的政治制度與鄧小平復出掌權時、至少在以下三大方面已經大不相同：第一、中國領導人已經愈來愈不能一言九鼎，彼此關係相對弱化、與社會的關係也減弱；第二、中國社會和治理結構的多元化已經變得很明顯；第三、領導人面對的是資源愈來愈豐富的社會。綜合起來，這些發展已把中國帶進全新的政治空間。中國某個最重要城市的市委書記兼市長說：「『許多人已顯示對政治改革有興趣。但是它已經悄悄地、在不為人注意之下展開。』」[94]

這幾個發展可以結合起來、替中華人民共和國製造不一樣的未來，而中國或許離這些交叉路口也不太遠了。劇本一：中國可能出現政治倒退。在這個劇本中，經濟和政治的不安全可能創造條件，使得更集權、專制的制度重新抬頭——雖然與過去共鳴——最後卻不能符合轉型中社會的需求，更不用說不符合世界需要中國做個合作的夥伴。第二種可能性是，面臨失序和衰退，可能出現一個富個人魅力、轉型式的領袖，他將建立新秩序，或許是民主政體、但也很可能不是。以上這兩條可能的路徑幾乎肯定都會出現漫長、又痛苦的過渡時期。第三種劇本是，中國目前的多元化或許變得愈來愈有法治、規範管理結構和共同的倫理價值。在這種情況下，治理可能變得愈來愈參與和合作。最後一種可能性是中國繼續多元化，但是未能建立在國內負責任的治理、以及國外建設性的行為所必須具有的管理規範體制和公民負責的文化——這可以導致愈來愈無從控制的中國。這些劇本都有可能發生；第三條路最好，第四條路則最可怕、需要避免。

中國的治理和領導所面臨的最大挑戰是設法如何馴服愈來愈高漲的社會多元化、有建設性地、合作地導引它們。這需要發展一套正當化的理念，超越成長、物質主義和全球地位，並且建立一套可以管理此一多元化的體制——一個超越單純的經濟導向、以表現為基礎的正當性，而能得到全民支持的體制。這就需要向以改革為基礎的正當性去過渡。中國有位資深學者在二〇一〇年說：「就我們的政治制度而言，『問題不在正當性，而是中國人根本不了解自己的政治制度。我們的政治協商會議不是美國的參議院；我們的人代會不是美國的眾議院；我們的民主黨派不是反對黨。我們可以說我們的體制不是什麼，可是我們說不出它們是什麼。』」[95]

3 決策

各部委之間的分配很「複雜」，有「許多討論」。部委的分配要根據兩個考量：一、國家政策和施政優先，以及二、特定項目。「有很多矛盾」，國家計委必須解決它們……每個部委和省市都要求國家計委給它更多的投資和資源，這就是重大矛盾，比起一九五〇年代，問題更加嚴重。國家歲入預算每年約為〔人民幣〕一千億元。每個省市要的分配，他們都說太小了，〔可是〕一加總起來就大得不得了。國家計委必須合理化〔這些要求〕，避免赤字。

——與國家計委主任的談話，北京，一九八二年十一月十日

中國基於本身利益打算遵守國際規則〔如世界貿易組織的規定〕和作法。為什麼說是為了我們的利益呢？第一、因為它會有助於我們本身的決定過程。各部委和省市之間的歧異，〔他們〕各有不同的看法；它們必須要解決；很需要有一套規則，這將有助於中國整合進入世界。如果某個部委的發言人在會議中〔能說〕，「世貿組織規定……」，這個部委在內部辯論就贏了。

第二、它將有助於中國執行其法律。改革已在國內項目產生某些混亂，因此只有國際規則／作法有助於執行法律。地方政府「擔待不起製造國際困難的責任。」

——中國資深貿易談判代表，一九九七年六月十一日在華府的談話

在中國似乎沒完沒了的決策過程的每一階段，都有鬥爭——為資源而鬥、為權力而鬥、也為自我而鬥。鄧小平時代的重大成就就是這些鬥爭不像毛澤東時代手段那麼殘酷，使得廣大的中國民眾有相當大的收穫。鄧小平和他的接班人如何打造一個更有建設性的政策過程，是一個重要、複雜的故事，想要了解今天中華人民共和國的決策過程也同樣不簡單。

有效的民族國家具有一致、穩定的認同，被大家所接受的有效體制，以及在社會對制度的要求和其體制所提供的之間有個平衡，再加上集體參與，構成了國家這個政治實體。決策是國家艱鉅、核心的功能。它牽涉到界定問題、確立優先、訂定選項、建立可以採納政策的同盟，以及確保上級的命令在社會的工作層級找到合理的反應。前任上海市長汪道涵一九九七年對史考克羅夫（Brent Scowcroft）說：「當我們看待特定問題時，〔我們必須區分〕何者重要或不重要、緊急或不緊急、以及難易程度。」❶

中華人民共和國一九七七年以來的決策表現很難簡潔地做個歸納，但是在二十一世紀進入第二個十年：它出現在一個變得愈來愈分裂、領導人日益弱勢、次級團體力量日增的制度之脈絡中。一方面，後毛澤東的政策產生相當可觀的結果：超過三十年的高速成長、從農村到城市的巨大過渡，以及中產階級大量增加，而且國家還從全球互動的邊緣移動到世界事務的中心位置。一九七〇年代末期和一九八〇年

代，從拚搏和肯冒險所產生的創意和務實主義，點燃了旺盛的實驗和改革。中國共產黨本身在一九八九年六月四日之後的正當性危機，加上隨後東方集團的瓦解和蘇聯本身的內爆，提供在一九九〇年代進一步改革的驅動力。

另一方面，在改革時期初期所採取的政策之成功，已經產生巨大的後果（負面、正面都有），必須在今天中國大不相同的環境中來處理。某些初期改革最大的受益者轉而抗拒進一步改革，以免降低他們的獲利。領導人現在必須界定和調整政策，在地方政府、國有企業、利益團體及個人有更大誘因和能力抗拒改革的情況下，重新激勵改革。中國某主要大學黨委負責人二〇一二年春天說：「國有企業的問題不再是效率，而是壟斷。」❷意即改革初期國企缺乏效率，現在它們效率上升，卻一心想要防阻新競爭者出現。

在最深處，鄧小平經濟成長模式和治理方式的成功開始達到極限。高投資、重出口的經濟成長模式現在必須讓位給以密集、加值創新驅動的制度；而此一制度又必須開放更高程度的知識創意。政治機構也必須放棄它對財金系統相當的控制。不具環境價值的成長模式必須換成更有永續性的模式。中國原本不被預期會在全球舞台上扮演外交事務領導角色，現在必須吻合已有期許的國際體系愈來愈多的要求。要做出這些根本的改變洵非易事。有一個主要原因牽涉到中國決策瑣細的特性。

決策已經遠比鄧小平時期更加複雜和困難，其原因如下。第一、個別領導人在國內、國外政策上都再也不能一言九鼎。第二、政府官僚機關已經有能力發聲、主張它們自身的利益，而且內部的組織結構也變得愈來愈複雜——比如有些局處有時候甚至跟自己所屬的部委唱反調。第三、地方政府獲得相當廣泛的授權，也掌握了更多的資源。根據世界銀行與發展研究中心二〇一二年合作的一項研究，「談到政府支出，中國是全世界最不集中的國家之一，可是政府歲入卻高度集中。」❸這就造成地方領導人搞出許多虛假的策略——充滿貪腐、欺騙和做假帳。第四、許多新的行動者出現在決策過程，包括大眾傳媒、政策倡議家、商人、社會團體、甚至文武犯罪集團。第五、垂直區分的政府制度，因為平行協調機制不足、問題不斷，仍是嚴重的挑戰。第六、整個制度裡裡外外有很嚴重的透明化和責信問題（包括公司治理）。這些決策挑戰發生在極其複雜的議題紛紛落到業已不勝負荷的領導人身上的脈絡中。

政策過程的演進觀

一九五〇年代和一九六〇年代初期，毛主席近乎極權的制度，以及西方與它互動幾乎等於零，導致沃克（Richard L. Walker）在《共產主義治下的中國》（China under Communism）提供一份令人難忘的中華人民共和國制度組織表，反映出他和其他多數西方分析家對早期毛澤東政權的了解（見圖三）。❹這是從上而下的結構，有一個全面觀照的「大眼球」注視和控制所有職能體系和地理層級的活動：大眼球就是中國共產黨及其種種工具，箭頭代表指揮線，主要朝一個方向走——從政治局一路往下監控。公民透過黨幹部、不斷的群眾運動和思想灌輸，被連結到體系去。一年之後，腓德瑞克（Carl J. Friedrich）和布里辛斯基（Zbigniew K. Brzezenski）發表經典之作《極權主義的獨裁和專制》（Totalitarian Dictatorship and Autocracy），對「所有專制政體」有如下的描述：「鮮明的特徵是統治者的行為不必向任何人負責。他就是『寡人』（auto），乾綱獨斷、自己揮舞權力；換句話說，獨斷獨行，做決定、享成果。」❺

沃克和腓德瑞克／布里辛斯基對中國共產主義（以及蘇聯等其他共產主義制度）所提出的觀點，其要旨就是這個結構由一個人主宰，其政策透過高度受到服從的命令，在體系內受到忠心執行；而命令則是藉由大量的宣傳和震懾受到遵從。在黨內，意識型態想必普遍共有、尤其是在統治集團裡。這是一個低摩擦的制度，在制度之內，決策的齒輪上好了油，下屬執行上級交代的指令，假如不是「寡人」本人獨占、即是菁英幾近壟斷資源（如金錢、脅迫和一生難得一見的機會）。即使這個觀點在一九五〇年代也遮蔽了非常複雜的事實，但它是最早對共產主義專制制度如何運作所做的詳細描述。

然而，一九六〇年代和一九七〇年代，中國有兩項發展迫使各方對此一制度有更複雜的了解。第一項發展是共產黨內部出現了衝突，更不用提社會份子和黨之間也有矛盾。回顧起來，這種衝突在政權建立初期即已明顯，但是它在大躍進之後毛澤東於一九五九年被迫退居「領導的第二線」，變得更加明顯。毛澤東被迫後退之後，於一九六〇年代大張旗鼓企圖奪回權柄，他在文革十年期間（一九六六至七六年）不惜發動紅衛兵——所謂「革命群眾」，其實有時候有如街頭暴民——攻擊他創建的黨。紅衛兵本身也出現相互衝突的派系（黨內各集團也各有山頭），爆發武鬥——從街頭打群架，演變成從軍方盜取重武器交火。接下來，為了處理由此產生的混亂，毛澤東調動解放軍，試圖恢復秩序；後來他又得大費周章，從如今不願放棄新得權力的軍方份子奪回權力。毛主席與部分軍方首腦陷入衝突，最後他得勝，但是他挑選的接班人、國防部長林彪卻在一九七一年九月神祕墜機身亡。此後，從一九七〇年代初期到毛澤東於一九七六年九月去世，毛澤東的健康情形日益惡化，黨內左、右派為誰將在即將來臨的後毛時期掌握中國權力之舵，展開隱約可見、但是相當激烈的鬥爭。一九七七年中、毛澤東去世之後，鄧小平最後又復出掌權，象徵明確拋棄毛主席自定的「戰爭與革命」時期，並且接納鄧小平的「和平發

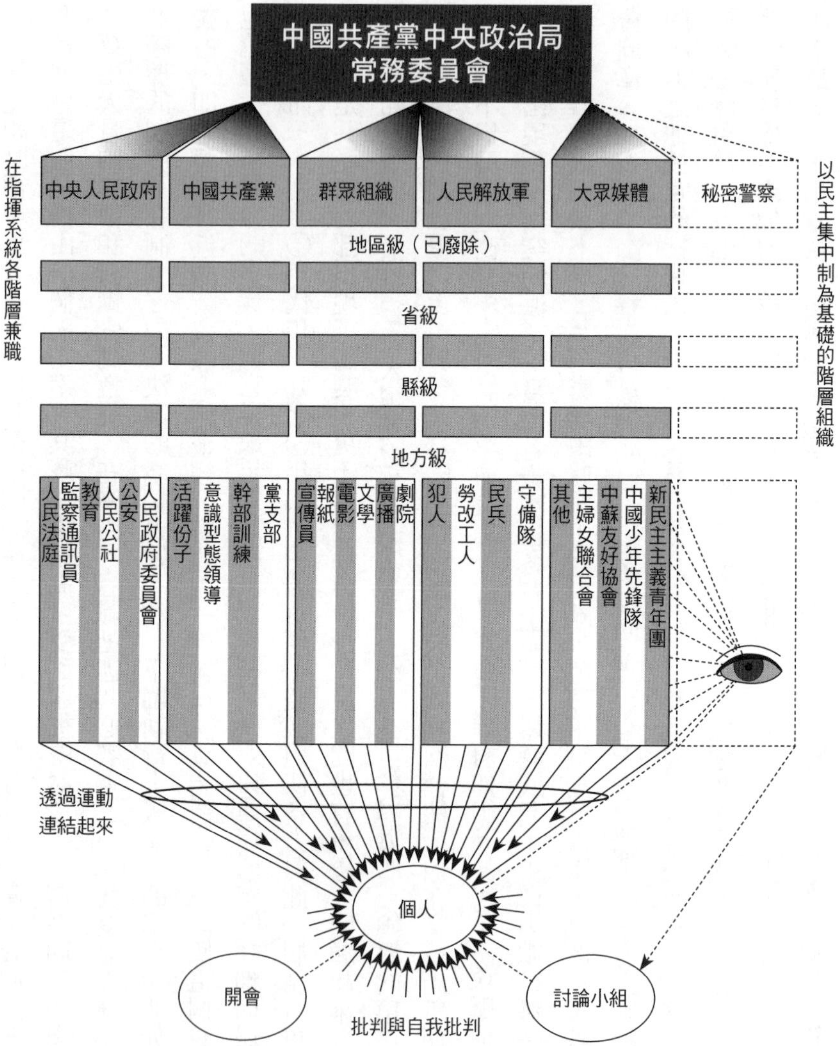

圖三：沃克製作的中華人民共和國制度組織表，引自《共產主義治下的中國》，頁二七。根據沃克的說法，「此圖旨在試圖以粗略的圖表顯示北京的領導人如何做出決策、進行控制，讓人民感知到領導人的存在。箭頭表示個人受到的監控、壓力與控制。

展」。

文革及其後續發展粉碎了中華人民共和國內部團結的表象、也打破了西方分析家認為它只是從上而下決策過程的印象。然而，打破了對一個政治制度及其決策過程的觀點，和發展出共同的、以經驗為基礎的替代了解，完全不同。用奧森伯格的話說，外界觀察家可以看到中國是個「騷亂的社會」，但是推動政治的是什麼樣明確的組織線和社會分工呢？在什麼樣的競技場裡，衝突得到解決呢？個人網絡（「派系」）相較於組織體制、具體的政策不和與決策過程，什麼對產生衝突比較重要呢？垂直的職能層級和水平的地域系統是如何互動呢？愈來愈市場化和全球化的經濟、以及人口，對於制度未來的運作會有什麼影響呢？

外國學者、商人、學生、新聞記者、外交官等等人士愈來愈有機會進出中國，對於重新建構對中國政治和決策過程的了解，起了十分重大作用。自從一九七〇年代中期起，和中國民眾和官員談話愈來愈有可能，從當時起直至二十一世紀第二個十年，我能進行的訪談每十年就加一倍——這是中國變得愈加開放的一個並不顯眼的指標（詳見本書附錄）。甚且，在中華人民共和國從一九七〇年代末期起，恢復舊的、發展新的統計系統、智庫、研究機構和以大學為基礎的研究中心，提供了豐富的資訊和接觸。中國各部委愈來愈透明和有能力，中國要加入多邊組織、而它們要求會員要提供詳盡的統計資料（如世界銀行），這些資料更補充了我們的知識。再者，中國也逐漸發展出愈來愈以獲利為導向的大眾傳媒（雖然仍有限制），它們逐漸發覺報導人民真正感興趣的新聞才符合本身的經濟利益。加總起來，這些發展提供了方法可以展開對中國及其決策過程的了解。

一九八〇年代後半期和一九九〇年代，從湧現的資訊洪流中出現一種對中國決策系統的觀點——我在一九八七年把這個觀念稱為「討價還價系統」（bargaining system），日後我和李侃如、奧森伯格合寫或分別寫作，把它發展成為「碎片化的威權主義」架構（fragmented authoritarian framework）。❻在發展這個觀點的過程中，我們借重其他許多學者的作品，包括鮑大可（A. Doak Barnett）的《中國外交政策的形成》（The Making of Foreign Policy in China）。❼對於中國決策系統的這個觀點，不同於一九五〇年代和一九六〇年代初期出現的緊密的中央控制的假設。它也不同於針對文革十年激烈衝突而發展出來的派系衝突模式。❽碎片化威權主義的關鍵主張如下：

第一、中國的制度是很複雜的一個網。從社會最頂端垂直管到接近底下的不同層級，有三個垂直的官僚系統：黨、政、軍。這三個垂直的職能系統（條）與分成好幾層的水平的地域管理（軌）——省市自治區、縣和鎮，底下又有數十萬個村——交織。這張網在地域與職能系統交織的地方形成數萬個節點。每一個交織點都有數個官員必須合作、以避免問題。這些節點就是中國政治的「原爆點」（ground zero）。

三個垂直、系統化的階層中，以中國共產黨最重要，因為它與其他垂直和水平的系統相互滲透。黨的主要控制工具是它派官員到政和軍的階層系統以及地方機構去；黨也指派國有企業的主要領導人。

第二、治理、決策和執行的問題源自於在這個多樣化、人多地廣的國家有許多節點在運行。所有的官員必須不斷地搞清楚他們應該最先有反應的是誰——垂直的階層、或是同級的地域系統——或者是只管自己。中國官員的說法是，「他們有太多婆婆」。

第三、地域系統裡的許多官員位階相等於在垂直系統中的官員。官階相等代表需要別人合作、不能命令他們。譬如，部長（垂直系統）和省長（地域系統）官階相等，因此經常各持立場，必須找出方法來調和他們的衝突。結果就出現了許許多多的領導職位、爭端解決小組，而遍布治理結構的各個領域，有些是臨時編組、也有些是常設機構，負責解決地域單位彼此之間、地域與職能單位之間，以及不同層級、但相同位階領導人之間的衝突。我稱呼這些個人和機構是「跨系統整合者」。他們包括政治局常委會、政治局、國務總理辦公廳、副總理、國務委員、國家計劃委員會（後來改為國家發展改革委員會）、領導小組、臨時委員會、專案常設機關（如洪水管控委員會在水災危機時有權決定哪個社區該救、哪個地區該淹）等等。這一種解決衝突的機制在系統內的每個階層都大體仿效設置。

第四、大多數的爭議必須在財務資源不足的環境下設法解決。因此就出現韋達夫斯基（Aaron Wildavsky）在經典著作《預算過程的政治》（The Politics of the Budgetary Process）中所謂的「預算增長主義」（budgetary incrementalism）。❾在沒有危機之下，有一種趨勢即僅只逐漸而勉強改變財務分配配額——中國人稱之為「切塊」，即根據固定百分比瓜分金額。

第五、中國的政客和官僚只有三個方法做決定和協調行為。甲、他們可以建立指揮命令、階層的系統，權力線清晰、又有效率。乙、他們可以發展市場或彼此交易，因此決定分散在系統各處、而且根據相互協商讓步。丙、他們可以設置喜好計分（表決）系統。❿

中國雖有許多上下階層系統，可是系統內又有許多層級和結構，以致權力線很容易模糊。轉到喜好計分表，由於共產黨不尚競爭的性質，投票制度在中國雖用於低層級和民調測驗，其實是極力避免的，不過我預期隨著時間進展，它們會流行起來。⓫因此，如果階層制度不能有效運轉、投票又不被接受，在法律、獨立的司法體系和健全的行政監理都很弱的環境中，系統只能落到討價還價和市場。因此在中國，重點成了「讓我們協調協調！」這使得系統能夠做決定，可是也孳生貪腐、前後不一致和經常的僵持對峙。

第六、當討價還價或命令指揮不足以在下級產生協議時，爭議就上呈到跨系統整合者。鑒於系統內有數萬個節點，上級經常為他們需要解決的衝突的數量疲於奔命。

自從碎片化的威權主義架構受到重視以來的二十多年，我發覺這個方法有助於闡明不只是中國政治制度比較公開的領域（經濟與技術問題），也有助於理解中國制度中比較封閉和幽暗的部門——（譬如人民解放軍，詳見第六章）。這個分析方法揭露中國現在可以被正確地描繪為多元化的性質，即使個人和團體的活動還得不到憲法和法律權利的保障。梅沙（Andrew Mertha）在他所謂的「碎片化的威權主義二·〇」中，描述在愈來愈多元化的決策過程中的新參與者——大眾傳媒、政策倡議家、企業和社會團體，⓬全因為愈來愈分散的財務和人力資源、互聯網及其他的即時通訊工具而能力大增。這個愈來愈複雜和破碎的系統現在必須提出答案，解決因為過去三十多年改革所帶來的經濟、社會成果和巨大的負面外部效果所滋生的巨大政策問題。

個案研究

我不去抽象地討論這些改變和結果，在底下提出三個個案研究讓它們具體受到了解。第一個個案研究（涉及到原子能立法）凸顯決策過程的僵持對峙性質，官僚利益持續僵持不下，而第二個案例（涉及經濟決策）集中在民間部門、強大的公司及全球經濟行動者的崛起，對決策有什麼影響。第三個案例

（涉及滬杭磁浮鐵路）強調人民感受在決策過程中愈來愈重要，以及中產階級的角色在上升。

案例一：中國的原子能法

中國自從一九八〇年代中期就想要制訂一份原子能法，但截至二〇一三年初仍未能實現。⓭原子能法的重要性在於核子—放射性設施的數量已經擴張、核子及放射性產品供應國內及國外市場的產值一直成長，這些材料的民事用途也已倍增。進入二十一世紀，北京一再提升計劃的及興建中的民用核能發電廠數字，以提供電力、工作機會和所得給陷入困境的地方政府及企業，並吻合降低碳密度的目標。民用核能發電廠的發展衍生許多議題：標準、興建督工、規範管理、廢棄物處理、訓練、廠房安全、緊急反應，以及一旦發生事故的判決和賠償等等。雖然美國在這些方面也有一些問題，它的核子管理委員會及相關法令仍是中華人民共和國的參考範本。

在民間經濟方面，放射性材料的醫藥和農業（放射性）用途已在擴張中，而大學及企業的研究實驗室也正在全國各地利用愈來愈大量的放射性材料。有個消息來源告訴我和我的同事孔博說：「〔改革時期〕有許多放射性材料遺失了。」⓮何況還有涉及軍方的核子和放射性材料之種種議題。

從行政管理、監理規範和法律發展的角度看，原子能法的重要性在於要將監理機關及其相關領域清楚界定。涉及利害的單位有：環境保護部／國家核安全局、工業和信息化部／國防科技工業局、衛生部、教育部，以及公安部，⓯更不用提會影響到廣大的中國人民。政府部門、地方、企業和人民彼此之間的衝突，要依什麼程序予以調和？政策執行要如何落實？⓰

長話短說，歷經三十年，中國迄今還不能通過一部原子能法。雖然健康、安全、國家安全和經濟問題的代價會增長——或許是劇烈增長——要通過原子能法恐怕還是遙遙無期。是什麼原因造成此一政治閉塞，從一九八〇年代直到新世紀第二個十年，一連五項法案草案都不能過關呢？

最簡單的回答是官僚和經濟部益的衝突，以及中國制訂政策及法律的過程繁複。以官僚的繁複來說，（在二〇一二年底）安全問題是國家核安全局的主要職掌，它隸屬於弱勢的環境保護部。在許多問題中有一點即是，弱勢的環境保護部不希望底下出現一個可能強大的核安全管理司搶了它的光彩。因此，它抗拒強化核安全管理司的企圖；不過，二〇一一年日本福島核電廠事件之後，核安全管理司的人員已大增。再者，發展及核准民用能源計劃的職權歸屬強大的國家發展和改革委員會及其下屬機關國家能源局——這些機關是支持發展的，經常與支持成長的電力公司和渴望稅收及就業機會的地方官員結盟。有個線人說：「地方政府支持這些〔核電〕廠，但百分之百的人民反對它們。」⓱這種政治生態使得弱勢的環保利益與強大的發展勢力相互抗衡。甚且，中國國有的核能發電公司經常與地方官員結盟，地方官員視核電廠為搖錢樹、可創造就業機會。他們創造出一種動態，使得實際興建和初步規劃的核電廠還超過發改委野心勃勃的計劃。

除了官僚如此各自為政和各自護衛地盤之外，還有立法程序的複雜，由於假設專制主義是行政權獨大，大家往往忽略了這一點。法案必須先放到國務院法制辦公室的議程上，由於爭取優先立法已經相當激烈，這一點就不是容易辦到。為了解決跨部門的歧異，必須動到國務院（即內閣，它在二〇一二年有二十七個部委、一個直屬的特別組織和十六個常設機關）。接下來，常見的作法是國務院指派跨部委領導小組，由副總理、國務委員、總理或甚至政治局常委會來處理難以協調的議題。⓲其他困難可能來自行政部門不時改組。（一九八〇年代以來，國務院歷經七度組織調整：最近一次即二〇一三年第十二屆全國人大通過，將部委減為二十五個，另外還有其他的官僚改革。）這些改組透過裁撤、合併或分割更換了主要參與者，使得官僚部門的鬥爭更加激烈。

法案草案一旦協商好，就必須提到全國人大的議程；全國人大每年集會約兩個星期，有許許多多事項有待考慮。甚且，突如其來的事件也會使事情脫離軌道。例如，二〇一一年三月日本福島核電廠災變，震撼了整個中國與民事核能用途有關的政治、科技和官僚圈，又阻滯了原子能法的考量。

因此，由於官僚分立、立法程序複雜，不時又有國外事件攪局，高級領導人經常被要求去打開相對小問題的僵局。例如，在決定是否購買西屋—東芝或法國阿海琺集團（Avera）民用核電廠時，最後要由政治局常委會來決定，而常委又必須依賴專家委員會的建言。國家核電技術公司一位高級領導人描述其過程是：「〔國家能源局長〕張國寶〔向專家〕徵求口頭與書面意見，然後張國寶把報告呈給溫家寶〔總理〕，它又轉呈到政治局常委會，由他們批准專家過程的發現——這成了他們的決定。」[19]

案例二：經濟決策

至於經濟多元化，外界經常以為中國的國有企業比較理睬中央的利益，以為這些利益清晰、統一。真相卻是南轅北轍——身為經濟行動者，中國國家機關經常心不在焉。北京通常對「它的」國企在海外的活動與營運沒有太大的控制（也經常資訊不多）。有位對外經濟貿易部（後改組為商務部）官員在二〇〇二年告訴我，「某些中國公司在國外營運，〔投資〕從一國流向另一國。當一家中國公司出了中國，其資本流向就脫離我們管控。他們不會報告。」[20]十年之後的另一次談話裡，經濟企業抗拒外交政策管控的能力，由一位熟悉內情的官員口裡說出來：「你在使用中國這個字詞時必須很小心。中國有許多的行動者。『過去在文革期間』，當你使用中國〔這個字詞〕時，它是一個聲音。現在你有了不同的利益。他們追求他們的利益。我們的大使試圖協調〔中國海外企業的〕投資，但沒有一個〔大使〕成功的。譬如，中國石油化工公司（Sinopec）某個人告訴我，中國大使告訴他可到阿富汗去探勘天然氣，但是他拒絕簽署合同。」㉑

企業的力量在國內、國外遇上地方官員時都表現得淋漓盡致，地方官員愈來愈依賴外資企業、私有企業和大幅自主的「國有」企業來課徵稅收和增進就業機會。拉迪（Nicholas Lardy）說：「如果可貿易商品的產業利潤下降，這些民營企業會減少投資；如果利潤更加下降，他們會縮小生意，或甚至退出進出口競爭生意。地方第一書記、省市長對於就業機會、稅收和其他利益減損可能束手無策……大體上，他們沒有力量對付這些利潤導向的民營企業的行動。」㉒

為了保持企業留在本地，地方官員和銀行（官員對銀行仍保持相當的影響力）施展渾身解數協商（涉及土地、補貼和公用事業，很像美國渴望投資的地方政府），也願建立國內貿易壁壘以保護「他們自家」的公司不受競爭者干擾——不論是國內或國外的競爭者。山西省有位官員說得很白：「你在那些給你稅收的人身上有了利害關係。」㉓

最後一層的複雜性來自日益成長的民營部門。為了試圖說明為什麼中國的中央官僚機關無法確保本身的出口管制規定落實執行，有位前任武器控制專家在北京解釋說：「政府的政策變得愈來愈清楚——不得擴散，它會傷害到中國的形象。中國給予企業的指示是，他們不應該為了公司的利潤、犧牲中國的利益。因此政府制訂了出口管制規定；商務部派人向企業宣導，否則你會受到懲罰。但是中國現在已不是舊中國，無從控制，有些小型或民間公司，他們不是不知規定、就是逕自去幹。」㉔

官僚機構、企業、地方政府和人民彼此之間存在尖銳的經濟裂痕線，公部門和私部門之間亦然。這些勢力如何碰撞，匯率政策就是最好的例子。一九九〇年代末，以及新世紀這頭十幾年，中國的匯率一直是中國政治制度內部以及它與主要外貿夥伴（尤其是美國）之間不斷摩擦的原因。一九九〇年代末期亞洲金融危機期間，中國內部辯論人民幣是否該貶值，出口商及依賴出口的地方和產業（如造船業）力主貶值。反之，加入世貿組織之後，問題變成是否升值；它和許多問題都被送到中央財經領導小組和政治局常委會去討論。㉕

中國的消費者、進口商和中央銀行（即中國人民銀行）可因人民幣升值受惠，而許多企業公會（尤其是紡織業）、商會、出口商（包括在華外資、出口導向企業）、紡織與棉業為重省份（如江蘇、浙江、廣東、河北、山東、福建等）、商務部、電子及機械業廠商等則力主最小化中國的貨幣升值。㉖這個政治僵持對峙是中國領導人無法更敏捷回應主要貿易夥伴要求升值的一部分原因。㉗美國國會、歐盟甚或國際貨幣基金等外來壓力已證明不足以單獨克服中國國內此一抗拒。現在需要的是國內主要利益者政治結盟，和外界的要求匯合使力。唯有在通膨上升，以及中國需要發展新的成長載具（譬如二〇〇八年全球財金危機之後，其出口引擎暫時熄火），中華人民共和國才會再次朝向外國壓力的方向回應。

案例三：滬杭高鐵和公民行動

中國的經濟、教育和科技的進步也促進社會多元化。社會團體、現在有了財產需要保護的財產所有人，以及愈來愈有知識、曉得無限制成長將令健康及環境付出沉重代價的公民，逐漸採取行動。㉘

這一型的社會行動有個例子，就是北京在二〇〇六年二月起批准興建滬杭磁浮鐵路而引起的一系列事件。磁浮鐵路是非常高速的鐵路，利用強大的磁力舉起、導引和推動火車，因此大大降低摩擦、提升潛在速度。它的缺點是極其耗電、每英里造價極高。更早幾年，中國第一條磁浮鐵路已通車，從浦東國際機場到黃浦江東岸上海市中心的龍洋車站。第一條磁浮鐵路的造價極其昂貴、票價很高，它以時速四百三十公里風馳電掣而過，製造噪音和震動，影響鄰近居民。計劃中的京滬線沿線居民開始質疑長期暴露在電磁波輻射下的影響。二〇〇八年一月八日，這個項目舉行公聽會。「噪音、震動和輻射成為地方居民主要的關切。他們要求專家出示環境評估和安全測試結果。」㉙公聽會舉行之前兩天，才剛發生一場數千人參加的示威（被美化稱為「集體談話漫步」），造成上海繁榮的南京路部分關閉。後來，民眾關切的程度清楚了之後，新核准的京滬磁浮鐵路工程「暫停」。㉚

然而，二〇一〇年三月，鐵道部宣布第二條磁浮鐵路再次「回到軌道」（套用《上海日報》網路報導的用語）。㉛原先的抱怨和擔憂促使政府對原始計劃做了一些修正：增長十五英里（想必是繞開敏感地區），在人口密集地區車行速度也會減慢。這些修正會使計劃路線拉長、造價更加昂貴。後來的二〇一〇年十月，速度稍慢的滬杭高速鐵路通車，興建磁浮鐵路的理由又更進一步降低——項目再度「暫停」。㉜這個案例顯示科技如何允許人民組織起來（手機、互聯網、簡訊等等），程序規定要求舉行公聽會和公布資訊，以及中產階級決心保護其新取得的財產，和新興的環保價值可以匯流，創造出強大的社會力量。

上述原子能法、廣泛的經濟決策和磁浮鐵路的案例，全都證明了中國決策過程的特性在改變，以及領導人、社會和利益團體彼此之間的均勢在改變。我們現在轉向決策形成於其中十分重要、且動態的脈絡：即資訊環境和愈來愈有力量的行動者之擴散。

資訊環境

制訂合理的政策需要有相關、且正確的資訊。鄧小平在一九七七年中期復出時的決策系統，可說是幾乎沒有可靠和系統性資訊的環境。鄧小平和他提拔的愛將趙紫陽立即開始重建和新建統計系統。後來的江澤民時期，中國領導人愈來愈了解媒體和資訊革命在國內、國際會發生的影響作用。江澤民接見外賓時，經常會提到資訊革命是如何塑造群眾政治的行為、決策和國際關係。二〇〇一年三月和季辛吉談話時，江澤民說：「世界已經和三十年前大不相同了。信息時代。你〔季辛吉〕要〔像一九七一年那樣〕祕密來這裡，將會十分困難。」㉝

大眾傳媒，傳播與資訊全球化

這個領域牽涉到傳布強大的視覺影像、有力的資訊，以及可以協調分散各地人們行動的工具。一九七八年，全中國約有一百萬具電視機，節目非常有限，黑白影像；到了二〇一一年，三億五千萬戶家庭都有電視機。互聯網在一九九〇年代首度出現在中國，進入新世紀，它成了數億大多數城市居民的一種全新、幾近無限的節目和資訊的天地。到了二〇一二年，中國有五億一千三百一十萬個互聯網用戶，㉞人們可以上網，藉由電子傳送的錄影看到官員褻玩未成年的青少年和兒童，以及從事種種無法無天的貪腐行為。

資訊唾手可得對政治和決策產生直接、劇烈的影響。例如，一九九九年五月，美國與北約聯軍轟炸駐貝爾格勒中國大使館，造成中國人三死二十傷，江澤民當下面對互聯網、有線及衛星電視播放的大使館一片狼藉、以及國旗覆棺運回國內的視覺影像，必須做出有可信度的回應。視覺形象湧現、議論也紛紛撲向中國領導人和人民，壓縮了北京必須做決定的時間，因為強大的影像會增強民眾要求其領導人反應的力度——領導人時間少了、又必須做出高度勁爆的決定。

伴隨著民眾易於接觸到強大的媒體和視覺影像，宣傳機構也有可能在危機初起時主動出擊，散播影像或資訊，從而塑造領導人可以選擇的方案。有位解放軍高階軍官後來在談到一九九九年五月美國及北約聯軍誤炸貝爾格勒中國大使館時，他告訴我說：「『（中國的）宣傳機構脫軌了，還有懷疑就先往左傾，他們並不代表高階領導人的立場。』媒體找不到負責人講話，因此只有無知的下屬在講話……『（負責中央宣傳部的政治局委員）丁關根不是決策者，他在轟炸事件後列席決策會議，見到領導人不痛快、以為這就是他們的指示。』」㉟

今天我們把媒體飽和的環境視為理所當然，但是，不久以前，中國的決策是在非常不同的環境做出決定。一九七七年鄧小平最後一次復出之前一年、也就是毛澤東去世前不久，華北遭受有史以來最慘烈的一次天災——一九七六年七月二十八日唐山大地震。震央位於離北京兩百五十公里的河北省唐山市。沒人曉得多少人喪生，但一般接受的數字是二十五萬人死於地震，不過初期的估計說是約六十萬人罹難。

震災發生時，一群美國國會助理正在北京訪問，他們有機會第一手目睹中國內部的資訊溝通有多麼差勁、中央領導人甚至連發生在自家後院的事都不清楚。假設這些領導人對近距離發生的事所知都不多，那麼他們對名義上所統治的偏遠地區的廣土眾民又掌握多少訊息？這和沃克所謂的「黨無所不在」是全然不同的事實。美國訪問團在地震當天稍後與外交部副部長王海容會面（左派份子王海容是毛澤東的表侄孫女）。㊱一般人一定認為王海容不會接觸不到災情報告。可是她似乎不清楚災情究竟多嚴重。除了會談之開頭和結尾，有幾句場面話提到地震之外，談的都是別的東西。我相信，她的不經心代表她不清楚震災的規模，而且中國全國各縣不全都與中央保持可靠的溝通、更提不上即時的溝通。

唐山大地震之後三十二年，傳媒與通訊的發展已經改變了局勢，不僅對領導人的預期不同，對社會動員也不同了。二〇〇八年五月，四川汶川發生大地震，約七萬人喪生。幾分鐘之內，廣播媒體、各種的互聯網通訊和手機，全都向世界各地發出災情慘狀。溫家寶總理接到報告後不到九十分鐘，立刻飛往災區慰問災民，也讓解放軍有機會表現從瓦礫堆中救人的愛民形象。㊲災情慘重的影像激發志願人員從全國各地湧至災區救援，也鼓勵全國民眾踴躍捐輸人道救濟。一九七六年和二〇〇八年兩次震災，政府和民間的反應天差地別，而大部分的不同乃是資訊革命的結果。資訊、尤其是視覺影像，使得政府漫不經心得不到民眾寬容，它們也激發百姓攘臂參與救災。

組織對資訊流通的障礙

三十五年前，中國的決策過程碰上資訊問題，它顯然缺乏西方人認為非要不可的基本管理資訊。中國幾乎沒有監理的標準，也沒有任何有效的全國資料和可以支援它們的監視系統。比如，一九七六年十月，即毛澤東去世後一個月，我和一群類固醇化學家到中國訪問，希望了解中國是如何執行監理藥品質及安全的基本責任；我對這個議題特別感興趣是因為一九七二至七三年在香港做研究時，訪談對象告訴我，中華人民共和國百姓會私下付錢給醫生買西方製藥品，以避免使用本國製藥品經常會出現的副作用（「腫瘤」）。值得一記的是，時隔三十多年，食品及藥物管理體系內仍然問題重重——中國食品藥物管理局局長因收賄批准藥物（大部分是假藥），而且在他包庇下業者提報假的測試資料，他在二〇〇七年七月遭到處決。[38]

我在一九七六年做訪談的時候，雖然發現每一省都有自己一套製藥標準，卻沒有全省一致遵行，而且每一省明顯很少或沒有機制系統化地蒐集資料以確保遵守地方標準。我那一次旅行某次會議的筆記如下：

> 工廠和地方藥品管理局向我「擔保」品質沒問題——這表示沒有顯著的非本地當局抽樣、突檢以檢查品質。我們不清楚檢查時依據的是什麼標準。我發現，就我的線人所知，檢查食品藥物時，從來沒有把產品拿下櫃檢查。其他的觀察包括：科學研究只顧悶著頭自己搞，即使是在同一城市，甲機關根本不知道乙機關在幹什麼；若是位於不同城市，就更不用提了。很少有水平的專業溝通，更談不上合作。[39]。

因此，資訊的流通不只牽涉到溝通的硬體是否到位，它也涉及蒐集和解讀資訊的標準是否存在，是否有途徑存在、可以精確、有用、及時地把訊息傳遞到更高層級，以及功能相互依賴的類似單位是否互相溝通和協調。有一類問題是官僚各自為政，即某一單位擁有另一官僚機構或系統中另一層級需要的資訊，但並不肯提供。上層領導人仍然不知其詳，資源未能有效運用，甲單位學到的教訓，不能裨益別的單位——人人註定重蹈覆轍。這正是一九七六年的中國。

過去幾十年來，制度已經大有改善，不過制度愈來愈複雜，如何在決策過程中傳遞資訊仍然是個問題。趙紫陽一九八〇年出任總理，第一件事就是鼓勵建立及改進統計及報告系統（得到世界銀行及其他機構協助），也鼓勵建立智庫可以分析資料及進行政策相關建議。中國的決策逐漸從意識型態驅動變為重視數據的過程。從一九七六年的意識型態教條到今天中國領導人談話立論要引經據典、援引事實根據，其間差異非常驚人。朱鎔基和溫家寶（李鵬在這方面亦然）對於部屬或外國人的主張，都會拿出一堆事實做回應。[40]

縱使如此，下屬透過階層體系報給上級的資訊，仍有系統性的偏差。下屬經常對上級和報告系統說謊。甚且，在市場經濟和民營部門發展下，需要報告、並接受其監理的單位愈來愈多，同時這些創業家有許多理由設法完全避免報告和監理——自從二〇〇〇年以來許多污染產品醜聞撼動中國及全球供應鏈，這是原因之一。有位中國資深經濟學家二〇〇五年對一個美國國會議員訪問團說：「我們究竟真正成長得有多快？統計報告有問題。地方政府、政治干預，太多事言過其實。別去相信它！然而，不是人人要誇大報告。有些人希望低報。地方政府在高速〔增長〕時期希望低報，以保住歲入。民營部門、甚至貧窮地區都會低報，爭取補助。」[41]

當前資訊環境

直到一九九〇年代，中國人民對於自己國家、世界各地的情況，資訊都相當稀少，對於中南海，資訊尤其有限。這種資訊匱乏的環境造成的後果是：中國人民組織起來以達成目標的能力很低，菁英不考量人民反應逕做決策的自由相當高。

然而，到了新世紀第二個十年，自由下降許多；事態在二〇一二年春天變得很明顯：這時候菁英圈為了二〇一二年秋天共產黨十八大要如何組成新的政治局常委會爆發鬥爭。中央領導層的問題在民眾之間鬧得沸沸揚揚，它又是如何處理的，展現出二〇一三年「資訊問題」與一九七六年又是如何不同。

這場鬥爭涉及重慶市委書記薄熙來。薄熙來的父親是革命元老薄一波，他本人擔任過大連市長（根據許多報導及我的觀察，他的政績不錯），後來歷任遼寧省省級領導、入京擔任商務部部長，然後奉派到與省同級的重慶市委擔任第一把手。薄熙來到重慶，遠離中央政壇，他希望建立一個地方基地、能夠重回北京、並晉任政治局常委。自從二〇〇七年派任重慶市委書記後，薄熙來試圖以推動反貪腐（所謂「打黑」）運動動員民眾支持，他大量興建公共住宅、支持國企擴張、打擊成功的民間創業家（指控他們涉及貪腐），並推動懷念文革時期平等價值的感情（所謂「唱紅」）。商業化的大眾傳媒和即時通訊技術把薄熙來的努力傳播到全國，因而擴大了他的群眾支持基礎——他走的是民粹路線。到了二〇一一年，他不但是地方大員，也是中央菁英不能小覷的一股全國級政治勢力——其實他們一點都不喜歡他。接下來，薄家的故事登場。

不法生意相關的活動，後續的掩飾，以及其他的牽扯，導致一個英國商人遭到謀殺，這件命案又牽涉到薄熙來、薄妻谷開來和兒子薄瓜瓜——然後又扯出不當地將財產轉移到國外。這些故事全在媒體和中文部落格中公然報導。後來，谷開來被判殺人有罪，照邏輯推論，薄熙來一定涉及罪行或後來的掩飾，更不用說其他不法事跡。薄熙來可說是自授把柄給他在北京的對手，讓他們出手毀了他的政治前程——他在二〇一二年四月被免除政治局委員之職，並於二〇一三年被定了貪腐和濫權的罪。

從某個意義來講，薄熙來在北京的對手歡迎此一醜聞，因為藉由他的殘忍殺人、貪污腐敗和偽善可以徹底打擊他的政治野心，另外也可以藉他不能齊家、焉能治國來抹黑他。另一方面，這項醜聞揭露高官幹部駭人聽聞的違法亂紀，不僅是個人缺點、而且是系統性潰爛。更糟的是，所有的醜事全部公諸於世，國內國外家喻戶曉。這種違法亂紀行為早已是許多中國人心知肚明的事，但是在此之前很少如此公然渲染、報導；種種爆料重挫黨的正當性。最讓菁英擔心的是，醜聞鬧得沸沸揚揚，有相當長一段時候政府對人民接受到的資訊失去控制。

就在十年前資訊不是如此飽和的環境裡，政府可以利用薄熙來的不當行為在檯面下逼退他（如果他們不完全忽視它們的話），不需要冒著如此公開掀底的危險。但是這個策略現在已不可行，因為商業導向的傳媒已經嗅到鮮血，微博等社群媒體恐怕早在中央當局搞清楚是怎麼一回事之前已把消息傳了出去。結果是政府在每一個可怕的細節一被公開就得做出決定，譬如，薄熙來底下的公安局長王立軍為了躲避薄熙來追殺，竟然跑進成都美國總領事館尋求保護──他在那裡洩露了一些資訊，讓北京顏面無光，全世界八卦新聞又多了談話之資。次日，王立軍從美國總領事館「安全脫身」、由北京當局派人接走。後來北京當局以叛國罪起訴他，但旋即因為他和黨配合而減輕罪名。

北京外國語大學教授展江透過《金融時報》（Financial Times）就這件事對中國政治制度和決策的影響坦率發表評論：「特別是在王立軍逃到美國總領事館後，政治消息和意見透過微博到處散播，這是中國歷史上未曾有過的……微博代表政治信息革命……是中國政治和媒體之間、尤其是和互聯網關係發生大變化。」[42]

領導人無法把個人及決策行為藏在「幕後」進行，很快就改變了決策和群眾政治。當中國政客日益把「輿論」掛在嘴上時，他們不只是隨便說說而已。二〇一〇年一月，廈門一個企業領袖說明廈門老百姓為什麼及如何制止計劃興建的一座化學工廠：「是的，廈門化學廠抗議事件；大多數人反對建廠計劃，工廠就移到附近的漳州。〔廈門抗議事件〕是由教授們組織的，而且利用互聯網。這是中國破天荒第一次。」43

資訊的市場價值

資訊和決策的關係還有另一個面向，就是資訊和文化產品（如電影）已取得市場價值，這是它們在改革時期之前所沒有的。當資訊和文化產品取得經濟價值時，開啟了官僚政治一個重要新領域：為了控制大量的收入，官僚機構開始互相鬥爭、也和外國的內容供應者（如彭博、道瓊、電影製片商等）鬥爭。

例如，早在一九八二年十一月，當時的廣播電視部即與文化部為賺的錢怎麼分爭吵（更不用提國外、國內的內容供應者彼此也吵不完）。改革開放已經過了四年，廣播電視部長吳冷西清晰說明公司之間（國內、國外都有）和國內部級機關之間的衝突和鬥爭。一九八二年衝突的核心是吳冷西領導的廣電部和文化部在鬥法。意見分歧的重點是，廣電官僚和觀眾希望影片（通常是外國片）在上映後能迅速在電視上播放，而主管電影院的文化部則不希望熱門節目或電影太快在電視上播放，最好是上電影院看戲的潛力已耗盡才在電視上播放，這才能讓票房大賺錢。44外國業者和中國實體之間，還有中國企業組織本身之間，也為誰在市場經濟中掌控全球商業新聞的散播，起了類似的衝突。宣傳部門或許是名義上的價值監護人，但是影片公司和國外、國內內容供應商，以及國企也希望產製人民愛看、愛讀的東西來賺取利潤。控制和資本主義經常起衝突。

更多、更有能力的政治參與者的脈絡

鄧小平採行「改革開放政策」時，他快速承諾中國要加入第二次世界大戰之後的布瑞登森林體系，以及廣大的全球貿易體系——一九八〇年成為世界銀行、以及國際貨幣基金（International Monetary Fund）會員，一九八二年成為關稅暨貿易總協定（General Agreement on Tariffs and Trade, GATT）觀察員，最後在二〇〇一年十二月正式成為世界貿易組織會員國。中國領導人必須打造新的國內機關，並建立新的官僚能力，以便先談判加入這些國際組織、然後管理中國與他們的關係。這個過程立即在原本偏狹的國內決策制度中切入新視角和利益。北京受到外界、尤其是華府催促，在外交部底下成立武器控制司處理相關議題，也出現類似的過程。這個建立能力以契合全球制度的過程產生後果。行動者數量增加，過程的複雜性上升，而政策過程內部的利益平衡也有改變。

鄧小平在國內推動市場經濟對於狹義界定的國內政策也具有極大意義。在市場經濟中，金錢成為中心誘因，不再由政府壟斷。市場經濟有劃分地位高下和安全的階層，是官方管不到的。在新近才市場化的中國，這個新現實意味政府必須與愈來愈多新萌芽的準國家和非國家行動者競爭人才和金錢等等。有位高級官員對我說：「民間部門從政府挖走人才。每個部委都碰到這個問題。」[45]它逐漸改變了國家與社會的平衡。競爭人才在高科技領域特別明顯，有位政府核子監理機關高階官員說明：

> 在XXX〔政府機關〕工作的人員應該是受到高度訓練，他們應該是高品質、高水準的人。但是，現在在政府服務和在業界工作，薪水差太大。「問題很嚴重。」過去在北京，我們對住

房、教育有特別的規定，因此〔在政府服務〕有些便利，「但是現在因為改革，全沒了。住房方面，現在的新規定——取消津貼。因此人們不再到XXX〔政府機關〕工作，改投效到業界。在業界工作的人不肯進到政府機關服務。」這是XXX很難找到合格人士工作的原因。[46]

轉到官僚協調的挑戰這個問題，至少有兩個方法來思考這個問題：第一，是黨、政機構之間的協調（功能性垂直官僚機構和水平式地域管理之間的各自為政的挑戰），以及第二，政府與新的經濟部門（如私有企業）協調的挑戰，後者已經愈來愈主動和自主。

第一個問題——政府機關的擴增，以及需要調和國內跨部委、跨產業和跨地區的爭議——在中國談判加入原名關稅暨貿易總協定、後改稱世界貿易組織——的冗長過程（一九八六至二〇〇一年）就表現得十分清楚。中國貿易談判代表和全球貿易體系達成的整體協定，每一條款都必須取得國內許多參與者勉強接受、並付諸實行，而這些部門都有各自的利益，若是不爽，它們可以阻滯或破壞有效的執行。調和這些利益的過程其第一道戰線是歷經組織演變、現名國務院商務部這個官僚機構。商務部及其前身在北京的官僚體制中雖然不是最弱的一個，但是中國要加入世貿組織的每個重要規定幾乎都得在更高層級的跨部門會議中解決，這段期間會議主持人大多是國務委員吳儀（後升任副總理，一九九八年後又成為國務院領導小組成員）。如果她罩不住，爭議就再往上呈報，或許驚動到總理、國務院或甚至政治局常委會。有位原本外經貿部的高級官員解釋程序運作，以及經濟、地域和官僚的本位主義。內部談判涉及爭取各個受驚動經濟業別的同意：農業利益覺得受到美國、加拿大和澳大利亞商品生產者的威脅；國內金融業者害怕全球跨國財金巨人入關；汽車製造業害怕西方和日本的進口車。令事情更加複雜的是，江澤民和李嵐清等領導人出身汽車業。「外經貿部扮演各機構之間的協調角色，如果我們達不成協議，就向吳儀領導的領導小組和部長們報告。因此如果得到共識，我們〔外經貿部〕就可以談判；如果沒有得到共識，就由領導小組決定。例如，在一九九七年，即江澤民訪問美國之前，世貿組織有個ITA協定（資訊科技協定），中國要求加入。這件事涉及七個部委。透過領導小組，我們決定加入。」[47]

轉到協調政府與準政府實體的行為，以及政府與民間部門行為這個關鍵問題，美國人往往會認為民間部門和政府機構行為之間的界線很清晰。然而，在中國，自從一九七七年以來，灰色地帶的組織數目穩定增加，政府階層對它們的控制不能視為當然，而西方用來監理民間部門行為的工具——如法律結構、有效的監理機關，或有意義的公司治理——也都靠不住。這表示政府官員經常不確定許多機構究竟在幹什麼，因此無法及時將無從預料的實體活動納入控制——即使他們有心管控，而且還不涉及貪瀆腐敗。這些灰色地帶和民間部門實體的領導人經常利用他們地位的含糊取得個人或組織的便利。

二〇〇七年和二〇一一年有兩件事涉及外交部，也暴露中國軍方的實力，就證明了這個協調和灰色地帶問題的嚴重性。在這兩件事中，軍方突然暴露新能力、撼動了外界，尤其是美國，可是外交部在事先毫不知情。中國政府分析人員對我所做的解釋，其重要意義在於它集中在經濟變化與政府對國家安全領域的監督之間的關係。我對這次談話的筆記如下：

我問起為什麼會發生二〇〇七年射下人造衛星，以及二〇一一年國防部長蓋茨（Robert Gates）訪華期間發表殲二十〔隱形戰機〕這種事，這導致許多討論，我稱之為「協調不夠」，而他們則說是「完全沒有協調」。他們說，二〇〇七年擊落人造衛星是一個有趣的事例，顯示從工業部轉到企業、再轉到產業化的演進。在此一演進環節中的每一步，都把武器與敏感的科技製造者移離強制協調機制。部會被鎖定在機制裡，必須協調其行為；企業受到的要求鬆了，到了產業化那就更鬆了。XXX又說，進入到產業階段，「就看你怎麼框架問題。」如果涉及的產業界定它所做的是安全與外交政策問題，它會和政府相關部門協調；反之，如果只是開發工業產品，協調的要求就低得多。重點在於，當你從集中制的部會結構轉向更加企業化的經濟框架，政府協調的能力有一部分要靠受到寬鬆控制的產業的自動報告而定。㊽

講白一點，不讓本身活動納入政府協調範疇，才吻合產業的利益。

執行是政策過程的關鍵

即使黨-國不論在那個層級制訂政策、也宣示要推動它，這只是有效實現它的過程之開端——不論是在任何層級跨部門推行、沿著功能和地域層級往下落實、或是在中國愈來愈多的全球實體去實踐。政策的制訂很重要，但是政策的執行往往更關係重大、通常也更有挑戰。

在中國和在其他地方一樣，有許多考量會影響到執行。以下是某些主要考量：㊾

第一、脈絡。有多少行動者、有哪種行動者，具備什麼資源，理當在執行上有發言權？起初對政策的不同意，有多大？利害關係人愈多樣化、愈有能力，原先的分化愈深，執行的問題就愈大。

第二、政策內容。某些政策幾乎自行會推行，因為它們吻合群眾的偏好，而試圖改變行為的監理政策先天比較困難。

第三、政策未預期到的後果，或者在大環境中未預期到的事件。

第四、政策必須執行的大致期限。要求重大改變、且必須持續推行的政策（如一胎化政策或反貪腐運動），比起實質上只是一次性改變的政策（如變更關稅稅率），更難推動成功。

第五、與其他重要政策領域（國內、國外皆是）連結的數量及複雜性。執行一項政策愈是影響到另一重要政策、或受另一重要政策的影響，就愈難成功執行某一倡議。例如，一九八〇年代初期廢除人民公社，使得在農村更難執行一胎化政策，因為再也沒有一個農村組織結構監督草根層級的執行狀況。

第六、整個制度內看得見和看不見的貪腐，從基層開始，公共工程項目所用的材料品質堪憂。就歲入方面而言，有位資深經濟學家說：「逃稅是所有行業都有的問題。」[50]

從理論到具體，本章前文所述三個個案研究（原子能法、廣泛的經濟與匯率政策，以及滬杭磁浮鐵路爭議），顯示出中國受到愈多限制的領導人在中國愈來愈複雜、全球化和多元化系統中制訂及執行政策所面臨的一些挑戰。

原子能法的案例涉及許多強大、可是又背道而馳的利害關係人：國家發改委、電力業者、營建業者、大量的軍、民放射性材料使用者，以及地方政府。要有效執行既有的原子能規定已經很困難，更不用說採用廣泛的原子能法。支持發展的利益希望正式限制愈少愈好，而監理者（核安全管理司和環境保護部）已經是相對弱勢的官僚機關，由於內部分化更加弱勢。這裡頭還牽涉到中國公民相當擔心核電廠設在自家後院，雖然他們藉助社群網路和通訊科技而力量強化，但是在政治上還是弱勢份子——除非他們走上街頭。

匯率升值政策先在二〇〇五年通過，然後在二〇〇八年（實質）中斷，到二〇一一年才又恢復，這個案例表明當政策涉及多方利益時很難持續，尤其是政策抵擋不了無法控制的國內和國外事件——如全球金融危機和日後的國內通膨壓力。只有到了世界經濟似乎正在恢復元氣、而且中國擔心通膨時（二〇一一年），人民幣才又恢復升值。

最後，滬杭磁浮鐵路案例顯示，即使政策已經採行（二〇〇六年二月已核准興建此一交通線），地方民眾為保護他們的財產和生活品質，現在可以組織起來阻滯或停止已核准的項目。現在更常見的現象是，地方當局必須召開公聽會，向人民公布資料，而民眾若是覺得權益遭到漠視，可以利用網路、媒體和通訊科技串連抗議。當然，很重要的是要判定在什麼情況下人民的不滿意有道理、在什麼情況下沒有道理。但是，一項政策若要有效落實，必須要考量到民意。

過去三十五年，中國的決策系統已經變得愈來愈複雜和分裂——或許這算是「常態」？這種常態出現在許多方面。例如，國家領導人每十年輪替，領導人在剛上任及即將卸任時，往往比較弱，而在任期中段有最大的行動能力。在中國和在其他國家一樣，重要的問題往往不及急迫的問題優先受到處理，真正的危機得到決策者的注意。最後，在中國，政策若要獲得通過、並有效執行，需要高級領導人持續的注意，以及官僚的「眷顧」。

毛澤東時期，對於政策結果的主要解釋不外就是毛主席、他的怪癖和政治策略，以及派系的相互較勁——民眾只能默默接受、並不是積極的參與者。從鄧小平掌握權柄開始，到後來說話份量愈來愈重，政策結果的解釋就牽涉到輿論、官僚結構、財政限制、客觀條件、利益團體，以及全球整合所加諸的限制。固然基本成分相同，這些組合方塊究竟如何拼組在一起、如何相互連結，反映出中華人民共和國的奇特。我們尊重中國差異的同時，相似性變得愈來愈重要。然而，中國變成更正常的政體，並不代表它能成功處理它所面對的巨大的內政、外交政策挑戰，中國的國內軌線也不能確保外在環境持續友善。總而言之，產生中國政策的考量或許可以理解，但不代表外在世界一直認為它們合適。

4 世界

大國沒有力量，就會受欺負。

——江右書將軍，一九八二年十一月十一日

「如果中國太通融外國人，會在中國產生負面反應，這會遲緩改革。」在中國，我們需要考慮政治制度、國會角色，以及哪一種決策過程。我們曉得，你們的制度有些問題、影響到你們對我們的政策，「但是在中國也一樣——不是因為雙邊問題、而是國內問題。」

——中國高階經濟官員，一九九四年十一月一日

「這個危機〔亞洲金融危機〕迫使我們重新思考全球整合。它不只是貿易；它是投資、股票和債券。因此全球整合是從有形的整合、貿易和生產，發展到無形的整合，包括信息和金融制度的整合。資金自由流動就像普羅米修斯的火——溫暖，但也會造成死亡。過去十年，電腦網路

已經民主化了國家疆界。」

——王雪兵，中國建設銀行總行長，一九九八年七月二日（在二〇〇三年涉貪腐被判刑）

「中國不希望建立新世界秩序；它要的是在既有的世界秩序中更強大。所有大國在世界秩序中休戚相關。」

——外交部高級官員，二〇〇二年十一月二十三日

「我認為最大的差異在於改革開始時，領導人從國內、國外角度看待世界。現在，從許多方面看，胡錦濤他們覺得沒有差異了——內外已經一體、互相連結、互相影響。」

——外交政策智庫高階領導，二〇一〇年六月三日

「二十一世紀非常不一樣。舊方法在新世紀不管用了。」

——國務委員戴秉國，二〇一一年六月二十六日

目前有四股主要力量塑造中國對世界的觀點，以及它在全球的行動：國內政治及其他內部限制；全球相互依存；現實主義的外交政策思維；以及技術驅動的行動—反應動態。國內政治和大國考量自從一九七七年起即是塑造中國行為的核心，而互相依存和技術驅動變革以引出行動與反應的力量則是較新的

發展。國內政治是關鍵樞紐，因為領導人如果要在國外行動，就必須挺得過國內發展的逆流。相互依存會改變國內參與者、他們的相對政治份量，以及在國內政治的成本效益評估。當然，國內政治和國際相互依存的交互作用還不能使中國表現傑出。

然而，中華人民共和國的全球行為極為務實，我稱之為情境倫理（situational ethics），中國領導人決定如何在國際上行動時會衡量這些相互競爭的力道。美國人通常形容其外交政策的形成是不斷追求美國的利益與價值的平衡——安全、物質和權力需要與「大是」和「大非」這些更難以駕馭的思想之間的平衡。美國人經常宣稱服務其價值就是追求他們的利益。這些「價值」——許多中國人會說它是「意識型態」——的吸引力源自美國是個移民國家，一波又一波的難民和想要追求過更好日子的人前來美國、躲避專制君主、物質赤貧、歧視和混亂。由於同質性，美國靠共同的理念和法律集合在一起，而不是有共同的出生地、族裔或宗教。移民一到新國家，經常覺得有責任把自由、機會和人權等福佑帶回去給留在「故國」的手足同胞。因此，美國外交政策有一種內在的干預主義特色。干預主義和孤立主義的推動力量並存於美國外交政策的精神裡。然而，對中國人而言，美國干預主義的力量比起孤立主義的傾向更值得關心。有位資深的中國情報官員注意到，美國的干預主義思維就像是偏愛「外科手術」、而不愛非侵入性的醫療程序。❶

中國外交政策的知性和文化根源在於儒家和道家思想、悠久的歷史、中國對與鄰國關係的自我認知，及其獨特的實質和人口地貌。❷中國的外交政策起自一個母體，中國在這個母體中與世界串連，而它特別重視其邊陲——每件事物都相互連結。❸中國的外交政策觀點務實，尋求在變動不居又相互連結的全球環境最大化利益。它不是以絕對價值為基礎的觀點——它是全球範疇的情境倫理。這個觀點就是鄧小平「摸著石頭過河」國內政策的國際政治版本。這個視角不是國際政治中「你要照顧兄弟」的觀點。中國外交部副部長喬冠華（後來升任部長）一九七三年與來訪的美國財政部代表團談話，提到他曾和美國參議院多數黨領袖曼斯斐德（Mike Mansfield）談論過美軍可能從歐洲撤退的話題（曼斯斐德支持撤軍，北京當時反對，因為希望莫斯科在東、西兩翼都感受到威脅），他對這位參議員下了一個評語：「他是個好人，但是非常理想主義、太道德了。」這話出自喬冠華嘴裡，並不是贊許。❹

中國的外交政策很少唱道德絕對的高調，而是倡導「互利」、「互敬」和「不干預」的原則——由於中國在其現代或較晚近的歷史迭遭列強干預，這些詞語在中國可產生深刻的迴響。中國經常談論過程，多過談論結果的絕對道德或不道德。美國人卻呈現鮮明對比，每當談到結果，總愛使用道德絕對的詞彙——「普世價值」。中國在全球的作法全看脈絡及是否符合其本身利益而定。

一九八六年九月二日，哥倫比亞廣播公司新聞網 CBS News 麥克・華萊士訪問鄧小平，華萊士觀察到：「中國與資本主義美國的關係，似乎比中國與蘇聯共產主義的關係更好。」鄧小平的回應對於了解北京的外交政策架構很有幫助，他說：「中國沒有把社會制度做為它解決問題的判準。中國和美國的關係是依它們特定狀況的脈絡而決定，中國與蘇聯的關係也是如此。」❺對於鄧小平而言，北京與華府、莫斯科的相互關係講究的是中國的利益，不是兩個超級大國制度規範的優缺點、不是他們如何對待其人民，也不是他們名義上擁護什麼價值。

我們在這一章檢視驅動中國外交政策的四股力量如何在後毛澤東時期發揮作用，以及未來該有什麼預期。哪一個力量會在未來數十年主宰一切？

國內政治推動中國的外交政策

今天，中華人民共和國的分析家和決策者坦承國內政治清楚地影響中國的對外政策和行為。過去可不一定如此。改革時期之前及初期，中國領導人擔心外在勢力會利用及操縱國內的不和，絕不承認國內政治會影響外交政策。官方接受的論調是，中國九億六千萬人民（當時的人口）只有一個全國利益──「中國人民並肩屹立。」中華人民共和國的談話對象把政策放在在大戰略框架中，形容外交政策不是國內政治的結果，而是外在世界加諸它身上的戰略必要，需要以意識型態指導其反應。黨牢牢控制住外交政策。

一九七一年十月，季辛吉掏心掏肺向周恩來交心，提到美國國內反對派是如何想要破壞尼克森總統預定明年二月訪問中國的計劃。季辛吉說：「這些團體發起運動、反對總統接受您的邀請……即使在官僚機關內部，某些反對繼續存在。」周恩來回答說：「中國的情形也差不多……因此我們認為官僚不僅出現在美國國務院，在中國外交部也有。」季辛吉又接話說：「我的秘密夢想是把總理在他辦公室做的那一套，搬到國務院身上──裁得只剩三個（人）。」❻

國內民粹和官僚政治（以及基本的經濟和社會環境）在許多方面影響中國的外交政策，在中國已是不爭的事實。經濟情況藉由提供行動所需的物質資源，直接塑造外交政策，也藉由影響民眾對國家能力與優先的意見而間接發揮影響力。自從一九七七年以來，中國在經濟上變得愈來愈強大、愈有實力，這表現在全國對本身能力及後續的堅定意識愈來愈增長。❼同時，中國的社會和經濟不斷發展，也使官僚機構之內和之外的團體能力大增、使其他人落居劣勢，因而改變了國內利益的整個架構。第二章已經提到，中國國家領導人在面對社會與官僚多元化時，變得愈來愈弱，或許這是新政治時代最顯著的事實。同樣的，中國外交部和中央貿易官僚愈來愈無法駕馭國家繁複的對外關係，而地理行政機關和非國企經濟實體相對力量增強。中國的「最高領導人」在改革時期進展中權勢逐步消退，中國的中央外交政策領導人也變得無法主宰一切。

在中國社會裡，農村的觀點消退，而城市、更加國際主義的（以及民族主義的）觀點則明顯上升。有一項令人驚訝的統計顯示城市化的多樣化效應。二〇一二年，一群中國城市及農村居民樣本被問到他們是否「喜歡美國人對民主的看法」，六〇％城市居民表示「是的」，只有四三％農村居民給予相同答覆。❽城市化、中產階級興起和沿海地區的發展，壯大了經濟利益，凸顯出相互依存的重要性。中國人民也開始覺得中華人民共和國國勢強大，因而對領導人有更大的要求，認為他們過分順從外國的要求——「輿論」現在成為解釋政策時的流行詞語。李鵬總理一九九三年說明為什麼他不能向美國要求改善人權屈服、以換取與華府正常貿易關係的延續，他說：「我不認為我可以透過電視把你們告訴我的話向中國人民報告，因為他們會說中國總理根據美國總統的話在制訂中國的政策，他們會推翻我的。」❾

官僚鬥爭、地盤爭戰和正常的組織更易及演變，加上不同職位官員的性格，也都影響中國的外交政策。今天中華人民共和國政府組織架構表，與一九七七年已經大不相同，目前的結構所代表的功能和地理利益是毛澤東過世之時所不曾代表、低度代表或根本不存在的。例如，一九八〇年，中國外交部根本沒有相當於武器控制暨裁軍署的單位，因此也就不用驚訝，這些類型的利益在官僚機構中沒有有效的代表；今天這些業務已納入外交部結構。❿同樣的，在改革剛開始時，外交部也沒有一個單位負責保護海外公民；當中國的商人、外聘勞工、學生和觀光客大量在世界各地居住行動時，這項功能就非有不可。

反之，在改革初起時依據計劃經濟存在的許多經濟部會已經撤銷或改組，有許多單位成為在國內及國外更自主的經濟、半市場導向的行動者。這些企業或工業部門大量遭到政治關係良好的官二代的控制或影響。[11]例如，前任總理李鵬及其家族幾乎就是電力事業的同義詞。中國的企業在外國市場互相競爭，製造不少問題——「中國及其銀行從中國公司（China Inc.）繁衍出來。」[12]

就地理治理機關而言，一九七〇年代末期少許經濟特區一成立，其他的地理治理機關就開始設法以有利的條件，不受外交部或中央經濟貿易官僚的限制，推動本身與外在世界的接觸。改革時期一直有個特色，就是北京的外交部系統努力維護它對對外關係的控制，而其他官僚機關、地方單位和其他經濟、教育和文化機構則拚命要擺脫傳統壟斷勢力。

同樣的，當中央外交和軍事部門的相對影響力互有消長時（見第六章），中國外交政策的調子也隨著起了變化，軍方的觀點抬頭，解放軍的預算自從一九九〇年以來猛增，退役將領講話聲音變大。地域管理和國家安全議題也開始匯流，在改革之初，海南島還是個未開發的熱帶島嶼，隸屬於廣東省，在省或全國政治上都稱不上重要性。可是，它在一九八八年升格為省，此後即大幅發展，已經有了重要的軍事基地，而且隨著行政轄區擴大到南中國海許多島礁和漁場，影響力愈來愈大。

對國內及外交政策之間的關係還有一個重要因素，就是菁英的繼承接班。接班改變了形成政策的主導人物，譬如毛澤東去世、鄧小平在改革之始掌握權柄。同理，二〇〇二年江澤民交棒給胡錦濤其實比一般人認知要更加重要，因為一個高度專注美、中關係的領導人交棒給一個與華府淵源不深的新人。簡言之，中國和其他國家一樣，國內政策猶如土壤，外交政策這個植物其上成長。國內金錢、人民、官僚的起伏流動，以及某一特定時期的主體思想全都影響外交政策。

性格、職位和權力塑造外交政策

江澤民在一九八九年中天安門事件後異軍突起、大爆冷門接班，顯示今天有許多國內勢力在塑造中國的外交政策。江澤民剛站上全國舞台時，地位微弱——中國在國際上孤立；年邁、名義上退休的菁英雖分裂，但仍很強大，虎視眈眈，守在舞台旁；年輕的菁英則微弱、分裂，因天安門事件受傷慘重。江澤民之所以竄出頭來，正是因為他弱勢，因此對各派系不構成威脅。江澤民花了一段時間才碰得到外交和國內政策權力，他必須逐步鞏固他的地位。在外交政策方面，他受到李鵬總理的約束——直到一九九八年，李鵬一直身兼最重要的協調機關外事領導小組組長，使江澤民一直無法全面掌控外交政策。⓭

在這個背景下，當華府於一九九五年五月宣布將發簽證給台灣總統李登輝於次月訪問美國時，江澤民希望提出強烈反應。這是因為他才剛在一月底發表他認為是向台灣示好的政策聲明（所謂的「江八點」）。⓮李登輝宣布訪美被認為是打了江澤民一巴掌，江澤民呼籲兩岸增進合作，實質上被台北堅拒。讓情況更難堪的是，中國領導人認為它已和柯林頓政府取得諒解，美方不會發放簽證給李登輝。最後，李登輝的康乃爾大學之行觸發中國漫長的後效，包括北京駐華府大使李道豫在六月中旬暫時奉召回國、一九九五年七月朝台灣南、北兩端外海試射飛彈，後來在一九九六年三月台灣總統大選之前又再次發射飛彈。

需要解釋的是，江澤民希望針對李登輝一九九五年六月的情勢立即反應，可是卻因為國內的考量推遲了反應。李登輝於六月九日在康乃爾發表演講，可是第一波飛彈試射要到六月二十一日才開始，第二波更是在八個月之後才發射。為什麼拖延？有位資深的中華人民共和國外交政策分析家如此解釋：

一九九五年，你還記得，李登輝拿到簽證後，〔中國〕外交部宣布在他〔李登輝總統〕從台灣出發當天會有大事發生。但是在李登輝出發當天，外交部發言人實際上後退，原因是當時並未做出決定。當時，江澤民實際上有他的想法，希望做出強烈反應，可是他還沒有權力可以快速決定。江澤民根本沒有政治資本自行決定；他必須建立共識，而這需要時間。雖然軍方有人主張採取強硬路線——有人建議在李登輝出發當天發射飛彈，迫使李登輝飛機掉頭回台灣！——江澤民也希望做出強烈反應，不過或許沒有那麼強烈。外交部發言人必須退後是因為中央一時半刻還做不了決定，而江澤民當時需要建立共識、還沒有權力做出更片面的決定。再者，江澤民當時也不想片面做決定，因為萬一「決定錯了」，豈不授人以柄讓對手攻擊他……他希望集體決定，避免日後被怪罪。⓯

北京與華府發生其他危機時，也可以看到它需要建立共識的跡象。在關鍵的外交政策時刻，江澤民在還沒與同僚取得堅實共識之前，不願接柯林頓總統的電話。有位解放軍軍官解釋說：「在領導人取得協議之前，沒有人敢接電話，深怕危及領導地位。」⓰

一九八九年六月四日之後，直到一九九七年七月一日香港回歸大陸主權之前，北京的對香港政策也清楚出現個性、個人利益、相互衝突的官僚職責以及國內政治影響的跡象。從一九八三年到一九九〇年初，中國派駐香港的最高代表是新華社香港分社社長許家屯。新華社香港分社構成與港英殖民政府平行的地下政府。許家屯頗獲香港地方人士歡迎，他被認為相當開放、關心香港人心與利益，試圖傳達給北京以撫平回歸之路。可是，在北京的外交部副部長周南和國務院港澳辦主任魯平，並不欣賞許家屯在香港的作法。

一九八九年六月四日發生在北京的暴力事件，以及中國其他地方的動亂，令原本即已緊張的香港人民大為不安，質疑起一九九七年七月主權回歸大陸究竟對他們的自由與家產會有什麼衝擊。英國、美國有許多人——包括美國國會——也表示關切。在這個脈絡下，許家屯同意在一九八九年九月會見鮑大可（A. Doak Barnett）教授和我，當時的香港仍然籠罩在全球電視播放北京暴行的陰影下。那次談話中，許家屯沒有放棄或直接批評北京的路線（他的確也替「必要」鎮壓做辯護），但是他還是主張香港要穩定，一部分關鍵是中國要持續改革——北京在國內的施政對香港的態度會有很大影響，而且大多數香港人並不反中國。許家屯說：「三個因素在香港是關鍵：中國的穩定；改革開放；與英國合作。」[17]簡單講，許家屯認為問題不在香港、而在北京——不完全吻合魯平和周南的路線，周南在一年多之後對新聞記者葛根（David Gergen）說：「香港的繁榮和安定大部分要依賴中國和英國在後半期的密切合作，我們現在就是如此。」[18]

這樣矛盾的評論透露出一九八九年六四事件之後，對於如何處理香港人民這個問題，幕後發生激烈鬥爭。許家屯希望對香港人民採取比較開放的互動方式。他告訴北京，它需要藉由持續改革開放讓香港人民及全世界放心；他也向在北京的上司提出警告：地方現況不佳。許家屯日後寫說，外交部副部長周南和港澳辦主任魯平在北京卻主張對香港採取較不開放的作法，同時也向北京的上司擔保南方情勢大好——一派甜言蜜語。[19]香港其他領導人對魯平及他主持的港澳辦也有清楚的評價。香港總督彭定康（Chris Patten）在一九九二年評論說：「『魯平只是執行者。』……他們對香港不了解——他們是保守派。」[20]

許家屯的處境雪上加霜，因為他和現在落馬的總書記趙紫陽關係密切。趙紫陽和鄧小平為了如何處理六四動亂以及其他議題，意見不合。㉑我們在一九八九年九月與許家屯會面之後不到兩個月，周南成立一個小組調查許家屯，一九九〇年一月周南本人被派為新華社香港分社社長，取代許家屯。許家屯顯然意識到他可能被逮捕，於一九九〇年五月初逃亡到美國。

周南接任新華社香港分社社長之後，與英國的談判迭生爭議，也並不令人意外。周南個性比較強悍，對北京的強硬態度比較順從，他擊敗許家屯，增強了下一階段中英關係的齟齬，以及和香港地方人士的磨擦。有一位英國駐香港總督告訴我，如果他們倆人位於近距離，周南喜歡搶到港督前面——站在殖民者前面幾步，以示民族主義立場。㉒

輿論

在這個數位連結的世界，輿論在中國與在其他國家一樣，可以在政治菁英做出任何深思熟慮的反應之前就被動員起來，轉變為強烈的民族主義。如此動員有一個絕佳案例，就是一九九九年五月七日，北約—美國聯軍誤炸貝爾格勒中國大使館，造成中國人民三死二十傷事件，稍後死者和傷者送回中國更造成群情激憤。

誤炸事件之後，中國民眾針對北京的美國大使館及各地的總領事館發動大規模的暴力示威，美國也說明誤炸經過——「由於美國情報和鎖定目標過程一系列錯失，發生此一嚴重錯誤和悲劇」。示威活動持續不停，華府的解釋被許多中國人認為不足、不夠誠意、不可信——因此中方提出四大核心要求：道歉、調查、懲兇和賠償。㉓整件事拖延了好幾個月，在兩國都留下深刻的不信任痕跡，隔了十多年關係都還沒有完全恢復。為什麼這件事會拖這麼久?是什麼造成此一動態關係?

這個時候,中國領導人需要強有力的解釋,說明為什麼會發生誤炸,讓中國人民可以覺得政府堅持國家利益、尊嚴與正義。可是一般的中國人根本不相信美國所做的解釋,[24]因此中國共產黨領導人不能接受其人民會斷然排斥的說法。誤炸事件後不久,中國有位副部長表達了一般民眾的挫折和憤怒,他說,中國人民認為美國人關心中國人死在美國手裡,還不如關心柯林頓與柳文斯基(Monica Lewinsky)的八卦新聞。[25]美國國務次卿皮克林(Thomas Pickering)在事件後一個月親訪北京、交出華府的正式解釋。有位參與其事的中國官員解釋中方如何看待美國的說明:「事實上,〔幾天前交給中方的〕皮克林報告沒有冒犯美國任何機關,卻冒犯了中國人,因為他們認為它太偏離事實。〔皮克林〕報告提到有三份地圖……皮克林提到有十來處錯誤,這是百萬分之一的或然率。很難接受這樣的解釋。」[26]

到了二〇一三年的今天,我還沒找到一個中國人相信此一悲劇事件是意外事故。我在這裡不是要討論錯誤是怎麼發生的、危機是怎麼處理的,或是在危機管理中可以學到什麼教訓——史文(Michael Swaine)和張沱生編了一本選集,對此已大多交待清楚。[27]我們目前的目的是了解國內限制在誤炸事件之後是如何影響中國領導人的行為。

輿論被掀起來之後,它提供一個缺口讓中國各個官僚機關推動他們的利益,表達共同的憤慨。軍方和宣傳機構很快就看到誤炸事件提供的機會,當然對美國動機最不寬厚的詮釋完全吻合它們的組織文化。軍方發現這是推動其預算及其他組織利益的大好機會。至於宣傳機構,它是中國官僚機器中最不進步的單位之一,它發現有機會煽動民族主義,挪出相當多的電視時間追蹤報導事件。事件之後不久有位資深軍方人員告訴我:「世界最糟的兩大宣傳機器,中國的、以及有線電視新聞網 CNN 互相鬥法。」[28]

在這個脈絡下，江澤民和中國的文人領導人設法了解事件經過；管理國內官僚政治；管理學生激憤（選擇性地讓示威學生進入使館區，但控管人數）；透過與美國維持最低度的通訊、以最低化對中國長期利益的傷害。起初，中國領導人對於要採取什麼路線缺乏共識，以致柯林頓總統在獲悉悲劇發生當下想和江澤民直接通話卻吃了閉門羹。即使在國內，江澤民似乎也力求低調；有個笑話諷刺他神隱：「中國公安局接到尋人報案，搜尋江〔澤民〕、朱〔鎔基〕。」㉙

有時候輿論在中國成為一股獨立的力量，中國領導人最多只能善意管理。有些時候中央或許覺得激起民眾憤怒會有好處——但是這裡頭有個風險，一旦挑激起來，民眾熱情可能走上反政府的方向。在政府內部，不同的官僚機關利用輿論正當化本身的政策偏好和利益，使得難以達成共識——有時候「中央」不是一條心。北京處理此一北約誤炸事件所採取的策略是最低化與美方的溝通，同時要求美方滿足中方條件、允許有控制的示威，讓時間癒合情勢。它並不單純、也不美觀，但美、中關係總算撥雲見日。

經濟力量

朱鎔基總理一九九九年四月初訪問美國，是國內經濟如何影響外交政策的一個極好的例證。中國高層領導人希望朱鎔基此行可以和華府達成協議，為歷經十多年的北京加入世貿組織的談判畫下圓滿句點。有位智庫分析家描述中國國內政治如何干預談判這麼久：

〔入世〕談判有三個階段。若不是天安門事件，我們早已加入。一九九二至九三年間，中國也有機會「入世」，但是〔中國〕汽車業懇求〔中國不要加入〕。這一次，一九九七至九八年間，也是國內因素扮演主要角色——例如，國有企業和工人。示威和絕食。學生還好搞，工人則很難搞。朱鎔基說：「人人都曉得，如果中國開放了，大多數國企就完了。三個人幹一份工作：一個做、一個監督，另一個則找麻煩。」朱鎔基一九九八年到東北去視察國企，而〔在前幾個月〕說了這段話。[30]

在朱鎔基一九九九年訪美之前，江澤民和朱鎔基聯手克服民間和菁英的喧鬧反對，研訂出一套他們認為華府會接受的中國入會可行方案。政治局常委會和政治局全體委員光為了討論朱鎔基是否應該赴美及相關議題，就開了三次會。[31]可是朱鎔基一到華府，情勢很清楚，柯林頓總統擔心工會和國會會有不良反應，不能立刻接受中方的方案。美國也同樣受國內政治牽制！讓朱鎔基和江澤民更難堪的是，柯林頓政府竟把北京提議的讓步公開。

朱鎔基一回北京，立刻招致全國利益團體的攻擊批評，指責他對華府過度讓步。這正是朱鎔基出發之前最擔心的後果。他對到北京訪問的美國國會議員說：「我可以告訴各位，他們〔我的國內批評者〕不會指責白茜芙女士〔（Mrs. Barshefsky）美國貿易代表〕出賣原則。中國人民會責備朱鎔基〔我〕出賣原則。」[32]

更糟的是這不是任何中國領導人希望對西方要求表現得過分柔順的好時機，因為中國普遍認為這些要求不合理。江澤民和朱鎔基為了在「入世」之前，以及「入世」必將帶來的全球競爭大環境中使中國更有競爭力，已經著手改造中國經濟結構，展開國有企業大幅裁員（最後從國企等行業裁員超過兩千五百萬工人）。㉝中國全國到處是不高興的「下崗」工人和心生畏懼的經理人。全國人大又即將開會，黨的高階領導人深怕人大表決時可能公開反映出不滿意的情緒。㉞因此江澤民和朱鎔基必須讓事情冷卻幾個月（柯林頓在華府方面也需要冷卻），最後雙方在一九九九年十一月達成協議。中國在二〇〇一年底加入世界貿易組織。

到目前為止，我們講的是經濟考量對中國的對外行為產生限縮的影響——不過，國內團體追求經濟機會也會影響中國呈現給世界的面貌。鄧小平的改革有一項核心特色就是提供經濟誘因、以增加行動者人數，包括不受國家直接控制的一些個體戶。由於國家規範管理這些行動者的能力追趕不上他們活動觸角伸向全球的速度，我們看到中國的實體（不論是公司、個人或集體創業家，或是地方政府）在全球推動他們狹隘的利益，有時候甚至不顧國家利益。由於經濟「去集中化」，又缺乏法治和良好的監理體系，要回答「中國是否一個國際行動者」、「誰能代表中國發言」這類問題就變得十分困難。

上述例子說明國內因素有許多方式影響中國的外交政策——官僚政治、動員的民眾、經濟限制或經濟機會，以及需要同時在寬容的國內環境中有相應的國際夥伴。然而，國內的考量並不是影響外交政策唯一的因素：相互依存（雖與國內政治不是完全區分）是個日益上升的力量，因此它重新打造國內的遊戲環境、行動者及其誘因。

相互依存與外交政策

全球化及相互依存已改變了中國領導人及其人民看待世界的方式。二〇〇八年全球金融危機發生時，中國許多公民就看清楚了全球經濟穩定攸關中國利害。有位非常高階的銀行官員對美國訪客說：「真正傷害我們的是西方的景氣衰退。貿易占了我們ＧＤＰ的百分之七十九——出口為百分之三十八，而其中百分之十八出口到美國、百分之二十出口到歐洲。二〇〇七年，還有百分之十一的成長（百分之二點七的成長來自淨出口）。現在出口成長已降到百分之九。」[35]

全球化和相互依存藉由建立連結，使中國的糧食、能源和出口市場更依賴世界而改變了國內政治。這種依賴和相互連結不只是城市現象；農民也大量出口，因此他們在中國國境之外也有利益連結。福建省漳州市長在一九九三年對來訪的美國基金會負責人說：「我們輸出許多蘑菇到美國……我們輸出三千噸蘑菇到美國。現在我們也輸出蘆荀、衣物和鞋類到美國市場。現在有兩個城市想〔和我們〕建立關係——〔愛荷華州〕雪松急流市（Cedar Rapids）和〔加州〕沙利納斯（Salinas）。」[36] 到了二〇一三年，對於極大多數中國公民而言，國際市場已是生活中的事實，大約九千萬人受雇於出口製造業，而受雇於出口生產（包括農業和服務業）的總人數有一億人——大約每八個就業者有一個。[37] 地方及中央層級的官員都要依賴來自海關關稅、參與中國經濟的外資業者之稅款，以及中國的國內擁有、但出口導向的企業所繳的稅款。地方領導人很快就認知到這個強大的相互依存關係——上海市長徐光迪指出，一九九八年上海三分之一ＧＤＰ來自外資企業。[38] 有個智庫專家說，北京或許是高度政治中心，但是上海「最關切的是執行長的飛機」。[39] 全球化讓整個系統裡肩負守門職責的官員有機會自肥。

相互依存不僅牽涉到金錢與就業；它也涉及從國外購取科技和知識，以加強國家在價值鏈上繼續上升的能力——這是中國前途的關鍵。相互依存並不能使國際衝突不會發生，而且它的確可以創造條件使得衝突一旦爆發，破壞力更強大，但它倒是提供了誘因使得與主要夥伴的衝突可以管控。

其實相互依存和依賴之間的界限很細微。改革初期，中國領導人希望避免依賴，而不是獲致相互依存和比較優勢可能會有的收穫。一九六〇年代及一九七〇年代大部分時間的圭臬「自力更生」是鄧小平「開放政策」所粉碎的舊口號。依賴真正令人擔心的是經濟和軍事領域。在安全領域中，毛澤東（以及改革初期的鄧小平）因為一九五〇年代、六〇年代與莫斯科交往留下傷痕，認定蘇聯想讓中國淪為安全附庸。外交部副部長喬冠華一九七三年向訪客說明：「赫魯雪夫也有戰略物品——原子彈——因此認為他可以扼住中國。一九五七年，他們表示會和我們合作，生產一顆原子彈；但是他們在一九五九年撕毀合同。他〔赫魯雪夫〕直接告訴中國人說：『你們太窮了，連條褲子都沒得穿，還認為可以造出原子彈。』他在一九六〇年這麼說，但是在一九六四年他垮台後次日，我們試爆了核子彈。」❹⓪

在經濟領域，從一九五〇年代直到一九七〇年代初期，華府及其盟國對中華人民共和國實施禁運。經過這段被迫自力更生時期後，在改革之初（甚至今天都還保留某種程度）仍然害怕依賴，並認為依賴別人是有勇無謀。一九七三年，布魯孟梭（Michael Blumenthal，譯按：一九七七至一九七九年在卡特政府出任財政部長）問中國外交部副部長喬冠華：「自力更生影響貿易到什麼程度呢？」喬冠華的回答很值得深思，他說：「你們〔美國〕生產許多穀物，但是如果中國停產一年，你們會供應我們嗎？」❹①當然，美國利用糧食做為武器這件事實，在當時只會強化中華人民共和國的決心、在糧食上不能依賴他人。中國態度的轉變，可從二〇一二年中國農業部的統計和中國發展研究中心的說明清楚看出來。它們說：「伴隨著貿易量上升，農業部門的貿易赤字也增長。二〇一一年，農業貿易赤字增加四七・四%，達到三百四十億美元，而二〇〇四年的中國仍是個農業淨出口國……中國已經是全世界最大的黃豆和棉花進口國，自從二〇一〇年起是美國農業最大出口市場。」❹②

熟悉江澤民一九九七年訪問美國之前接受簡報狀況的一位人士，對於中國對相互依存的思維提出一個清晰的描述。江澤民想找出積極方法界定他的訪美之行，他決定主張經濟、安全和政治的相互依存是美、中合作關係的主要原因。江澤民和其顧問群的對話經過轉述如下：

一九九七年為訪美之行做準備時……江澤民……正式問起他的訪美行究竟應該有什麼戰略觀點……〔這位人士回答說，〕此行他的戰略觀點應該建立在共同利益這個概念上。江澤民問，那又是些什麼……五個共同利益是：（一）避免衝突；（二）任何一方在經濟領域上都不能沒有對方的合作；（三）雙方在安全領域和經濟穩定領域上〔這位人士此時已經思考到亞洲金融危機〕，都需要有個穩定的亞洲；（四）跨國議題，當然這時候反恐還不是嚴重問題，而是毒品、人口販運和環境保護等問題；（五）我們領導人個人對兩國的利益。關於最後這一項，〔這位人士說〕……它指的是，「如果領導人處理〔雙邊關係〕得好，他們將是偉大的領導人。」[43]

這位人士說，儘管自從一九七七年對江澤民做簡報和他訪美國以來，陸續發生許多問題、對美中雙邊關係產生負面影響（一九九九年，北約及美軍誤炸貝爾格勒中國大使館；一九九九年，台灣李登輝總統的行為被北京認為是搞分裂；二〇〇〇年，台灣選出傾向台獨的陳水扁為總統；以及二〇〇一年，美、中軍機在海南島附近擦撞），相互依存仍然是個現實：「我們已經歷這麼多震撼，但是這幾點〔前面引號列出的五項〕還是在哪兒……它們變得比五年前更重要。」[44]

胡錦濤時期一位非常資深的外交政策顧問認為，對中美雙邊關係而言，經濟上相互依存是比一九七〇年代和一九八〇年代初期「北方大熊」共同戰略敵人，或後九一一時期的反恐，還更強大的黏膠。他說：

總的來講，美、中關係有了堅實的基礎。我們兩國之間的貿易量非常大。因此，「我認為中國的發展給美國提供機遇，而美國的發展也給中國提供機遇。我們的關係不應該基於外在因素。因此我們今天的關係比起一九七〇年代和一九八〇年代堅強得多。因為一九七〇、八〇年代的我們，沒有什麼東西可以給你們〔美國〕——又窮、又落後啊。但是，過去二十年，它〔中國〕的路是有別的意涵的，一言蔽之，我們走的路是整合進世界、不是分離，這是我們兩國雙贏的路。」㊺

值得注意的是，新世紀開始，中國成為主要的資本輸出國——與整個國際經濟制度的安危利害相關日益上升，更不用提美國的繁榮（中國一半以上的外匯準備是以美元計價存有）。二〇〇二年，我與中國當時的財政部長項懷誠談話時，他對我提到這一點。我當時的筆記記載：「『你也曉得，中國現在是美國國庫券最大的外國買主……我們目前持有的美國國庫券有八百零九億美元。再者，這也不是中國所持有的全部的美國金融工具。』他指出，他們還持有美國的公司債，以及地方政府公債。所有這些金融工具目前的總值是一千五百億美元。『因此，你可以看得出來，我們有很多相似的地方。』」㊻

有這麼大量的資產是以美元計價持有，美元不要持續貶值才吻合中國的利益。有位中國重要的經濟學者向美國國會議員解釋：「你們最大的問題是財政赤字——美元一再探底、貶值。如果美元貶值，會連累到持有美元的〔中國〕人民。」47

時間快轉約一個年代來到二〇一一年：美國驚覺自己的國際信用評等變差，它的財政及信用健康出現嚴重危機（中國是單一的最大的美國國庫券國外持有人），副總統拜登（Joseph Biden）在一項演講中大談中國持有巨大的美元資產之安全這個議題時，覺得有必要向中國聽眾提出擔保。他說：「你們是安全的。請諸位了解，沒有人比我們更關心這件事，因為美國人擁有百分之八十七我們的整體金融資產。」48同樣的，希拉蕊．柯林頓（Hillary Clinton）二〇〇九年二月首度以國務卿身分訪問亞洲，這時正是二〇〇八年雷曼兄弟公司倒閉後不久，她在北京宣稱：「透過繼續支持美國國庫券，中國人承認我們的休戚與共。我們真的會共存亡。」49

最後，除了明顯的經濟相互依存之外，肯定還有政治上的相互依存，誠如江澤民的顧問一九七七年為他的訪美之行做簡報所指出的：「如果領導人處理〔雙邊關係〕得好，他們將是偉大的領導人。」50如果兩個高度相互依存的國家的政治領導人不能有效交往、處理共有的問題，他們都會有被本身選民貼上無能的標籤之虞。冷戰期間，任何一個有意問鼎美國總統大位的候選人，都會被問「他真的能與莫斯科打交道嗎？」在當前的世界事務中，對於在北京及華府分別執掌美中關係的當家者，也必須同樣問他們：「他／她真的能跟北京／華府打交道嗎？」

儘管我們在這裡強調相互依存的結合性，它並不是一個純粹的合作貢獻者。中國走向全球已增加它在全世界的接觸點和利益。有接觸，就有磨擦。有利益，就會希望保護它們。因此，相互依存上升是一股力量，它會促進更合作的行為，但也會產生磨擦。

現實主義的脈動

權力與利益

權力和利益的考量從來不曾遠離中國外交政策執行者及人民的思維。弱國比起強國沒有太大的話語權，本章一開頭就引述江右書將軍的話：「大國沒有力量，就會受欺負。」談到台灣問題為什麼那麼難以解決時，江澤民說得很直白：「為什麼解決之道那麼難？我在今天會面之前還在思索該不該與各位分享我的坦白想法。我想到一個比方。台灣人口兩千萬，而我們有十二億。雖然台灣自認富有，可是大陸比較大。就像個瘦子和胖子。我體重八十多公斤，如果我們要打架，沒有什麼問題，我會贏。但是如果有個大個子站在他身旁說：『別打架。』我會仔細想一想。」[51]

關於利益，張萬年將軍講得簡單俐落：「我建議雙方〔美國和中國〕要看大局——不要只顧小利益、忘了大利益。」[52]

在中國國內治理和外交政策的領域裡，平衡和穩定是核心利益。這是有道理的——在這樣一個人口和地理規模的社會、或是在亞洲如此分裂的區域，若是失去了平衡和穩定，就會變得非常難以恢復平衡。在這種環境中，不安定蔓延開來的影響餘波會很巨大、很難預測。在國內、國外政策上培養平衡和穩定，數千年來一直是領導中國的主要工作。維持宏觀穩定需要北京不斷調整其特定的微觀關係。一九九一年四月，也就是蘇聯快速衰退、美國接近其單極獨霸的前夕，外交部長錢其琛告訴新聞記者大衛・葛根說：「世界上沒有人希望看到一個中心〔美國〕。我也不認為有這個可能。」[53]在中國人的世界觀裡，預期會變動不居、不斷分分合合。蘇聯崩潰後不久，外交部長錢其琛預測它的崩潰會製造出華府與其歐洲、日本冷戰盟友之間更多衝突的條件：「舊敵不存在，和〔你們〕盟友的衝突將增加。」[54]

權力是維持穩定和平衡的關鍵，更不用說攸關主宰優勢或霸權大業。獲取力量是生存的絕對先決條件，中國歷史上一再領略此一教訓。蒙古人入侵導致元朝建立（一二七九年至一三六八年）；滿洲人入侵導致清朝建立（一六四四年至一九一一年）；日本人在一九三〇年代和一九四〇年代的入侵造成的後果更不待言。這段歷史——加上十九世紀和二十世紀西方列強的蠶食瓜分紀錄——乃是嚴厲的老師。許多十九世紀末、二十世紀初的學者和現代派人士界定的國家任務是成為「富強國家」。二十一世紀的中國出現相當大規模的分析產業，專注在評估中國與其主要比較者，如美國、日本、印度、歐洲和俄羅斯相對勢力的成長。[55]中國的領導人和民眾都認為中國在全球大國的位階往上提升，也非常關注確切量度此一進展。大多數中國民眾對他們朝向現代化的進步固然感到驕傲，但他們也曉得中國還有一大段路要努力，至目前為止的進展仍然不牢固——美國在全球金融危機陷入困境，之後中國雖持續成長，但速度已經減緩。二〇〇九年，四一%的中國人認為中國是世界領先的經濟大國——到了二〇一二年，有這樣想法的人已降至二九%。[56]

毛澤東把權力和平衡擺在他外交政策思維的首要位置：一九四九年，他和蘇聯結盟，以抵制美國的威脅，然後在一九七〇年代初期來個戰略大翻轉，實質上與在越南打得兵疲馬困的美國結盟，以面對日益強勢的蘇聯。周恩來一九七三年對布魯孟棱說：

> 我們應該以史為鑑。大英帝國統治世界逾三百年。第二次世界大戰期間，邱吉爾告訴羅斯福，

他不會解散大英帝國，但實際上他是這麼做。世界就是這麼樣……二戰之後，美國志得意滿。尼克森總統一九七一年七月在堪薩斯市向新聞記者指出：哪裡出現問題，美國就出兵、出錢。但是美國管太多事了。他講的是事實。美國的聲望處於想像不到的低點。美國對反法西斯戰爭有很大貢獻；這是永恆的、不能抹滅。蘇聯在二戰期間同樣也有貢獻。世界人民對兩國都感謝。但是由於美國已經過度擴張，它不可能回到孤立主義的位置。[57]

一九八二年，毛澤東的接班人鄧小平和胡耀邦再度修正中國在中、蘇、美三角關係的結合地位，這一次調整到比較等距的位置。他們認為蘇聯勢力雖式微，仍可抵銷雷根比較強勢的美國——北京的「獨立的外交政策」因而誕生。中國如此快速轉向這個更加等距的政策相當明顯，從趙紫陽一九八三年對美國州長訪問團的談話就看得出來。他說：「恕我直言，各位可能不會愛聽。對中國安全的威脅來自美國。」[58]後來在習近平主席時期，針對美國在二〇一一年底宣布的「轉向」亞洲，習近平最初的回應動作之一就是與莫斯科——它和華府關係也不融洽——改善關係。習近平在二〇一二年底出任最高領導人之後首次出國訪問，行程即包括俄羅斯。他要傳達的訊息是什麼?中國有它的地緣戰略選擇。

朝向平衡和穩定的傾向不僅明顯表現在大戰略棋盤上，也表現在中國的周邊上。

東南亞

均勢、平衡和穩定主宰中國思維的程度，最讓我清楚感受到的，就是北京從一九七五年至一九七九年決定支持柬埔寨滿手鮮血的赤棉（Khmer Rouge）政權——這項政策承諾跨毛澤東、鄧小平兩個時期。這兩位十分不同的領導人做出本質上相同的決策：支持波帕（Pol Pot）及其政權，以免金邊落入河內勢力範圍，並且讓越南被牽制住。雖然當時拜訪中國領導人的美國訪客想鼓勵鄧小平撤銷對波帕搞種族屠殺的政權之支持，中國要牽制越南對其鄰國主宰的長期政策，卻不是什麼人道主義關切云云所可以改變。如果支持波帕是圍堵河內野心所必須付出的代價，北京也認了、願意付出這個代價。一九七九年六月二十二日，中國副總理兼外經貿部部長陳慕華與來訪的美國內閣部長卡里法諾（Joseph Califano）會談，陳慕華基本上說的是：「如果柬埔寨人民必須為中國的利益付代價，那就付吧。」大約同一時期，在和鄧小平談話時，鄧小平明白表示，讓他煩惱的並不是柬埔寨人民遭到自己政府的屠殺，而是越南入侵柬埔寨這件事造成區域性的（其實是全球性的）難民危機。

> 出現難民的原因主要是越南進攻柬埔寨。但是在此之前，在它執政時，當然我不預備評論波帕集團的政策，而坦白講，我們並不同意他們的某些政策。某些政策並不孚民心。但是當時並沒有難民……大量難民出亡的原因在某個程度上乃是波帕採行的政策的結果。但是直接原因是越南部隊侵略柬埔寨，因此真正的解決之道需要全心的協助，給予柬埔寨人道德、物資和政治的協助，迫使越南撤軍，唯有如此問題才會解決。[59]

當然，給予柬埔寨人「全心的協助」指的是援助波帕，不問他可怕的人權紀錄。北京另外關切的是莫斯科對河內的影響力上升。副總理兼外交部長黃華一九八〇年對一群美國訪客說：「任何人想要傷害民主柬埔寨勢力〔波帕〕只會協助蘇聯。」[60]

北京想藉由在區域鄰國建立支持以抑制河內的傾向，在二〇一二年又再次清楚表現出來。這一年七月，北京誘使柬埔寨在東南亞國家協會（Association of Southeast Asian Nations）外長會議運用議事手段阻止東協其他會員國通過會議聯合公報。這項聯合公報將會提到南中國海爭議，而中國希望根本不要提它。

中亞與南亞

中亞方面，北京一直努力平衡俄羅斯、印度，以及九一一事件之後美國在本區域的影響力。中國與巴基斯坦交好以抵銷印度在次大陸的力量，正是平衡遊戲最明顯的例證。另外很有教育意義的是中國與哈薩克的關係，以及中國在上海合作組織（Shanghai Cooperation Organization）的領導角色。美國似乎專注在改變世界，中國的常態是力求平衡，雖然與少數國家有動態、變動不居的平衡，也很少有或沒有固定的友邦或敵人。

北朝鮮

談到北京對北朝鮮的態度和互動關係，唯有在北朝鮮的國際行為影響到中國的國際利益時，中國才會對這個任性的鄰國施加壓力，而且北京會理性地確認這些壓力不會造成不安定、並波及中國。中國一位資深的情報官員說：「中國的第一利益是非核的朝鮮半島。當大韓民國的外交部長在北京時，他〔全國人大委員長吳邦國〕說他有三個噩夢：（一）北朝鮮擁有核武器；（二）戰爭；（三）北朝鮮崩潰。因此我們的國家利益是避免這三個噩夢。金正日的性格或意識型態與我們不相干！」[61]

中國認為它面對北朝鮮時的主要挑戰是：維持南、北韓之間複雜的平衡和穩定，不是促進平壤臣民的福祉（儘管有飢饉和傷害人權的問題）；維持半島周邊大國（日本、俄羅斯、中國和美國）彼此之間的平衡；維持它本身和北朝鮮邊境的平衡和穩定，因為中國東北各省在此有重要的經濟和邊境安全利益。例如，吉林省延邊自治州的貿易有七〇％是和北朝鮮交易，[62]更不用說自治州內有大量朝鮮族人民，他們在國境另一邊窮困的北朝鮮有許多親人。北朝鮮的穩定對中國而言相當重要，當時的中央軍委副主席張萬年對美國前任國防部長史勒辛格（James Schlesinger）說：「任何對穩定有貢獻的措施都歡迎。」[63]北京也與聯合國安全理事會其他國家一起制裁平壤在二〇一三年初的核子試爆（平壤的第三次），但是它只支持有限度的制裁，即使制裁，也要合理確認加大壓力不會造成北朝鮮政府的不穩定。

台灣海峽

雖然強調中國人思維重視國外和國外平衡和穩定是對的，中國領導人也不時想要有所改變。例如，在台灣海峽方面，北京仍然承諾在短期及中期維持平衡，可是也往長期平衡要傾向中國這個方向努力。從北京的戰略觀點看，問題在於如何在短期及中期嚇阻島上危險的分裂主義活動，同時又弱化美國替台北撐腰、介入的決心。北京的長期思維是推動台灣和大陸關係從根本上的改變，靠的是兩岸經濟、文化和軍事力量均勢的穩定轉變來達成目標。二〇〇二年，一位黨政關係良好的中國資深學者對我這麼說：

他們〔中國領導人〕全是現實主義派，他們相信軍事力量，而且〔他們〕全都認為它〔中國的軍事力量〕還不足。十年之內，不太可能有力量去做，搶占台灣；十年之後，〔情勢〕就不明了。這〔十年〕是台灣搞獨立最佳時機。十年之內，我們將有足夠力量在〔台灣〕海峽遏阻美國——十年之內，我們將會有〔更強大的〕空軍、巡弋飛彈、一支更大的戰略部隊、更多的彈頭，包括短程飛彈。如果我們投下四分之一公開的軍事預算在〔上述〕這四項，美國根本無從干預。即使未經挑釁，我們就進攻，美國〔也將〕很難介入。但是我們沒有以這個步調在準備。一旦我們有這個能力，我們也不會發動第一擊。台灣將變得更小心，因為他們曉得美國可能無法幫忙。這〔現在〕是危險時刻——〔我們〕正在建立能力，但是〔我們尚〕未有能力。台灣可能先有動作。[64]

演進的現實主義觀點

中國的現實主義觀點和態度已有某些演進，知識份子已經逐漸出現認真討論，探討「普世價值」（並不是西方價值）應該在什麼程度上指導中國對其外交政策利益的界定。[65]可是，這些討論還未在中國的決策者當中找到足夠多數的支持者。如果擬議的大國干預地區遠離中國的近鄰邊陲，而聯合國和／或區域組織籲請外界干預（例如二〇一一年利比亞的狀況），在有限度的條件下，北京或許會同意更有干預主義、「普世價值」的作法，最好是除了外交默認外不要求中國具體承諾投入資源。另一方面，由於北約組織在利比亞的行動從保護平民的性質擴大為政權更易的行動，當次年敘利亞出現類似狀況時，北京強烈反對走干預主義路線（莫斯科亦然）。

有強烈的現實主義、大國傾向，而且熱烈發表心聲的中國人也認識到國內議題的限縮影響。「只要中國〔面臨〕國內挑戰，〔它〕不會打仗，當它強大了，美國〔將變得〕不願打仗。」66

這把我們帶到中國現實主義思維的基本問題上——他們低估了美國制度的韌性。許多人專注在西方、尤其是美國的科技實力，卻忽視了它的意識型態、政治或文化體制的力量。不過，皮優全球態度研究計劃二〇一二年針對中國民眾的觀點做了一項有趣的民意調查，它發現五二%的受訪民眾「喜歡」美國人對民主的看法。67 即使如此，仍然明顯淡化西方社會／價值體系重要性的傾向，令人想到十九世紀末、二十世紀初的「中學為體、西學為用」的舊思想。一九七九年中，當「民主牆運動」被取締時，中國共產黨副主席李先念做了反省，提出顯然令他相當困擾的一個觀察——「很奇怪，西方國家科技相當發達，可是宗教十分重要。」68 改革派以及受相互依存影響的一些現實主義者在新世紀漸漸看到，國力的源頭是在政治與社會體制、思想模式和價值的繁複的結構當中。創新源自於能夠滋長它的社會。問題在於要站在攸關國力的創新和科技的前沿，領導人必須擁抱一個流動、動態（開放）的社會，而這樣的社會終究會威脅到他們掌握集中的權力。

行動與反應的動態

除了國內政治、相互依存、大國政治和現實主義的外交政策思維會推動中國的國際行為之外，另一個因素在中國與美國及其鄰國之間的互動也逐漸重要起來——那就是受到科技變化驅動的行動—反應的動態。一個國家軍事相關的科技之進步、或甚至只是進步的可能性，可以對另一個國家構成實際或想定的威脅，而另一個國家會去開發它認為的彌補、防禦的能力，這一來又造成原先那個國家又去發展科技上的反制措施。這個過程可以造成力量不斷向上盤旋而升，以致人人耗費巨資、卻不見得更加安全。這個動態關係有個實例，即是中國二〇〇七年測試反人造衛星武器成功（它製造大量、危險的太空廢棄物，竟然在二〇一三年使得俄羅斯一枚衛星發生故障），二〇〇八年初，美國利用反人造衛星武器摧毀一枚逾齡衛星（許多人認為這是針對中國測試成功的反應動作），中國的太空法研究所所長李居遷對此發表看法：「從目前美國反衛星武器的發展判斷，飛彈、高能雷射武器、粒子束武器、微波武器和微衛星，全是摧毀人造衛星的有效方法。它們或許也是中國採取的方法。」[69]

中文用「矛」與「盾」這兩個字很生動地表達相互對沖的概念，產生「矛盾」一詞。矛與盾各有用途：矛主攻、盾主守（不過，必要時兩者都可以反其道而行：矛可用來阻擋攻擊、盾可用來砸敵人）。使用矛或盾的人或許是防守的動機，但敵人害怕對方的攻擊潛力。軍事發展因此是矛與盾的持續競賽，永遠摸不清對方會如何運用它們。二〇一一年中，中國某位將領對美國訪客說：「中國沒有辦法，只能跟著軍事發展的潮流走。」[70]

這個動態關係在美、中關係中運轉。北京明白此一動態關係及它的危險，但是就和其他國家的安全機構一樣，不能承擔不就其他國家的科技進展（或甚至只是可能的進展）做出回應的風險。科技競爭的實例比比皆是，例如：

- 機動平台，以確保中國戰略核子反擊部隊的存活
- 潛艇作戰——中國正在發展與部署更安靜的潛水艇
- 反彈道飛彈防禦與滲透輔具——發展啞彈頭及飛彈多彈頭

・隱形匿蹤科技
・反人造衛星能力
・創新的飛彈能力，以降低美國航空母艦的優勢
・中國進入太空
・網路作戰與情報能力

在每一領域裡，美國已有或正在開發能力，而中國則費盡心機要應付它們或克服它們，因此北京和華府之間的科技競爭態勢很清楚——中國某些鄰國有時候也會出現這種行為。清華大學教授孫哲對中國人的觀點提出說明，其實許多美國人也做如此想。他說：「我們需要能夠自衛，而我們的主要威脅，恐怕就是來自美國。」[71]

中國一位著名的戰略分析家對於中國會出現此一行動－反應動態思想，提出他的見解。有人問他，華府發展及部署反彈道飛彈能力、並把某些這類能力轉移給美國在亞洲及其他地方的友邦和盟國，北京對於如何確保其核子反擊力量的安全，不知有何想法？他的回答是：

中國需要多少個彈頭？這要看我們需要〔對付〕多少〔美國飛彈〕的防禦而定。美國調撥四百至五百個戰略武器針對中國沒有飛彈防禦的目標。因此這要看我們〔中國〕假定〔中國飛彈的〕存活率而定。然後〔我們必須考量〕需要怎麼樣遏阻〔美國〕。這一切假設都很膚淺……如果美國建設以太空為基地的計劃，我們就發展潛艇。然而美國可能因為總統換人、技術問

題，和需要很長時間才能部署系統，而不興建反飛彈系統。但是我們將會發展更機動、MIRV（多目標重返大氣層載具，又稱分導式多彈頭飛彈）、更能存活的平台、更大量、反措施，以及滲透輔具和誘餌。因此，他們〔美國軍方規劃人員在和中方對話後〕可以觀察我們、不會感到驚訝。我們並沒閒著。我們很聰明〔不會只跟華府對罵叫陣〕；我們不要口水戰。我們不需要制止美國增強其安全，我們只需要彌補我們的不足。[72]

美國大體上採用相同的邏輯決定它的戰略發展計劃。二〇一二年六月，中國發射神州九號載人太空艙、把三個太空人（包括中國第一位女性太空人）送上去，它要與已在軌道中的天宮一號進行對接。他們成功對接兩次，一次機器操作、一次人為操作，然後安全返回地球。一年之前，北京宣布計劃在二〇二〇年以前完成載人登月，「它的太空總署公開建議，『仿照我們在南極和北極的先例，在月球建立基地』。」美國方面有一個反應，呼籲要採取行動防止北京在月球占領土地，它特別指出這樣的發展「會改變整個國際安全的遊戲」。[73]

這種無休無止的反應與反反應動態關係，唯有透過下列方式才能加以控制：擴大相互透明度；軍方與其國家指揮當局之間就意向與能力進行對話；透過談判協商相互節制；以及合作。美國和中國還未很認真地走上這條路，不過歐巴馬第一任政府時中、美戰略暨經濟對話（Strategic and Economic Dialogue）已經加入這些戰略議題；這個過程在歐巴馬總統展開第二任期時仍在繼續。挺諷刺的是，華府在冷戰達於頂點時與莫斯科在太空競賽方面的合作，竟然還比今天在美國法律和政治局限下來得密切。

因此，在改革開放一路進展下，中國的世界觀如何改變、又如何保持不變呢？

以改變來講，中國已經變成相當複雜和多元化的行動者，發出許多、甚至有時矛盾的聲音。雖然我們應該避免誇大其詞，中國也已經從相對弱勢、內向且局限在大陸的國家，轉變成國際上的主要參與者，具有恫嚇、經濟和觀念化的力量，不僅在區域上、也在國際上表現出來。中國人民及其領導人現在覺得有能力可以在區域及全球事務上做個完全平等的參與者。北京愈來愈能坦然接受全球經濟秩序的體制——希望增強它在體制中的影響力——可是它對美國領導的安全秩序卻心懷忐忑，因為這個安全秩序建立在雙邊及多邊的同盟基礎上，可是北京並非其成員。聯合國領導的安全體制倒比較吻合北京的脾性。

相對比較沒有變化的是中國外交政策的現實主義思維傳統、情境倫理和深鑄的怕被「欺負」的敏感心理。因此，建設性地管理美、中關係是有可能的，但並不容易；而中國領導人必須對深刻的民族主義和輿論更加注重，也會使事態更複雜。

上述影響中國外交政策的四股力量相互較勁，正處於不平穩的狀態。國內政治可以是推動合作、或是衝突的力量，視脈絡而定。然而，通常一個國家的國內政治會在外國引起戒慎和焦慮，當國內政治滋養民族主義時，隨之而來的國家力量大盛之意識會產生麻煩。相互依存是日益增長的現實，當中國的經濟和社會持續與世界增進相互依存時，國內政治本身會有所改變。固然相互依存應該會緩和國際衝突，它並未能像注射疫苗一般防止衝突出現。總括而言，相互依存增加衝突的代價，因此降低發生的可能性。

涉入更加悲觀的水域，民族國家覺得被迫要持續不斷評估其他關鍵行動者的力量、意向和能力；所有這些評估都不免判斷失誤。關切國家之間力量的分布狀況及其用途，會產生擔憂；若是有個新的、充滿活力的、非常大的國家晉升到前排位置，擔憂會加劇。例如，二〇一一年，外交部副部長傅瑩說清楚了在中國國內一個普遍共有的認知，認為各國之間的力量「正在分散。過去集中在西方世界裡，但是現在也分散到廣大世界。」[74]可是，現在所有這些評估卻因科技發展，愈來愈可能出錯，因為科技已經破壞了各國保護自己的能力。

簡而言之，我們有理由對中國未來的全球互動懷抱希望和關切。相互依存和非得要專注國內需要不可，將會增加長期合作的誘因。另一方面，民族主義和行動－反應的周期循環一般而言不會是建設性。美國和中國領導人如何管好這些相互角力的力量，會在相當一段時間內界定二十一世紀的性質。中國外交政策陷在相互依存的現實與強悍的民族主義驅動力之間，相當掙扎。

第二部　特寫中國

5 夢魘

鄧小平固然帶來大改革，但是自從一九八〇年以來民怨沸騰。沒有渠道表達不滿，因此外人〔指外國人〕以為中國沒有問題。但是你若注意最近的歷史，每兩年都會發生顯示民怨的事件。一九八五年，年輕的知識份子曉得他們必須設法推翻政府，而老一代的知識份子對黨失去希望。體認到唯一的希望是經濟改革釋放出來的新力量，才是中國未來的希望，並不是黨。

——劉賓雁，中國異議作家，一九八九年五月三十一日在紐約市演講

今天的中國還有十八個地區，人民尚未提升到最低的溫飽水平之上。這些地區是從前的革命根據地、中國的偏鄉、低度開發地區、或少數民族居住的地區。其中兩個在華東、五個在華中、十一個在華西。

——前任福建省委第一書記項南，一九九三年七月二十日

我死前只有一個遺願——就是我能把周遭看得更清楚。

——朱鎔基總理，北京中南海，二〇〇二年四月五日

「中國人民的期望上升得比國家的能力快。這是我們必須注意的大問題。」

——北京某一部會的司長，二〇〇五年

從本章開始，我們從第一篇專注中國過去四十多年在治理、決策和世界觀的主要持續與變化，進入到第二篇關於制度更具話題和人性的面向。第二篇以中國領導人夜不成眠的問題、文武關係和中國人的談判方法為重點。本章先檢視中國領導人揮之不去的許多焦慮。

每一個在毛澤東之後的中國領導人都走過大時代的某個特殊階段，因此具有鮮明的成長經驗。就鄧小平而言，長征、抗日戰爭（第二次世界大戰）、國共內戰、中華人民共和國建政和毛澤東在大躍進和文革的失策，都是刻骨銘心的個人經驗。[1]江澤民和在他之前的總書記趙紫陽，都是在抗日戰爭期間踏進這場全國大戲。趙紫陽回顧自己的背景：「我沒有參加紅軍，我也沒有參加長征。我從軍、拿起槍桿抵抗日本侵略。」[2]就胡錦濤和習近平而言，塑造他們的文革和初期的改革，只不過方式稍有不同：習近平有個參加革命的老子，因此具有紅色貴族血緣，而胡錦濤是個「小店東的兒子」。[3]當時這樣的分類很常見，代表革命黨後裔的根正苗紅，而父親是商人的話就不能自稱純正。中國改革時期的領導人或是因個人關係、或是因家庭、友人、長官部屬關係，全都經歷中華人民共和國頭六十多年的種種風波考

驗。然而，不論他們是如何從系統中脫穎而出，誠如董建華在第二章所說的，他們全都「戒慎小心」。

後毛澤東的中國領導人在攀上權力高峰之前，全都在省市這一級政府中歷練過（這一級行政單位的土地面積和／或人口經常比歐洲國家還要大），他們負責的事項包山包海——住宅、糧食、教育、公共衛生、公安秩序、部屬的貪瀆和中央五花八門的政策目標。譬如，習近平在河北、福建、浙江地方政府歷練，然後主掌上海市、才又更上層樓進入中央，這些都是他養成經驗中的重要元素。[4]這些領導人都不會忘記，在中國政治上失敗、代價十分高昂，只不過已不像毛澤東時代會送掉性命。

由於中國政治的潮流十分強大、領導人所面對的問題太大、太複雜，他們的職位不是要夜不成眠來憂心美國、或是除了台灣及近鄰以外的世界。唯有在難以駕馭的外在行動者或情勢有與不穩定、兇暴的國內勢力結合、破壞脆弱的國內平衡之虞時，外在世界才會躍上議程頂端。我在重新檢視四十多年來與中國領導人訪談、會晤的紀錄時，印象最深刻的是即使細節有變化、他們廣泛關切的一致性：農民、龐大的人口和人民吃飽飯的問題；維護菁英的凝聚力和群眾安定；在各地域層級的地方和功能官署的脈絡內達成可行的政策執行；經濟成長、就業和通貨膨脹；以及防止「外來勢力」與國內不滿份子串連的需要。有前瞻觀念的思想家和頑固的強硬派都有這種關切。各階層的領導人不同，但是不同的不是他們憂心的問題，而是他們想到的解決方法和他們的治理作風。

大眾傳媒和電信變得愈來愈重要，可立即提供不滿的素材和組織、聚焦的手段——新的通訊方式和社群網路技術擴大失誤的影響後果——不論它們是國內或國際的失策。中國領導人現在擔心在國內發生悲劇事故時能否及早趕到現場，可是數千萬人都要餓死了，毛澤東還可以安坐在中南海深宮大院。[5]民意變得愈來愈重要，新的通訊技術又擴大它，而且很弔詭的是，中國愈來愈開放，領導人卻試圖控制擴散開來的通訊管道。

中國領導人從世界會如何影響中國的角度去看世界、而不是從中國會如何影響世界去看它，不過在中國的能力和利益擴張到國外之下，這個狹隘的鏡徑已逐漸擴大。中國領導人的夢魘關係到社會團體，而美國人則注重個人；我們在第二章已經聽到，溫家寶總理對來訪的美國國會議員團表示，他沒有時間去想個人，因為他必須關心的是十三億民眾。❻

國內的噩夢

農民、人口和糧食

改革的初級階段，中國的國家和地方領導人擔心農民「盲流」會湧進城市，因為原有的社會與經濟控制已崩毀、人民公社也解散了、城市地區機會大增。因此，初期的策略是在農村地區替失業農業勞動力尋找非農業工作，四川省長楊析綜在一九八三年說：「農業一機械化，我們就必須在農村替農民尋找適當的工作。我們不能在城市吸收他們。」❼即使如此，大型出口產業和全球化興起，中國大城市對工廠及營建工人的需求快速增長，尤其是沿海地區，農村人口向城市移動從涓滴細流變成急流。

到了二〇一一年底，農村人口落到不及全國總人口的一半——只占四八．七％，這是中國有史以來第一次。中國今天已跨越轉捩點、成為城市國家。中國領導人因此將愈來愈需要為城市問題籌謀，包括治理愈來愈多的中產階級的艱鉅挑戰。然而，儘管人口狀況變動，對每個階層的領導人而言，農村問題仍然十分重要。

留在農村悲慘狀況的中國人民數量仍相當大——二〇一一年，農村居民人均年所得略超過一千一百美元（約人民幣六千九百七十七元），各地數據落差極大。❽這些農村群眾有長久的不安定和悲劇的歷史，這是毛澤東的接班人沒忘掉的——毛澤東的革命就是農民革命。傳統上對農村地區的重視，到了當今的中國有增無減，因為目前大量農業土地改做其他用途、造成許多問題。歐巴馬總統第一次訪問中國，與溫家寶總理有一番對話。根據當時在場某位人士的說法，溫家寶表示很關切他所面臨的農村問題，他說：「當你只需要兩億農民的時候，你會願意有八億農民嗎？我有六億〔過剩的〕農民。」❾——比美國人口足足多出將近三億人。

雖然中國農村家庭在改革時期的平均所得已有增加，他們還是有許多苦楚，而這些苦楚大多源自地方政府為滿足中央交辦事項——可是中央提供的資源又不足——所必須課徵的稅費繁苛所致。地方財政大量依賴土地移轉稅、資源開採稅和工業企業稅——「房地產業」上繳的稅額占地方政府歲入的四成至六成不等。❿此外，許多省及下層官僚依賴房地產相關稅收來支付薪水。許多地方政府採取的策略即是強迫農民離開土地、住進鄰近村鎮的現代公寓樓宇，因而創造高密度的住宅區、釋出土地，然後政府可以出售（或質押）土地以支應作業及項目的財務（也造就了貪瀆）。⓫這些交出土地使用權的農民通常拿到遠低於合理自由市場估值的報酬。許多農民覺得受騙上當、脫離了土地，也被剝奪掉傳統上土地可給予的安全保障。中文的「老家」是個概念，指的是祖先家宅，是親人安葬之地、是一個人隨時可以回去的地方。數以百萬計的農民失去了他們的家產。

這個過程不僅成為農村不滿的源頭，也影響進到城市的農民工，因為他們經常不確定自己能在城裡頭待多久。老家土地被徵收，切斷了老家土地傳統上所代表的命脈。比如，二〇〇八至〇九年，雇了大量農民工的城市營造業及出口產業，飽受經濟衰疲之苦，一波又一波的農民工回到他們已經不再有土地使用權的戶籍所在地，造成相當多的動盪。⓬整個過程引起那些搬進高密度公寓、或因其他因素失去土地的農民之公憤，也使進入城市的農民工沒有安全感，甚至助長地方官員的貪腐。中央政府十分棘手，難以控制全國各地這類民怨。地方上也沒有意志控管這種掠奪土地的行徑，因為要支應經費不足的中央要求事項，總得有錢才行呀。

這些發展加上農村地區新設企業（往往也是污染源頭）的環境結果，是農村地區「群體事件」三大起因之二。「群體事件」是一個大類別，從涉及少許農民的小型示威抗議、到大規模、持久的地方暴力事件都包括在內。中央農村工作領導小組辦公室主任陳錫文據說曾經說明，全國各地農民向地方政府申告的三大主要源頭是：一半涉及土地徵收、將近三分之一是檢舉村委侵佔公款，其餘則是地方環境汙染。⓭加上底下要敘述的城市問題，為什麼二〇一〇年全國預算「公共安全」項目下，在年底實際支出較前一年度增加一四．六％——「國防」項目「只」增加七．三％——箇中原因就相當清楚了。

回到人口和糧食的問題，過去四十年領導人的聲明中相當鮮明的特色是北京一直很關心「總人口數」的問題。近年來，由於中國人口某些結構特性，這個關切更有了確切必要的警戒。改革時期出現一個演進，從擔心是否有能力餵飽人民，變成關心會不會太過依賴世界糧食體系（即使中國從糧食的相互依存上獲益匪淺）。挺諷刺的是，肥胖成了城市居民所關切的重點。

改革時期的中國領導人持續關心中國人口的絕對規模，是很明顯的。改革初期，幾乎普遍都認為人口多會很難提升人均所得——我們在第一章已說明，這是鄧小平衡量成功的主要指標。然而，在一九七七年中鄧小平重回政治舞台之前，這並不是當令的人口典範，事實上鄧小平恢復權位後在這方面做出巨大、立即的大轉向。鄧小平復出的前一年，有位美國訪賓問到：「中國及其他國家面對本世紀全球人口有四、五十億人這個問題，有什麼因應之道？」當時擔任外交部副部長的毛澤東表姪孫女王海容，還提出毛澤東的人口政策：

王海容：人口增加是好事。

美國訪客：如果有足夠的糧食和資源，會是好事……我不擔心中國，我擔心的是印度和巴基斯坦等國家。其他國家沒有最低的生存所資，要怎麼撐呢？

王海容：每個國家必須管好自己的生活水平。這不是其他國家提供了多少數量的援助就能夠解決的問題。以中國來講，自從解放以來，人口就持續增加。有人說中國已有將近八億人，這個數字是解放之前〔人數〕的兩倍。但是，現在八億人的生活水平比從前的四億人好得多。⓯

相反地，在鄧小平領導下，從一九七〇年代末期起，中國領導人看到中國有一個經濟大幅成長的機會之窗，而且窗子可能只會打開一段時間。鄧小平擔心，如果黨不能快速製造人均所得大幅增長，共產黨政權會失去（所剩不多的）正當性。鄧小平認為，多一個人要餵養，就會減緩人均所得增長。因此此後二十年，政府根本不太注意嚴厲的一胎化政策的長期後果，後果之一就是造成倒三角型的年齡金字塔，人口迅速老化——一大群的老人，卻只有相當少的年輕世代在支持他們。正是如此持續的關注短期的人均所得，才能解釋超過三十多年堅持一胎化政策。中央書記處書記胡啟立在一九八五年簡明地說：

「人口增長與人均所得緊密關聯。我們必須小心、努力工作以加快經濟發展。」⑯

李先念副總理一九七九年表示專注防止飢饉就是一個例子，代表軍人出身的領導人念茲在茲的就是糧食，因為這些軍官及其部屬大多數來自農業地區（李先念即是其中之一）。大躍進之後飢荒鬧得最兇的時候，解放軍發行的《工作通訊》記載軍隊及家屬的窮困情形，有如在農村中國飢饉大海載浮載沉。⑰我被副總理耿飆將軍一九七八年與美國訪問團的一席談話嚇到——他幾乎就是直接針對王海容的左派空話提出反駁。他說：「如果真醜、硬要化妝成美女，是不行的；人家不會相信妳。過去四人幫把我們的落後形容成進步、先進。不！我們的國家、我們的人民，必須從過去的經驗學習教訓。然後我們的人民才會富裕、我們的國家才會強盛。以糧食為例，〔每人〕每年平均吃糧三百〔斤〕。不夠的。因此，四個現代化當中有一項就是農業現代化。」⑱

時間移到二〇〇〇年，耿飆將軍的秘書、也就是二〇一二年秋天成為中國最高領導人的習近平，回憶一九六〇年代末期及一九七〇年代他曾在陝西住了七年當地營養不良的情況：

> 我在陝西那七年長大。我學到兩件重要的事情。第一、我有機會了解生活的真實狀況、什麼是非對錯，以及普通老百姓的生活。這是一輩子的經驗。我一到村子，許多乞丐就會出現。只要他們一出現，狗就會出來追他們。當時我們學生覺得所有的乞丐都是「壞份子」和遊手好閒。我們不了解那句話：「一月份還有糧食，二月份餓肚子，三、四月份你就半死半活。」有六個月時間，所有家庭只靠吃草根樹皮過活。婦人、小孩出門行乞，讓下田春耕的人有飯吃。

你必須住在農村、才能理解這種狀況。當你想到當時北京中央政府所了解的、以及農村真正發生的狀況兩者之間巨大的落差，你一定會搖頭。[19]

新世紀的第二個十年，中國領導人經常表示關心人口結構；它有很大一部分原因是中國快速城市化、人口移動和一胎化政策積累的後果。有位美國資深外交官二〇一二年就說了一句話：「數字不對勁。」一胎化政策產生的年齡結構是一個小孩、兩個父母和四個爺爺姥姥。[20] 一對年輕夫婦必須計劃好有可能要供養四個爸爸媽媽。現在，退休者和工作者的比例在持續升高，而國內的流動也使得子女可以搬離出生地、因而與父母親遠離。

這樣的人口發展將會拖累經濟生產力、增加社會安全網的支出。在退休者和工作者比例上升的情況下想要維持勞動生產力上升，需要以投資取代勞力、擴張教育、改進勞動品質，以及增加研發。老齡潮上漲，即使要建立溫和的社會安全網，成本都會急劇上升。任何一項工作單獨做都是大挑戰——湊在一起，中國領導人夜裡就睡不著覺了。這還不談傾斜的男女性別比率——每生一百個女嬰、就生一百一十九個男嬰。性別不平衡是因為受到一胎化政策和重男輕女文化的影響，加上超音波鑑別男女性別技術的普遍所致。其後果就是數千萬青年男子（大部分是農村青壯）找不到結婚伴侶。[21] 現在已經出現壓力、要求改變一胎化政策，而前文已述，二〇一三年政府已採取措施從專業醫學的角度檢討一胎化政策。

工人和城市——工業問題

改革時期有幾項發展構成工業界工人不滿的火苗，不時就爆發為「群體事件」。一九七九年，當時的副主席李先念就扼要指出工人騷亂的一項原因：「如何解決失業問題，坦白講，這是個大問題。」[22]二十六年後，中國一位資深經濟學家告訴來訪的美國國會議員訪問團說：「全世界都在說工作機會跑到中國，但是我們討論的是到哪裡再找兩、三億個就業機會。」[23]

到目前為止，不時發生的地方性「群體事件」還未跨地區滙合起來，工人也還未獲准組織起來成為更有效的團結勢力。這兩個現象任何一個發展起來，就會改變整個中國的政治制度。中國領導人運用「全國總工會」試圖預防不滿，如果發生動盪則加以圍堵。即使如此，已有跡象顯示，全國總工會本身已開始更有力地代表工人利益講話（尤其是替跨國企業勞工發聲），比如，二〇〇八年訂頒勞動合同法，還有沃爾瑪百貨公司（Walmart）在中國的經驗。[24]以沃爾瑪為例，這家一般反工會的公司在二〇〇六年同意全國總工會可在它所有零售店組織分支單位，兩年後又向中國工會要求讓步，同意員工加薪。我們很難想像全國總工會可以在外資企業支持勞工要求，卻不會很快接受會員的要求，也在國內設施代表工人的利益。

工人不滿意的源頭呈現在工作行為、員工自殺和其他暴力事件上面。它們包括：

・因為小型、中型或某些大型國有企業的結構改造、關廠或整併而裁員（如一九九〇年代末期及新世紀之初大規模出現的裁員潮），以及因為全球經濟蒸發和與貿易有關的出口之起伏跌宕所致之裁員（如二〇〇八至〇九年全球金融危機後出現的裁員潮）。

・惡劣的環境及其他工廠工作條件——著名的例子包括台灣富士康等跨國公司（它是美國蘋果公司代工廠，二〇一二年在中國雇用約一百二十萬名工人，被控在生產線使用強迫學生工人等事項）。[25]

・薪水與加班費的問題。

・「固定」工人（在城市有合法戶口）和沒有城市合法身份的農民工或「契約工」之間的衝突：前者一般有比較好的雇用條件和生活品質，後者則因身份限制，遭遇比較差的雇用條件，也無法替自己或家人取得教育、醫療及其他服務。

二〇〇二年四月，朱鎔基在總理任上的最後一年，政府正在裁員、重新訓練等等，忙著處理數千萬下崗的城市工業工人時，幾位美國國會議員拜訪他。有位資深眾議員請教朱鎔基：「〔我曾經〕讀到有關經濟紛擾出現抗議〔的報導〕。最近，工人行動和警方行動，〔抗議者〕被起訴、抓去坐牢。『您認為怎樣才是合適的反應？』」朱鎔基的回答顯示他的日常工作包括收到一份城市、工人相關動盪的報告：

過去幾年的改革，中國已經深化國有企業的改革。不這麼做，中國不可能有這麼大的經濟成績。在改造中，無可避免，有些工廠會關掉、工人被裁員。即使著名的大慶油田生產下降，我們唯一的選擇是減少工人——沒有別的辦法。我認為我們若是不去關心工人、或是使用暴力對付工人，我們就背叛了我們的理念——我們是共產黨。因此，我們試圖建立社會安全、符合他們的需求。可是，因為我們窮，我們不可能有像西方或北歐國家的福利，因此在職工人比下崗工人有較多的福利。現階段是從計劃經濟往市場經濟過渡的時期。過去我們強調平等，但是現在他們〔工人〕覺得失去方向，所以他們走上街頭。這是無法避免的。這種事天天發生，每天我都接到報告說哪裡的工人走上街頭。從〔二〇〇二年〕一月一日到三月二十八日，從我收到的報告裡，總共發生兩百六十五起超過五十名工人的抗議事件。但是，百分之九十九——不是百分之百——參與作亂的工人，有基本需求〔沒有滿足？〕。問題在於他們〔下崗工人〕認為他們過去有過重大貢獻，而他們想〔問〕現在為什麼要拿得比目前的工人少？我認為這些下崗工人教育水平低、有些甚至是勞動英雄。我認為即使再經訓練，他們的技能不符新經濟的要求。勢必會有許多人被裁員，雖然提供他們社會福利，但是免不了會發生騷亂。不過，市場經濟的發展將會引導他們有「平衡的思想」。在所有這些個案、所有這些人身上，我們沒有用暴力和抓人坐牢。我們通常用勸導。㉖

如果我們看全幅景象——一九九〇年代末期及二〇〇〇年代初期，數千萬工人從經濟上無法存活的國有企業下崗；另外有數千萬農民工投入城市勞動隊伍、擔任各種工作，可是在工作職場和城市中遭受歧視；還有人口自然增長出現的大量人民尋找就業機會——地方上出現無數的勞工行動，就不足為奇。怪的是，竟然沒有更加不安定，而且這些不安定還能相當有效地圍堵住。但中國領導人可不敢認定一直可以保持住這種局勢。

展望未來，中國的人口金字塔變得愈來愈上下顛倒，工作者與退休者的比例會愈來愈有問題。此外，城市工資勢必上升，因為可供應的勞動力下降、對工人要求的技能入上升。這一來將產生新挑戰，包括出口及內需項目的成本壓力會上升。中國及外資企業已經針對人口變化採取因應措施，有人移往中國內陸省份、有人乾脆走出中國，以尋求更低廉的生產基地。甚且，中國若要維持競爭力，提升生產力就必須靠提升勞動成本來支付報酬。

環保、工業和城市問題愈來愈匯聚到工廠廠址的爭議上，尤其是污染的設施、如石化工業爭議最大。二〇一二年十月，浙江寧波民眾反對中國石油化工公司（Sinopec）一家石化廠擴建，成為中央當局相當警惕的案例。抗議由郊區農民發起，散布到城裡的中產階級和青年學生，後來發生暴力相向、鎮暴部隊與數千民眾打成一團，示威者要求寧波首長辭職。經過相當的暴力衝突後，政府決定退讓，使得北京的環保人士馬軍說：「我們看到相同的模式一再上演……忽視民意導致衝突對抗。我們不能透過街頭抗爭解決所有的環境問題。成本太高了。」㉗

環保的考量也衝擊到工業和城市成長的永續。例如，自從一九五〇年代以來中國各級領導人無不關切華北平原城市、工業和農業成長的永續性——滋養如此成長所需的水要從哪裡來？我在一九八二年進行田野調查，採訪了武漢長江流域計劃局，當時的筆記就記載對此一兩難的考量：「南水北調的想法在解放之前就有了，但是沒有進行研究。解放之後，毛澤東等人又於一九五二年提出這個構想。從長江引水北上列入一九五八年整體流域計劃，但沒有選定特定路線。」㉘

早年的這些計劃終於在新世紀付諸實行，是因為華北平原城市都在爭水——城市地區與上游的農村地區爭水，而各省彼此為水也早已吵得不可開交。過去五十年，這些問題變本加厲，整個華北平原的河床每年水位下降約一公尺。要有效處理這個問題，必須更有效率地用水、也需要做好管理工作，不是只著重從遠方供水的工程項目。在整個中國，尤其是貧瘠的華北和華西，中國領導人將會愈來愈發覺他們必須處理好愈來愈棘手的水問題，以免爆發為不可收拾的不安定。

經濟成長與波動

中國共產黨領導人是以表現為基礎，掌握權力及取得正當性。表現主要界定為改善及更安全的物質條件，不過生活品質的考量也逐漸受到重視，尤其是在城市。中國城市空氣品質之差逐漸成為爆炸性的議題。到目前為止，當中國領導人一心一意以經濟成長為施政優先之下，很難去平衡生態、公共衛生和經濟成長的考量。「十二五規劃」（二〇一一至一五年）的「五大目標」，第一項就揭櫫：我們將達成穩定、快速的經濟發展。國內生產毛額（GDP）將以平均年率七%增長。將要創造四千五百萬個城市新就業機會。城市登記的失業率將不超過五%。整體物價水平將維持基本上的穩定。」[29]經濟成長和穩定是中國領導人念茲在茲的兩大核心議題。

地方領導人及負責經濟單位的幹部，其升遷獎懲主要是以其轄區及單位的經濟表現為依據。中國國家領導人對經濟議題設定的鐵三角是：達成高成長、避免大變動（物價及就業兩方面）和避免因為與全球經濟連結而失去對國內經濟政策的控制。我過去四十多年訪談所提到的種種經濟議題當中，通貨膨脹是最經常提到的話題、也是他們最憂心的話題。我在一九九四年拜會中國首席科技官員宋健的筆記，就顯示出這股焦慮之情。他說：「百分之十三的通貨膨脹不好、過熱，因此我們現在需要冷卻。我們需要降低建設規模。如果這些〔過熱、通膨的力量〕沒控制住，『很危險』，會有很多社會問題。可能會發生學生動亂。銀行家應該告訴我們如何〔避免通貨膨脹〕！」[30]

政府顧慮通貨膨脹可以追溯到一九四〇年下半年，當時物價飛騰傷害了國民黨在國共內戰的支持根基。一九八〇年代，成長率和物價波動都很大。一九八五年，中央政治局委員兼中央書記處書記胡啟立告訴訪客說：「〔我〕希望三年內成長率會逐漸緩慢下來……七到九月，〔成長率是〕二一%；九月是

一四．七%……貨幣發行量受到控制，物價穩定。」㉛根據國家統計局的數字，一九八九年初，通貨膨脹率突破二〇%——這個發展鼓動城市居民走上街頭，參加五、六月間天安門廣場相關的動盪，全國人大常委會委員長萬里在鎮壓前夕是這樣對美國眾議院多數黨領袖佛里（Thomas Foley）說的。㉜

天安門事件之後達成物價穩定的表現（以消費者物價指數年度變化為衡量尺標），則頗有改善，但還是頗受關切，政府依賴很難執行的行政及宏觀調控工具勉強壓住。㉝自從一九九五年以來，通貨膨脹維持在一〇%以下，波動也大幅下降，但是每當物價上揚（如二〇〇四年、二〇〇七年和二〇一〇年），領導人就立刻採取措施。

經濟成長和物價穩定被認為是政治穩定的前提條件，而政治穩定是中國領導人至高無上的目標。政策挑戰是高成長率造成物價上升壓力（「過熱」）、環境衝擊和社會紛亂這些和政治穩定不相容的現象。要調和政治穩定、溫和的物價上升、高速的成長和低失業率這些並不完全一致的目標，肯定讓中國領導人夜裡睡不著覺。朱鎔基回憶擔任副總理時處理通貨膨脹的往事，他說：「一九九三年，經濟過熱，我睡不著。」㉞

從一九九〇年代末期起，物價高度波動（尤其是短期間內從高通貨膨脹變成停滯膨脹）與國際經濟環境不安定有關。一九九七至九八年的亞洲金融危機造成中國物價快速萎縮，二〇〇八至〇九年的全球金融危機又故事重演。在這種情況下，中國領導人趕快刺激成長，並把國內系統盡可能與國際經濟捉摸不定的因素隔離。可是，中國已經愈來愈和全球貿易及金融連結，現在要把中國國內經濟表現和國際系統的情況隔離，也變得愈來愈難。甚至，企圖將中國與國際波動隔離的可以理解的作法，也會被外國視為赤裸裸的保護主義措施。

二〇〇七年三月，全球金融危機爆發的前夕，溫家寶總理頗有先見之明、察覺到將有動盪，談起中國經濟不穩定的源頭，以及它和國際系統的連結，並說明為什麼中國領導人絕對不能把經濟穩定視為理所當然之事。「中國的經濟在近年維持快速但穩定的成長。可是，我們不能自滿，過去、現在或將來都不可以。我的腦子集中在嚴峻的挑戰。『看似和平、穩定的國家很可能就遇上預料不到的危機。』中國的經濟有結構上的問題，會引起不穩定、不平衡、不協調和不可持續的發展。不穩定的發展指的是過熱的投資以及過度的融資供給和流動性，還有外貿和國際收支的過剩。」（楷體為本書作者所加）[35]

所得不均（前文已提到的吉尼係數量度的結果）是第二層的顧慮，當牽涉到社會多極化和不穩定的憂懼上升時最為明顯。自從改革開始以來，降低貧窮一直就是中國領導人的中心目標，但是基本上水漲船就高。因此在任何時候要處理農村貧窮和所得不均都有人擁護，可是通常它不是最優先的事項。

天災與人禍

中國龐大的人口住在一個危險的大陸上。從古代起，中國的歷史就常記載天災人禍。共產黨時期的重大災禍包括：一九五四年的長江大洪水，一九五〇年代末、六〇年代初因為大躍進政策失敗造成的大飢荒，一九七六年的唐山大地震，一九九八年中國三個地區同時發生的大洪水，以及二〇〇八年的汶川大地震。這些災禍造成數十萬人、甚至數百萬人的死亡、受傷和流離失所，事後在領導人和老百姓心裡留下數十年、甚至數百年的印記。我在一九九二年與江澤民主席的一番談話，即使他娓娓道來、仍然清楚透露這是活生生的事實。

去年我們出現水災，它使我想起家鄉揚州一九三一年的大水炎——大水泛濫、披著浴巾到處走。去年洪汛時，我到淮河去考察。我站在岸邊哀傷地看著滾滾洪流。然後我看到年輕人在那兒玩，心裡還想為什麼他們沒有嚴肅看待大水——因為豐收、我們存糧很多。然後我想起前一年冬天，天冷、缺衣，因此提供衣物給災民。三個月之後我又回到災區，看見到處在建設。我們有九億農民、農村安定，這對整體安定很有貢獻。㊱

中國領導人每天早晨起床，腦子裡都很清楚，大自然的力量或是部屬的無能（或瀆職），都有可能釀出災禍，他們必須去收拾處理，而且這些事也很可能傷及政權的正當性。領導人處理危機好壞得宜的程度可以增強政權的正當性；政府對危機該負責的程度、或是處理不當（譬如，大躍進人為政策造成的大災難，或是二〇〇八年四川大地震豆腐渣工程崩塌），也可以很容易就傷害到政權的正當性。

副總理朱鎔基和前任美國駐華大使伍考克（Leonard Woodcock）談話，表達出這種「你沒法兒知道」的態度，而這種態度似乎就是中國領導人的基因。朱鎔基說：「我有時候半夜醒來、思索農業問題。一九九三至九四年，中國旱澇並至，糧食準備減少一半。去年我們豐收、夏收，根本不需要進口穀物。但是我們仍然希望以好價錢進口〔糧食〕。我們希望有更好的存糧——你沒法兒知道的。」（楷體為作者所加）

在媒體的顯微鏡下，世界領導人如何回應洪水、地震和各式各樣的天災人禍，可以影響他們有效治理的能力；小布希總統在二〇〇五年卡翠娜颶風（Hurricane Katrina）嘗到苦頭，而俄羅斯總統普丁（Vladimir Putin）在二〇〇〇年核子動力潛艇庫爾斯克號（Kursk）沉船、造成一百一十八名官兵喪生事件，未能取消休假、親自監督救難行動，使他飽受抨擊。中國的溫家寶總理在兩任任期內每有重大災禍，必會迅速趕到現場親自處理，已廣為人知；而胡錦濤主席也是如此——似乎已經從其他世界領導人的失誤學到教訓。二〇〇九年八月，台灣馬英九總統在莫拉克颱風來襲、短短幾天雨量接近三千毫米，造成六百多人死亡。[38]在各方普遍認為政府救災防備及反應處置無方之下，馬英九的民意支持度跌到當時的空前低檔——只剩一六％，[39]比起同年六月，足足掉了二五％。[40]

中國一則為了刺激經濟發展，再則是面臨遲滯、為保持國內需求和就業做為刺激，大肆興建基礎建設，自從一九八〇年代以來蓋了許多公路、橋樑、大廈、水壩、高速鐵路、發電廠和其他結構體。某些工程經常是胡亂蓋的豆腐渣工程，很快就衰敗，幾乎一完工就立即需要嚴重維修。這一來，重大項目的失敗成為中國領導人不斷必須處理的悲劇。基礎建設的失敗幾乎立刻引起各方討論工程是怎麼監造的、執照是怎麼核發的、誰收了錢對偷工減料放水的，以及收賄的層級有多高等等。例如，二〇一二年八月，哈爾濱一座跨河大橋的引道才剛啟用就塌了、造成三人死亡，網路上立刻有博客譏諷：「貪官不死、只是不斷製造禍端。」[41]二〇〇八年的汶川大地震從天災演變成政治災難，因為一大群悲痛的家長示威抗議，指控官員偷工減料蓋了學校，害他們子女死在校舍裡。

地震是中國各層級領導人必須處理災難的一個鮮明例子。以死者人數排名，從一九〇〇年至二〇一二年期間，全世界前十二大地震，中國占了四個（其中兩個居於前五大）。一九七六年的唐山大地震死者至少有二十四萬二千七百六十九人；一九二〇年的海原大地震死者二十萬人。二〇〇八年的汶川大地震死者八萬七千五百八十七人。相較之下，前十二大震災中，歐洲只有一個（一九〇八年的梅西納（Messina）大地震死者七萬二千人），美國掛零；一九〇六年的舊金山大地震死者三千人——是美國地質調查局（U.S. Geological Survey）所列一九〇〇年以來死者逾一千人以上大地震排名表上的第六十三名。[42]從一九〇〇年至二〇一二年，中國發生十一起死者逾三千人的大地震。這反映出幾個跡象：中國位於地震相當活躍的地帶、建築標準不足、法規遵行不足、建材偷工減料，以及人口密集。總而言之，中國領導人必須處理此一相當高度的危險，還要對付貪瀆——貪瀆已經是災禍動輒十分嚴重的一部分原因。

現在我們來談洪汛，這也是陳年問題，因為從古以來人們即在靠近水源附近墾殖定居，尤其中國是以稻米為主的文化。一九九八年夏天的大水災，同時也是亞洲金融風暴時期，江澤民必須面臨幾乎同時在三個地區發生的大水災：華中南方、靠近越南的華南，以及靠近俄羅斯的北方，而後者災情最為嚴重。六月和七月，廣西欽州在暴風雨期間雨量高達一千七百毫米。美國國家海洋暨大氣總署（U.S. National Oceanographic and Atmospheric Administration）報導說，有三千六百五十六人死於這些水災，全體災民高達兩億四千萬人——沖毀或傷損一千七百萬戶房舍、造成一千四百萬人無家可歸，財務損失估計達兩百億美元。[43]

這些災禍發生之後，中國民眾和國際觀察家總會希望看到一些官方行動或政策，更不用說中國領導人本身也希望如此。在廣播電視、有線電視、互聯網、手機通訊設施和社群媒體發展及散布之前，政府可以限制住這些事件的訊息和視覺衝擊。例如，一九七五年發生一場颱風、造成世界史上最慘的堤防崩塌事件，河南省板橋和石漫灘草草興建的水庫潰壩、二十九個縣市鬧大水，據報導有八萬五千六百人死亡、災民數百萬人。問起當時的中國人，一般而言他們大多記不得詳情，因為政府能夠隱匿災情程度。媒體和傳播機器仍然高度受到控制，商業化的媒體根本不存在，個人通訊革命還未開始。[44]

其他的案例，尤其是人為災禍，則往往是嚴重拖延向上呈報。譬如，二〇〇五年十一月十三日，松花江發生苯污染，禍源起於吉林省，但很快就影響到下游主要城市飲用水。污水一直流往俄羅斯，地方政府和公司（以及國家環境保護局）才不得不公開承認。聯合國環境計劃現場代表團的報告委婉地說，中國「不同階層的主管當局」雖然採取「及時、適當的緩解措施」，但是「不幸的是，國家環境保護局此一有效的作法並未充分地與民眾溝通。如果有跟民眾適當溝通，民眾不確定和恐懼的程度就可以降低」。[45]用白話文來解讀，我認為聯合國這份報告要表達的是：地方官員起先沒把此一重大事件向上級呈報，甚至更是拖拖拉拉，沒有把相關事項向中國民眾及下游的俄羅斯人通報。一直要到十一月二十六日，也就是化學廠爆炸造成汙染後十三天，國際當局才接到通報。「〔中國〕國家主席和總理都向俄羅斯政府道歉。」[46]

中國領導人還必須處理來自生物學領域的一種災禍。二〇〇二年底，SARS重襲華南。這個疾病可能源自華南的傳統市場，由於傳染方式不明、且死亡率奇高，起先它令人十分驚慌。除了害全球陷入驚慌之外，這項病毒爆發也招致全球痛批中國領導人竟然遲遲才承認有此威脅，而且還不肯準確和及時提供資訊。起先對這個疾病不了解，加上從中國當局得不到資訊，在中國城市、鄉鎮引起恐慌，許多地方民眾甚至嚇得設置路障、制止「外地人」進入他們地區。最重要的是，這一疾病人命傷亡慘重——患者八千零九十八人，至少全球死了七百七十四人：中國最嚴重，三百四十八人喪生，台灣八十四人送命，香港死者二百九十八人，新加坡和加拿大也分別有三十二人及三十八死亡。[47]

這一事件之後，江澤民下台一鞠躬。此外，衛生部長張文康（與江澤民私交不錯）和北京市長孟學農也被剛上任不久的總書記兼國家主席胡錦濤免職；胡錦濤為此，聲望大盛。除了學到在全球化世界應該如何管理疾病之外，中國領導人還學到另一個教訓：領導人要到完全卸職那一刻（甚至這一刻都還不行），才能確信自己留下什麼遺澤，而且如果處置得當，中央領導人也可以化災禍為政治支持。

外在的恐懼

台灣

雖然北京視之為「內部事務」，自從中華人民共和國建立以來，台灣從來沒受到北京控制，因此宜於放在本節處理。從本書所列的最早的訪談，即一九七一年七月十七日周恩來與一群訪華美國學者的談話，台灣即被視為美中關係最主要的問題：周恩來在一九七一年對年輕的訪客提示：「台灣是中國的一省，它是中國領土不可分割的一部分。」打從杜魯門總統在一九五〇年六月派美軍第七艦隊插入台灣與大陸之間以來，台灣就是中美冷戰時期的衝突最重要的一環。

從一九五〇年直到一九九〇年代，北京對於祖國的分裂自我安慰地認為，台灣海峽兩岸人民都認為自己是中國人、是「中國」這個實體的一部分，只不過目前處於分裂中。一九八〇年代中期，民主進步黨崛起；一九八八年，蔣經國總統去世，台灣出生的李登輝繼任總統，經過一九八〇年代末期和一九九〇年代的演進，兩岸慢慢都對同屬中國的假設出現疑問。對北京來講，兩岸具有相同國家認同時期反而比較不危險（即使美國承諾提供台灣安全保障）；反倒是台灣的自我意識與大陸漸行漸遠，以及一九九〇年代進入新世紀，更令北京憂心。北京愈來愈難招架台灣島上不喜中國、有心自主的人民和變幻難測的政治，這是國民黨一九八七年解除戒嚴統治台灣之繼任總統前，中國領導人所無需煩惱的問題。

讓北京更頭痛的是，一九八九年六月四日天安門事件已經招致世界公憤，而台灣民主發展卻進境千里——從西方的角度看，是很有吸引力的發展。結果是，從一九九〇年代到進入新世紀，台灣愈來愈讓中國頭痛。這個局勢讓北京陷入險境，因為台灣若是做出任何正式的舉動，而大陸又視之為走向獨立所無可倒退的一步，那麼中國領導人就面臨抉擇：一則是在台灣海峽動武、堅持北京的主張，或是在人民眼中放棄共產黨政權的正當性。台北若是輕舉妄動，是有能力驟然引起兩岸衝突，並藉由一九七九年台灣關係法這個含糊的美台安全關係，把華府牽扯進去。

二〇〇〇年五月，民進黨候選人陳水扁在台灣政治史上第一次政黨輪替中就任總統，成為第一個非國民黨籍的總統。鑒於陳水扁主張台獨的個人紀錄，以及民進黨黨綱載明台獨理念，台灣問題從北京長期擔憂的類別中移到嚴重問題項目下。陳水扁在兩任任期（二〇〇〇年至二〇〇八年）的末尾覺得已經可以對美國訪賓直率表示，逕指中國實質上是紙老虎，終究要被迫接受台北所創造的現實。陳水扁思維的潛台詞就是，美國對大陸太過馴服，而經過最後分析，美國不會讓一個民主國家平白斷送掉：

「過去，中國在總統選舉期間反對台灣。只要台灣想要鞏固民主；戒嚴法解除，它不高興；選舉，也不高興；當我承認公投權利和人權，同樣也不高興——世界上許多國家都有這些啊。同樣的，在國民黨執政期間（直到二〇〇〇年），許多民主人士主張更自由——國民黨說不行，中國會打過來，把他們嚇得不敢民主。民主化是世界潮流，是我們兩千三百萬人民的目標——我們不會在威脅下退讓。因此在過去二十年結束戒嚴法、解除報禁、改革立法院、選舉市長

〔譯按：直轄市長〕、舉行總統大選，不到三年的時間，通過公投法，並舉行公投。去年，我們讓國家統一委員會停止存在，也因而廢除一中政策。」現在台灣人民可以透過公投決定問題。「因此，過去幾十年，我們堅持原則，我們不會因為壓迫就停止。『一國兩制』原則是改變台灣、使它成為地方政府的方法。人民不會接受它、或是成為中華人民共和國或中國的一部分。因此，中國可以反對，但是兩千三百萬台灣人民不會受它影響、或停止追求理想或目標。我或許不能在在職期間看到這個夢想〔實現〕，但我有生之年或許看得見。」㊽

從一九九六年台灣第一次全民普選、選出李登輝擔任總統起，北京愈來愈覺得，不論它用什麼工具試圖澆熄這股獨立趨勢，只會引起台灣及其人民更明顯的反應。一九九五至九六年，北京不智地對台灣外海發射飛彈，希望嚇跑李登輝的選票，不料卻引起反效果。二〇〇〇年，朱鎔基總理警告台灣選民不得投票給陳水扁——結果陳水扁險勝，這可能是拜北京之助，把選票推向了民進黨。陳水扁當選後，中國國家主席江澤民思考過統一的「時間表」，但是這也遏制不了台灣。中國新的最高領導人胡錦濤接江澤民的班、接任國家主席後，苦思如何最小化陳水扁構成的危險，最後訂下一個雙叉策略：第一、在二〇〇五年通過《反分裂國家法》做為嚇阻（伴隨著不斷增加飛彈部署，鎖定台灣目標，並推動海軍及軍事現代化）；第二、改變政策重點，從「統一」變成「不獨」和兩岸「和平發展」。這個作法把北京許多雞蛋放進相互依存的籃子裡，這一來把兩岸在經濟陣線上拉在一起，不明顯地改變台灣的認同、往更加「中國」的方向靠。

二〇〇八年台灣總統大選，北京希望民進黨候選人謝長廷輸給國民黨對手馬英九。北京覺得跟馬英九比較好相處；而今已學到干預只會製造反彈效應的教訓，北京在選舉期間大體上保持沉默，以免怎麼說、怎麼做都會引起反彈。馬英九贏了，北京有位資深分析家說，胡錦濤「可以睡得安穩了」。[49]

即使如此，大陸社會愈來愈多元化、「民意」（民族主義）又崛起，在政策上的勢力日益強大。加上台灣本身的民主發展，以及隨之而來的不確定性，還有島內跨政治光譜日益孳長的反統心態，這代表頗有可能性快速冒出危機，而或許大陸（或華府）對此危機只能有低度的控制。有位北京資深分析家認為中國的觀點是：「台灣有太多的集體不理性。雖然我們的領導人有愈來愈多的利益團體，領導人雖然注意台灣、民眾可能並不。如果大陸人民失去耐心，〔大陸〕人民將放棄這個委婉的辦法，逕自採取單純的解決方法。我們的社會是非常多樣化的，而我們低估了台灣方面的政治改變，我們低估了在建構中的民主之不穩定。〔成熟的〕民主或許穩定，但還未到達哪裡。」[50]

台灣這個案例的重點其實很簡單：北京的領導人或許威權專制，他們或許有極大的控制幅度，他們可能也有愈來愈多的資源可供調配，但是在這個問題上他們必須接受事件和兩岸激情的民眾影響。情勢並不清楚，北京在台灣問題上的「好夢」還可以作多久。

被「欺負」的危險

中國一直以來（甚至今天）還自認遭受欺負，因為很難搞，即使它變得強大了——卻在鄰國之間製造恐懼感，怕它轉身一變，欺負起別人。

每個國家都有它的國家論述，架構起人民和領導人的外交政策思維、提供框架讓人民評估其領導人是否適任，並提供標準讓相互競爭的國內領導團隊在兩敗俱傷的鬥爭中使用。這些論述有助於建立「可容忍的界限」，把領導人的決定框圍起來，並在領導人心中就某些特定議題建立閃亮的紅線，他們若是不顧紅線，後果自行負責。如果想要了解中國如何看待它和鄰國及遠方大國的關係，了解中華人民共和國的國家論述是基本功夫。

中國國家論述有一個重要成分，它就是「中國絕不應該再像十九世紀和二十世紀那樣備受欺凌」。從閒談到正式對話，這個說法一再出現。副主席李先念一九七九年對美國市長訪問團提起：「我們受盡帝國主義者欺負。」[51]時隔將近二十年，江澤民主席又提到這個想法，甚至還搬出．雨果（Victor Hugo）來助陣。

> 回顧中國現代史，我看到苦難與欺凌。我年歲不夠老，但是從孩提起，我經歷北洋軍閥、內戰、八年抗戰、國共鬥爭，以及解放。如果你走到圓明園遺址（一八六〇年被額爾金勛爵（Lord Elgin）破壞的夏宮的一部分），你會有很多的回想。它提醒我雨果講到圓明園的話。一個參與火燒圓明園的法國人寫信給雨果談到這件事。雨果回信說：「你已經破壞了東方的文化明珠。這就像兩個賊：一個放火、一個偷珠寶。」我敬佩雨果的作品，如《悲慘世界》（Les Miserables）和《鐘樓怪人》（Notre Dame）。[52]

任何一位中國領導人的正當性都有一個核心部分，就是保衛國家主權及尊嚴，絕不容許中國再受到欺負。這個共同的國家定位使得很難和中國打交道，因為什麼問題會被視為「欺凌」，在相當程度上是見仁見智的。中國一個船長喝得醉醺醺、在爭議海域撞上一艘日本漁船而被東京拘押，算不算「欺凌」？美國軍艦在黃海試圖嚇阻北朝鮮，算不算「欺凌」中國？

中國的中央領導人必須持續提防他們對某一特定外在發展的反應、不會演變成為對他們本身是否稱職的公投。他們持續處於一種危險，對外國人有修好行為、卻在國內稜鏡中被折射成為「聽任中國受欺負」。南中國海就是一個例子。蔣介石的國民政府在一九四〇年代末期隨便畫了十一段線、留下給中華人民共和國這個後繼政權，北京在解放後將它修正為九段線。然後，北京領導人深怕如果他們在這個他們也說不清、道不白，難以界定的九段線上對外國顯現彈性，會在國內被解釋為軟弱——中國共產黨捍衛中國主權還比不上蔣介石嗎？如果中國在東南亞海上權利主張顯示軟弱，日本和韓國對於北京和他們的海上爭議的種種堅持，會有什麼結論？這就出現了惡性循環，焦慮的中國領導人一再重申「中國無可爭議的歷史權利」，因此不僅讓鄰邦小國緊張，也減少他們本身未來在國內迴旋的空間——即使他們本身盼望有此一空間。

「中國遭受欺負」論對中國領導人的影響，最鮮明的例子就是一九九九年五月美國／北約聯軍誤炸貝爾格勒中國大使館事件（詳見第四章）。有位思想進步、頗有國際觀的副總理說：

> 因此，要恢復及改善關係，美國必須啟動調查、懲罰〔為非作歹者〕和賠償受害人，否則中國人民不會接受。「中國人民有長久的記憶、五千年的歷史，鴉片戰爭、中國人受欺負，他們有深刻的受羞辱的感受，他們絕對不再允許被欺負。」某些西方媒體以為抗議是政府煽動的；它

們不懂。中國政府扮演的是限縮的角色，〔把它〕冷卻下來，否則抗議還會鬧得更久。53

展望未來，中國的利益向全球擴張，它的公民和物質資產愈來愈可能受到其他國家或失敗國家政治動盪、恐怖主義、海盜和天災人禍的侵襲。中國老百姓期待他們的領導人保護他們免受普通危險和在國外遭欺負，這和其他任何大國老百姓對其政府的期望並無二致。中國海軍在亞丁灣作業保護中國船隻不受海盜侵襲（它愈來愈和國際海軍部隊合作），以及二〇一一年格達費（Muammar Gaddafi ）政府瓦解時，北京從利比亞撤僑三萬五千八百六十人，顯示中國人民對領導人期待殷切。54同年，十三個中國船員被緬甸一個毒梟殺害，中國民眾盛怒，北京考慮運用無人飛機進攻、剿滅這個毒梟及其黨羽。55其實，遠在一九六〇年代，印尼發生多起反華事件，中華人民共和國公民（以及華僑）不時籲請北京保護或協助印尼群島的華人同胞不要遭受迫害。北京無力協助這些早年的個案，多半只能眼睜睜看著禍事發生。今天的中國領導人愈來愈不能袖手旁觀，他們也正在取得後勤及打擊的力量，增加他們的選擇方案。美國入侵伊拉克期間，有位中國將領和訪客談話時，表示很有挫折感，中國公民身陷漩渦卻必須依賴其他國家的空運撤退。

二〇〇五年，溫家寶總理在中南海紫光閣會見美國國會議員訪問團時，引用馬丁路德·金恩（Martin Luther King）〈我有一個夢〉的演講，敘述令他夜裡睡不好的一些挑戰。有位美國議員提到，「我發覺教育和醫療照護不平均，尤其是農村地區」，溫家寶回答說：

你提到了我最感興趣的問題，也是我做夢都在想的事情。中國很大、也非常不平等。〔中國的〕

發展不均衡——城市之間、東西部之間都不平均。人均國民生產毛額是美國的二十分之一，因此仍然要繼續努力。城市地區有兩億五千萬人，其中兩千四百萬人要找工作，而只有一千兩百萬人能找到工作。二十億〔？〕城市居民有權利領津貼。我們成功地讓兩億五千萬人脫離貧窮，但還是有三千萬人絕對貧窮……我們必須努力五十年才能達到起碼開發國家的水平。要趕上現代國家，我們必須努力好幾代、好幾十代。這使得我們別無選擇，只能走和平發展的道路……確保這個十三億人的國家穩定、繁榮和成長，是我們對世界最大的貢獻……我們有個夢，而我們政府正在努力要實現這些夢，從去年到明年，為期三年，我們將免除農民的農業稅，特別撥出九百億元的預算。另外，還有其他政策。到二〇〇七年左右，貧窮地區〔將實現〕九年義務教育，五百九十二個貧窮縣分的學生可免學費、課本費，也有住宿費補助。我們還有一個公路網計劃，到二〇一〇年要連結鄉鎮到縣城——全鋪上柏油路。去年，我們提供〔工作給〕八百九十萬名失業人民，今年將會有一千萬人。慢慢地，我們會處理城市醫療照護——太貴、難找到醫生等等。我有一個夢。56

到了二十一世紀，中國的總理還有一個未竟的心願——希望有朝一日柏油馬路能連通全國所有城鄉！

值得注意的是，習近平接任中國新領導人之後不久，即在二〇一二年十二月二十九日發表他的「中國夢」演講，表示在中國共產黨建黨一百周年時（二〇二一年），中國將成為「小康」社會；到了中華人民共和國建政一百周年時（二〇四九年），中國將成為強大、現代化、民主和社會主義的國家。「這是現代史上中華民族最大的夢想。」[57]

除了在外交事務官僚辦公廳舍之外，中國領導人最重大的關切就是國內議題。沒錯，愈來愈多的國內機關和地方政府涉及、利益相關，或關切外在世界，但這些大多透過國內需求、希望和畏懼的稜鏡在折射。中國的控制機關，如公共安全部、國家安全部和宣傳系統的關切，在絕大多數時間比起外交部的關切，份量來得重要。中國系統的反射動作是問：全球發展對中國有何意義，而不是思考中國如何可以改變世界。這或許會變，但只會慢慢地變，並且只會在相互依存已經製造出外在利益與國內業者有相當緊密關係的地方才會出現。只有在下述狀況下，外國人才會讓中國領導人覺得有必要處理：他們協助中國處理巨大的內部挑戰；他們從事的活動威脅到中國領導人想管理的微妙的國內均勢；或是被大眾認為「欺負」中國。

總而言之，在短期及中期的未來，西方世界可能面對的中國是個專注本身艱鉅的國內議題——它只會在做了、可以吻合其迫切的國內需求時，才會起而面對挑戰、提供「全球公益」。想要藉由外力、或是從中國周邊施壓，以影響中國國內情勢的作法，會有引起「我不會被欺負」的彈膝反應之虞，反而讓不得民心的領導人與「群眾」更加團結。有位中國資深的外交事務官員說：「每次中國和鄰國有麻煩，美國總是站在對立面。」[58]

本章另一個主題是，儘管中國已有嶄新的現代外貌，它還是相當大程度受制於大自然的力量和不幸的地理條件。城市與農業地區，動輒遭受大洪水、大地震和其他天災的侵襲，而由於人為犯錯或貪腐，許多災情更加嚴重。中國人口眾多更使得問題棘手難解。中國還是一個天災人禍可以左右國家前途的社會。要做中國領導人，肩頭有千斤重負。

6 軍人與文人

在政府機關裡，我們必須提防軍事—工業複合體主動或被動取得不當的影響力。不當的權力有可能出現災禍。

——艾森豪總統，〈卸職演說〉，一九六一年一月十七日

中國軍隊與聽命於文人的美國軍隊不同。槍桿子底下出政權，它不像美國軍隊，只會奉命行事。對軍方而言，五十年解決不了台灣問題，真是丟臉。假如最惠國貿易關稅待遇是個問題，軍方倒是不太相干。外經貿部不太贊成軍方〔在台灣海峽〕演習，因為這會擾亂國際環境、傷害與他國關係——軍方不怎麼在乎。外交部和軍方立場也不同。

——上海某智庫分析人員，一九九八年六月二十日

鄧小平可以很直白地和軍方將領講話，新的領導人就不行。鄧小平一向快人快語，他們〔將領

們〕都聽。江澤民就不同了；他必須要更溫文、更有說服力——必須避免直接責備他們。這並不代表軍方不受管制。

——中國資深外交官，二〇〇二年八月十五日

中國現在站在一個歷史的新時點上，它的未來命運從來沒比和國際社會的命運，更密切地結合在一起。

——《二〇一〇年中國國防白皮書》序言

在歷史的這一刻，中國面臨兩大艱鉅任務：調整其政治體制以符合多元化社會和官僚的現實，以及控制軍隊及關聯產業——艾森豪總統一九六一年〔在不同的情境下〕力促美國同胞要提防戒備軍事工業複合體。本章將討論第二個任務。中國的文人領導人若是團結、認真的話，解放軍還是會服從命令，但是軍方有相當的迴旋空間、只受到有限度的監督。當文人的黨領導人分裂時，原本就存在的文人控制軍方的問題就變得相當複雜。

從一九二九年到一九四九年之後，解放軍及其前身紅軍的信念就是，它是黨的軍隊——雖然毛澤東早年就扮演極大的角色，但是槍桿子還是由黨所控制。一九四九年毛澤東當家以後，解放軍逐漸成為代表黨的主席及其意識型態的護衛隊，特別是在一九六〇年代及一九七〇年代中期。到了毛澤東的晚年，解放軍實質上成為他的私人軍隊。在毛澤東一九七六年去世前幾個星期，一位師級軍官描述軍隊和毛主

席的關係時表示：「解放軍是毛澤東和中國共產黨親自領導、指揮的部隊。」❶毛澤東牢牢控制住軍隊，有許多事例可以證明，譬如他在一九五九年罷黜國防部長彭德懷（因為彭德懷批評毛的大躍進），以及繼彭德懷之後出任國防部長、且一度被毛澤東指定為接班人的林彪，於一九七一年九月神秘墜機身亡。

要等到毛澤東去世之後，才能主張傳統的理念：解放軍服從黨組織、而不是向某一個人效忠的軍隊。雖然比起個人崇拜和盲目效忠某個領袖要好，解放軍和黨的這種關係並不是根據依法治理原則、遵照憲法所訂定的職責。今天中國有一個激烈的辯論，即到什麼程度，解放軍應該是國家的工具（「國軍」）、而不是某一個特定政黨的工具。

我們且以下述例子做個對比。二〇〇〇年，民進黨從國民黨手上接下政權，而中華民國軍隊長期認同的是國民黨。新任的文人總統陳水扁政府很擔心軍隊不會效忠新政府。陳水扁的文人首席外交政策顧問邱義仁當時這麼說：

> 文人控制軍隊，對我們來講，是個更加嚴重的問題——我們沒有經驗。他〔陳水扁〕試圖穩住軍隊，「但是〔我們〕不知道它是否有效。〔我們〕沒有換掉任何一個高階軍事情報首長。這是不是有用，我們並不知道。我們不知道他們是否言行如一。參謀總長說：『效忠新〔民進黨〕政府。』參謀總長又說：『打擊台獨。』我很擔心這個趨勢。」……我們擔心軍隊的可靠度，希望〔與我們的軍方〕建立良好關係。❷

簡單講，在軍隊是政黨的工具的狀況下，如今天的中國大陸，當黨內出現動亂，或是執政黨變了，軍隊的政治效忠就無法斷言。

我們在本章將檢視構成改革時期中國文—黨—軍關係重點的問題，因為它們攸關中國國內政治演進和它與亞洲及世界的關係。這些問題包括：解放軍與文人政治領導人是什麼樣的關係？解放軍在會影響到廣大的社會、文人領導人和中國對外關係的領域活動時，有多少餘裕空間？解放軍在預算資源上占了多少、它們是怎麼爭取的，以及貪腐和相關商務活動是怎麼出現的？最後，解放軍和決策系統其他部門是什麼樣的關係？

改革時期軍隊的趨勢

解放軍某位少將在二〇〇五年一次會議，簡述改革時期軍事現代化一路上的主要戰略里程碑：

中國軍事現代化一路走來有一連串的重要決定：「人民解放軍現代化的重要決定有：一九八五年，裁汰軍隊一百萬人；一九八五年，戰略改變、強化海軍；一九八九年，我們開始大幅增加軍事經費；一九九三年，戰略任務界定為在高科技條件下贏得戰爭；一九九五年，戰略軍事及科技任務為實現從數量部隊向質量部隊及科技密集過渡；一九九七年，再度宣布裁汰部隊五十萬人；一九九八年，國家科技委員會改組，並成立第四個總部——總裝備部；二〇〇〇年，改革後勤制度及聯合勤務支援；二〇〇二年，我們決定推動有中國特色的軍事事務革命、建設信息化戰爭；二〇〇三年，我們宣布再裁軍二十萬人，達到解放軍兩百三十萬人的建制規模；二〇〇四年，我們又調整戰略指南，以維護中國與台灣的海上利益。這些是主要的任務。」❸

毛澤東一九七六年去世至二〇一三年這段期間，解放軍的發展和社會角色沿著幾條道路前進。第一條路是，儘管一九八九年六月武裝部隊捲入國內政治和鬥爭，由於軍隊專業化，軍隊大體上退出群眾政治。即使如此，解放軍仍是政府最後的靠山，並且由於軍事事務變得愈加技術複雜，而文人領導人通常沒有這方面的經驗，文人愈來愈依賴軍官的專家意見。有位關係良好的中國資深學者在二〇〇五年表示：「當軍隊變得愈加專業化、政治領導人愈文人化時，文人需要他們在比較狹隘範圍的議題，如涉及台灣及軍事力量的議題，提供更深入的建言和專業意見。因此，不是軍方要接管，而是他們的專業在某些議題上是不可缺少的。」❹

在中華人民共和國建政的初年，幾乎所有的政治菁英都有顯赫的軍事經驗，許多人在革命和抗戰期間即是高級軍官。但是自從江澤民在一九八九年躍升為總書記、鄧小平於一九九七去世，政治局常委及黨的高階領導人已經很少人有軍事經驗——中國現任領導人習近平是個例外，他曾在中央軍委會擔任耿飆將軍的秘書。沈大偉（David Shambaugh）解釋說：「『相互糾結的各部』已被世代交替完成打破……黨、軍菁英各有自己的發展道路。」❺

解放軍發展的第二條路是，陸軍兵力規模相對縮小，而海軍和二砲（飛彈）部隊相對上升，空軍也稍微上升。解放軍一位將領對我說：「地面部隊過去是老大哥，現在是小老弟。」❻自從一九八二至八三年以來，解放軍陸軍兵員已削減約三一％、海軍兵員持平，二砲則增加一一％。海軍、二砲和空軍也購買大量的現代武器系統。❼這種預算和採購的模式反映出鄧小平把重心從「全民戰爭」轉向愈來愈高科技的戰爭，前者由低科技的地面部隊在中國領土打持久消耗戰，後者則由聯合部隊在中國境外作戰。這個改變要成為觀念，要比起實際達成容易得多，但是這些年來，解放軍的成績相當可觀。

中國軍隊如此大調整產生許多重大影響，包括徵募新兵的教育和技能水平上升、大量軍事預算花費在更複雜的武器和水準更高的人才（他們現在也可以投效薪水更高的民間經濟體），中國的國防及國防相關工業的精密度也平行增強（最顯著的是飛彈、造船、資訊科技相關產業能力、以及航空業某些改善）。❽雖然我們不宜誇大，這些新能力（包括新一代更安靜的潛艇、新飛機、一艘航空母艦、新型彈道及巡弋飛彈，以及正在研發中的隱形飛機）已經使得解放軍可以思考更加擴張性的目標，這一來使得中國的鄰邦和遠處的大國都感到焦慮。這些也引起指揮與控制的問題。在中國伸入原先由美國壟斷的海洋、天空和太空領域之下，發生磨擦與意外的機會倍增。

解放軍變得愈加科技精密，具有最大的軍力投送能力的軍種逐漸在相關決策中增加重要性——解放軍的這些高科技軍種也將在中國的經濟取得重要地位。一九九〇年至二〇〇七年期間，空軍在黨的中央委員會的代表增加二〇〇%，海軍的代表增加一三三%，陸軍的代表則下降。❾不過，陸軍在跨軍種政治中仍是一股重要的力量。

這些改變都反映在中國所見到的軍官，無論面貌、個性和觀點全都不一樣了。一九七六年，毛澤東過世時，解放軍衣衫襤褸、言詞鄙陋，怎麼說都是大老粗。他們不擅言詞，見識超越不了他們駐守的地域，一開口就是制式的意識型態教條。進入新世紀，你所見到的軍官有出洋經驗；許多人通曉外國語文，他們的雄心與所有現代國家軍隊的其他軍人相仿。有位中國資深將領敘述他希望登上美國航空母艦的心願，還真讓人大開眼界！他說：「我不要坐直升機上母艦，我要駕著固定翼飛機登艦。」[10]

談到軍事相關工業，把原本政府主管軍備的部會改組為更自主的經濟行動者的過程（目前國家國防科技工業局和國有資產監督管理委員會下轄十大公司），已經改進創新和獲利。這些公司在商業行為上有更多的行動自由，它有可能會在外交及國家安全政策上惹出協調和政策執行的問題。[11]簡單講，中國正在發展軍事—工業部門，規模還不大、但是特點是有些已相當優秀，大多能力尚可。這個工業將在政治、社會、經濟和外交及國安決策上日益舉足輕重。二〇一二年十一月，胡錦濤向十八大提出報告時，基本上是開了一張空白支票給軍方。他說：「建設符合中國國際地位及其安全與發展利益需求的強大國防和強大的武裝部隊，是中國現代化推動的戰略任務。」[12]

解放軍取得愈來愈多的兵力投送能力，引起全民民族主義的共鳴——全民的驕傲和軍方希望增加能力及資源，兩者匯流。二〇一一年，中國第一艘航空母艦下水，以及同年九月中國的太空計劃把天宮太空站送進軌道（到二〇一三年中，已有十二名太空人成功升空），這種匯流最為明顯。太空計劃是硬實力資產，但也有軟實力、吸引人的潛力，中國第一個太空人楊利偉在二〇〇四年訪問美國，掀起旋風。要說楊利偉上校和中外人士都能打成一片、有魅力，也不為過；他獲得群眾歡迎，難怪能在二〇〇七年黨的十七大成為軍階最低、卻晉身中央委員的軍人。[13]

決策系統的整個結構設計也必須列入考量。按照目前及傳統的結構，軍方有管道上通中央軍委主席（一般而言，中央軍委主席也是黨的總書記），透過他再到達政治局常委會。這一來在決策上製造出結構問題，因為其他情報及外交政策機構是透過不同的國家和黨的管道向上報告。一般來講，這些管道和軍方之間的水平協調不足，勢必會有左手（外交官）不知右手（軍方）在做什麼的狀況（有時候事情還很重要）。分屬不同結構、但功能相互關連的官僚機構，彼此水平溝通不良。甚且，二〇一二年秋天，十八大落幕之後，外交政策機構在政治局中沒有任何席位，而軍方卻有兩席政治局委員。概括而言，軍方受文人控制，但是在國安－外交政策系統內可以有更好的協調。正是基於這一事實，習近平在接任總書記和中央軍委主席後不久，立刻成立一個跨部門小組、親自主持，以處理和東京愈演愈烈的釣魚台／尖閣群島問題——不只是外交部門和軍方，這個易變的情勢牽涉到中國數十個機關、地方及其他行動者需要協調。⓮

文、武關係的其他重要發展涉及退役軍官的積極主張和軍中貪腐成風——包括買官（這又牽涉到退休後的安養問題）。⓯毛澤東時代，退休這個概念幾乎根本不存在，退職不出三條路：政治失寵、被貶；老人痴呆；死亡。但是軍隊的專業化、教育的要求和年齡的限制，製造出一群高階退役軍官。⓰這些軍官退役後並不賦閒在家；他們經常受到市場經濟召喚。愈來愈多機構（教育機構、智庫等）渴望聽取他們的觀點，更加多樣化、能接受新花樣的媒體也提供這些退役軍官演講、撰文，表達觀點、賺取收入的管道。不足為奇，最平衡、溫和的聲音得不到市場和媒體的寵愛和報酬。解放軍有個上校說：「解放軍軍官不該有個人觀點，但是中國處於轉型過程，因此人們對情勢的了解不一樣。解放軍有些人想要表達他們的個人觀點、他們有言論自由，因此有些人上了電視、成為明星。我希望你能原諒有些錯誤的觀點。」⓱

軍方有一塊專業技術和資訊領域，或許不是解放軍的文人長官所能輕易接觸到的——文人領導人聽從軍人專業到什麼程度呢？解放軍可以不斷假設未來的威脅，需要更積極回應，因此要求增加預算配額。軍方代表榮耀和實力，意味軍方比起有更廣泛、更細膩職責的文人領導人和外交官，可以更快地與民粹的民族主義結合。中國的軍方愈來愈進入廣泛的世界活動，這個領域過去幾乎是中國外交部的禁臠。現在北京的外交部卻與軍方競爭黨中央的注意和政策支持。

這些變化有許多是以中國軍事預算快速擴增為支撐。雖然以下的引述只是一位關係良好的中國資深學者的觀點，但它卻預測到二〇〇四年發表觀點之後、中國所走的軌線——我認為也正確描述解放軍和中國安全思維所走的大體方向。

「今天的中國花費三百億美元〔官方預算〕在軍事上。到了二〇二〇年，它會翻兩番，而至少在過去十幾年，中國的軍事預算以國民生產毛額同比在增長，每年約一二％。到了二〇二〇年，依據這個增長率，我們的軍事預算將是一千八百億美元——幾近美國去年軍事預算的五〇％。我不曉得美國的預算會怎麼樣。但是有陳水扁在哪兒，我們不可能限縮。而如果你用購買力平價來估算，我們的軍事預算將接近七千億美元。我們現在每年花約二十億美元購買俄羅斯裝備，因此我們還可以再多買。這些數字還不包括預算外的採購。」⑱

這些發展層面對文人—軍方關係起了根本的影響，也會影響中國與近鄰和遠方大國的關係。

黨／文人—軍隊關係

從毛澤東死後，黨內的強人政治已逐漸轉弱。各個高階中央領導人的職掌變得更明白和各自獨立。

最高階的政治菁英彼此的不和不時也會弄得眾人皆知。後鄧小平的中國文人領導人（習近平算是例外）軍事經驗很少、或甚至是零。這些發展產生一個關鍵問題——如果黨中央分裂，「誰」是黨？如果發生分裂，頗有可能軍方（或軍中各派）會與最寬容其利益的一派結盟，這就造成了「派系主義」。

這就讓我們想到「兩個中央」的問題，也就是有時候會不清楚哪裡（或誰）是權威的黨中央。二〇〇二年底就出現這樣的挑戰：江澤民已經不再位列政治局常委，卻保有中央軍委主席職位（重大的國安決定在此議決），而他的接班人胡錦濤是政治局常委會之首，又主持幾乎所有的其他外交政策相關之領導小組。有位中國資深學者解釋：

學者：「首先，外交政策和國安政策之間是有差異，更不用提國內政策。胡〔錦濤〕負責外交政策，而江〔澤民〕則主持安全政策。胡也負責國內政策。」

藍普敦：但是胡錦濤主持大多數領導小組，因此看起來是他當家，而他又是政治局常委會主席、江則根本不是常委。

學者：是的，但是請記住，江是中央軍委主席，而軍方的作法是決定大多在中央軍委裁決；江〔在中央軍委裡〕是第一號、胡是第二號。⓳

權力分屬江、胡兩人的情況持續了兩年。在這段期間，有位受訪人告訴我：「我們處於中華人民共和國史上最脆弱的時期，在國家安全上做決策最不明確的時刻。」⓴另一位戰略分析家說：「〔黨〕最後的生存繫於軍。軍方的確要求江留下來管事。『軍方更加介入國際危機管理系統。』」㉑

二○○二年十一月，十六大剛落幕不久，即將卸職的總書記江澤民在與美國訪客談話時指出，黨中央在一九八九年分裂（鄧小平在一九八七年退出政治局常委會後仍留任中央軍委主席，而當政治局常委會本身分裂、無法行動時，鄧小平鼓勵特別可靠的軍事單位鎮壓天安門廣場上的抗議民眾）。江澤民對我們這群人說：「重要的是領導層穩定了十三年；一九八九年，我們有『兩個中央』。」㉒江澤民又解釋他為什麼留任中央軍委主席：「要按我的個性和道義，我不會留任（中央軍委主席），但是軍中的人都要我留任。」（楷體為作者所加。）我的解讀是，江澤民要說的是，軍隊對胡錦濤的領導還沒有信心。當然，說明他是因為軍方要求才留任中央軍委主席，並不代表就是確立文人控制。還有一點很突出，當江澤民留任中央軍委主席，替「兩個中央」的問題搭了台，而他說他在過去十三年避免了這個問題。當會見結束、我們往外走時，他又告訴我們：「我不會干預新人的工作。」㉓

時間快轉到二○一二年秋天十八大召開之前，胡錦濤是否會「準時」交卸中央軍委主席、還是選擇在十八大之後仍留任一段時候，不僅內部辯論、外部也頻頻猜測。有位軍方高階人士在十八大之前對我說：「我不曉得胡錦濤會不會『裸退』。」㉔如果他留任中央軍委主席，就會替他的接班人習近平製造另一個「兩個中央」的潛在問題。從這個意義看，胡錦濤在二○一二至一三年權力過渡時期完全交出權位，可以看做是往制度化及更團結的文人／黨控制軍隊的方向邁出溫和的一步。然而，辯論持續了那麼久、又得在內部反覆交涉，顯示出要達成制度化還有很長的路要走、規範也十分脆弱。

除了這個問題，二○一二年十八大召開之前還為了選出下一屆政治局常委演出公開爭奪的大戲。這場爭奪戰牽涉到重慶市委書記薄熙來動員民眾支持、想要直取常委大位，黨中央大部分人士抗拒薄熙來硬搶，以及薄熙來在二○一二年三月被罷黜重慶市委書記、一個月後又被拔掉政治局委員。薄熙來的父親早年曾經領導十四集團軍。薄熙來被黜之後，全國雷厲風行，要確保與薄熙來或其家族有個人及歷史淵源的軍事單位，是效忠黨中央、而不是薄熙來。中央似乎也關心薄熙來在二砲部隊（戰略及傳統飛彈部隊）和成都軍區的黨羽，㉕因而努力確保軍隊團結、接受中央控制。二砲部隊政治處主任殷方龍這時候在《人民日報》表示，「我們應該抵制所有的錯誤思想、摒棄諸如『軍隊不應受黨領導』這類東西。遇上在情感和原則之間很難選擇的情況，我們應該選擇把個人關係放在黨的路線之下的作法。」㉖

總而言之，當中國共產黨變得多元化、黨內有派系爭奪權力之下，軍隊在關鍵時刻向黨效忠的意義未必清晰。以薄熙來這個案例來說，解放軍似乎回應中央的號召，紀律嚴整，向黨表態效忠。㉗即使如此，黨中央必須公開行動清除薄熙來效應（包括確保解放軍受到黨統一控制），透露出問題的根本。這是軍隊效忠政黨、而非效忠憲法、法律或國家的一大危險。即使一九八二年憲法已經設立國家中央軍委，希望增強國家和文人對軍隊的控制，這個作法還沒有產生清晰的效果。

我們也可以從軍方提供、或不提供資訊給文人領導人，看出文人—軍隊關係的性質。雖然這方面的證據含糊不清，和中國高階軍官及外交事務官員的幾次訪談卻導致我質疑，文人領導人是否能信賴軍方在關鍵時刻提供準確、及時的資訊；這些關切超越一般的軍事疑問。

資訊不實這個問題有個例子，就是二〇〇一年四月，美國一架 EP-3 偵察機在海南島附近國際水域、但卻是中國專屬經濟區上空與一架中國戰鬥機擦撞。中國飛行員王偉機毀人亡，美國受傷的飛機迫降到王偉所起飛的海南島空軍基地。事件之後的危機，期間我和一位中國高階軍官談話，實質上我被告知，中國飛行員其實撞上美國飛機（他用的說法是「很難」控制年輕的飛行員），㉘而海南島當地軍事當局最初向上級報告，指的是事件由美國飛機引起。外事系統有位高階官員說：「你也曉得，去年，（在

EP-3事件上，我們〕『從我的角度看，沒有處理得很好。外交部不知情，它從國防部得到信息，因此〔外交部〕不能說話。因此，從一開始，〔我們就犯〕錯。』……問題鬧大了。〔副主席〕胡錦濤負責，每天向江〔澤民〕會報……胡處境很困難，錢〔其琛〕處境也很困難。『他們負責，卻不知道實際狀況。』」㉙

撞機公布後不久（想必是依據解放軍提供的不完整或不確實的資訊），江澤民主席要求美國停止在中國沿海的偵察活動，也要求美方道歉，往後十一天，二十四名美軍滯留海南島、無法脫身。㉚後來，又出現賠償以及交還美國飛機的條件等問題。涉及扣留美國人員的當下危機，在美國國務院和中國外交部負責談判、而非由兩國軍方談判，很快就解決。誠如那位解放軍軍官告訴我的，中國不應該「把這件事鬧成國家事件」。㉛最後，解放軍遵從文人領導人的指示，但是它掩蓋不了一個事實：最初的報告說好聽是不正確、最糟則是故意誤導，造成北京理不直、氣卻壯，卻堅持強悍立場。

另一類型的資訊問題是，地區指揮官和各軍種可能誇大他們受到的威脅，以爭取政策注意和資源，而高層軍事幕僚和行政領導人就得調整這些扭曲的數字和評估。這種情形造成國安圈辯論中國究竟實際受到多大的威脅。以美國沿中國外海空中偵察為例，有位高階軍官在二〇一二年告訴我：「許多〔解放軍〕作戰指揮官以〔美國〕在我們南海近距離偵察為例。〔地方作戰〕指揮官提出許多幻燈片簡報和數字，它們展現的彷彿是前線的狀況。」我問他，以二〇一二年初的狀況來說，中國領導人認為美軍偵察的架次是增加、還是降低？他說：「『顯然在敏感地區，他們〔解放軍〕看到的是增加。』總參謀部送呈〔給高層決策者〕的事實，有時候低於來自這些軍區司令的數字。『這些辯論的結果將會有深遠影響，而且辯論延伸到整個研究圈。』」㉜簡單講，中國軍方內部不同機構、以及國安和外交決策圈不同成員，都依據本身利益向上級提報告。

我們的討論，重點擺在文人和軍方當局之間的緊張，但這只是愈來愈複雜的故事的一部分。經濟界有些人發現他們的利益愈來愈和軍方契合。有一個驚人的例子，即是中國海洋石油總公司和解放軍海軍的利益結合。有位在情報及外交政策領域的人士說：「以軍方來講，中國海油這樣的石油公司是天生的盟友。海軍希望更活躍。中國海油『希望成為海軍的夥伴，在和小國打交道時可以更強硬』。」[33]以最廣義來講，文人—軍方關係不只是指揮系統的關係、還有更廣大的天地。

預算戰爭

從改革初起到一九八九年，解放軍在預先優先順序上一向排名不高（有時候還會調降其預算）。武裝部隊高階人員勉強接受這種低落地位，因為他們了解國家需要基本的經濟發展，若要建設強大的軍隊，必須要有現代化的經濟基礎。中國當時最高階的現役軍官、海軍上將劉華清在一九九四年對麥納馬拉說：「因此，我們〔解放軍〕很有耐心，因為我們相信共同利益。當中國現代化了，我們將有更多的資源。」[34]解放軍經費預算占國內生產毛額比，在一九九四至九五年間達到最低點，已在第一章提到。[35]這段期間外在環境相對平靜，使得解放軍的經濟優先可以放在低排名。為了讓並不豐厚的預算能被軍方接受，在一九八〇年代末期和一九九〇年代大部分時間，軍方從附屬的工業和企業（從經營旅館到銷售飛彈）所賺來的錢，准許他們保留——雖然收入並不穩定，但金額極大。到了一九九〇年代中期，出現兩件事，影響到軍方的預算：中國的文人領導人憂心解放軍巨額的賬外收入所製造的問題，而軍方也愈來愈不滿意預算需求老是被排在後面。

從一九九五年到一九九八年，中國的文人領導人想方設法要封閉軍方大多數非常規的收入來源，透過增加常規的軍事預算來彌補解放軍的損失。他們採取這個動作是因為流入軍方各階層的非常規收入產生許多有害的效應，包括助長貪腐、製造外交問題、把士兵從訓練調去做生意，而且因為文人（或許甚至高階軍人）搞不清楚究竟什麼資源透過種種不同管道流入下屬單位、減弱了文人對軍隊的控制。[36]從中國領導人（包括文人及高階解放軍軍官）的角度來看，沒有掌握到錢，就沒有控制組織。

以軍方的不滿意來講，到了一九九〇年代初期，解放軍愈來愈不能忍耐預算被緊緊綁住。第一階段增加國防預算發生在一九八九年六月天安門暴力事件之後；增加預算成為獎賞軍方在黨有需要之時鼎力協助的作法。過後不久，因為美國在一九九一年第一次波斯灣戰爭展現強大的、嶄新的軍事科技——海珊（Saddam Hussein）的部隊被美軍新推出的精靈武器和驚人的後勤本事徹底擊垮——解放軍更是開口要求大幅提高預算。

解放軍爭取資源還有一個強大的理由：台灣李登輝總統要求擴大國際空間的聲音愈來愈大；島內台獨勢力的聲音也愈來愈大。老布希總統一九九二年批准出售一百六十架F-16軍機給台灣，讓解放軍更振振有詞。接下來，鄧小平一九九二年的南巡，經濟成長又告起飛，很快就鈔票多多——一九八七年至一九九一年，中國年均GDP成長率八%；從一九九二年至一九九六年則是一二．四四%。[37]解放軍要錢，而經濟成長也有錢可給，加上中國社會的科技和教育基礎在品質上大有進步，也就有了更優秀的人才和科技資源。甚且，解放軍必須與民間經濟競爭人才，這使得人事費用上升。有位將官在十年後（軍方調薪之後）告訴我：「年輕人不願加入軍隊。一個將官的薪水還不及他剛入職場的女兒薪水的一

半。『因此，增加軍事預算有相當程度是去購買新武器，但大多數是支付軍人的薪水和福利。』❸❽

到了一九九四年（這是一九九五至九六年台海飛彈危機之前，當時解放軍在美方反施壓之下緩和下來），解放軍更加公開要求資源。有時候溫和地要求，有時候尖銳要求——不管怎麼要求，他們的訊息很清楚。有位非常資深的解放軍將領，在和美國前任國防部長麥納馬拉及一群退役高階將領談話時，淡淡地交代一些數字：

今年國防預算達到人民幣五百二十億元，換算下來，只有六十億美元。我可以給諸位三個數字，這是適合追求「積極防禦」的國家的預算。從一九八〇年到一九九三年，我們的國防（支出）增加一．一六倍，而同一時期物價上漲一．三倍——因此，實質來算，它是降低的，而我們裁（軍）一百萬人。如果不算通膨，從一九八〇年到一九九三年，美國國防預算實質增加二五％。我們的國防預算從一九八〇年到一九九三年，占國民生產毛額比是降低的——一九八〇年（占國民生產毛額）四．三三％，一九九三年是一％（？）……中國的國防戰略從這個預算就看得出來。❸❾

一九九四年，我參加一個團體，見到當時最高階的現役軍官、海軍上將劉華清，他是解放軍海軍的大護法。劉華清說起柔軟、耐心的作法：

在中國，國防的貢獻總是次於經濟的發展——國防不是最高優先。雖然最近（預算有）增加，但仍然有限，這也是為什麼我們的現代化相當遲緩，而我們又不能舉債來支付。因此，我們的國防支出維持在最低點。我們明白我們所有軍種的武器都遠比美國目前的器械裝備落後。我們明白這些差異，我們也希望現代化，但是問題在於我們沒有資源，如果我們和經濟需求競爭，我們將會和經濟競爭，這樣不符中國的利益……美國、俄國、日本、甚至南韓的武器和設備都比我們的先進許多——後兩者是拜美國科技之賜。我們明白，但是我們以經濟為第一優先。不過我們相信大戰不會發生，如果小戰〔發生〕，我們不難處理。但是我們若無今天的經濟成長，我們日後就無法現代化。十二億人需要住宅庇所，因此如果我們有一支強大的軍隊、而他們「人民」卻是窮的，「那有什麼用？」㊵

另一方面，他的一位部屬（本身也是非常資深的將領）則按捺不住，在描述解放軍需要更多經費時沒有留下太多想像空間：

我們很關心軍事費用。以一九九三年來講，根據國家的分配，我們的軍事費用是人民幣四百億元；不過，匯率是一比六。因此換算下來是六十多億美元。一九九四年，軍事費用是人民幣五百二十億元，而匯率已變為一比八．七，換算下來是五十九億七千萬美元。〔軍事費用的〕三分之一用在維持人民生活、薪水及其他開銷；維護費占三分之一；〔其餘才是〕器材設備，包括研發和採購。拿這個與美國一九九三年的數字相比——國防支出是兩千七百九十億美元；日本是三百億美元。與美國相比，日本是三百七十億美元，㊶中國比日本小得太多。中國是「積極防禦」政策。要保護主權，我們需要有有限程度的軍事費用。另外，我們有通貨膨脹，〔實質〕軍事費用是縮小。我們以經濟發展為優先。除了裁軍一百萬人之外，我們試圖降低支出。為了供養軍隊員額，我們有十億元的赤字，而我們自己補貼。例如，從一九八〇年到一九九三年，民間產品的通貨膨脹率是一．三%，而軍事用品的〔通膨率〕高出許多。實質來講，它〔軍事費用〕是降低的。[42]

然後，一位美國訪客說，外界的估算是解放軍的預算大幅高出其正式承認的數字。這一來惹毛了這位解放軍將軍，他氣呼呼地說：

我們的政策是防禦。中國的軍費很小。最低度的支出；在通貨膨脹下，很難維持我們的武裝部隊。部隊裡有許多抱怨，因此我們要求在國家預算裡訂個配額，但是這不是很實際。鄧〔小平〕說過，不可能提高軍事費用。我們應該優先重視其他經濟部門。某某〔逕呼美國代表團團員之名〕說中國的軍事預算是三百億美元。一九九三年，〔中國〕全國總所得是人民幣五千一百四十八億二千萬元。「我們花費那麼多，是不是可信？事實是，某某啊〔逕呼美國代表團團員之名〕，我們很窮！」這會妨礙我們的發展——〔你說的〕完全沒有根據。這樣行不行？[43]

對於預算優先之爭，存在於軍方和黨的最高決策者之間，也存在於軍方和全國人大之間。根據一位中國資深將領相當懊惱的說法，一九九〇年代的全國人大不時表示反對增加軍事費用：

每一次全國人大開會，軍方都抱怨預算太小，但是每一次全國人大代表都表決還要刪。一九八〇年代，鄧小平被推選為軍委主席，「當鄧與軍委開會時，他說軍方必須忍耐。」〔他說：〕「現在你們推選我，我要裁一百萬〔部隊〕，我要告訴各位，你們不會得到要求的增加〔軍費〕，你們必須要忍耐。我要告訴各位，軍方仍然必須忍耐。我們限縮預算的原因是，我們現在正在建設中國的社會主義，而根據理論，我們不能有會消耗資源的軍備競賽。這是理性的作法，實事求是，因為我們必須追上通貨膨脹、重新調整和市場因素，因此我們必須維持最低度的解放軍。因此當物價調整、通貨膨脹時，我們必須增加預算。但是對我們來講，第一優先是人員的薪水和配給，第二是武器的維修保養，而採購要排到第三位。」[44]

進入新世紀，中國軍方仍然心有不平、認為它的預算需求一再不受重視，尤其是它覺得它面對許多威脅：鄰國現代化、美國在全球日益採取干預態度、台灣日益傾向獨立、需要保護中國日益成長的全球利益，以及軍事事務革命（revolution in military affairs, RMA）。二〇〇一年，中國國防部長對季辛吉率領的一個美國訪問團說：

我們需要維修武器、發薪水。美國軍費三千五百四十億美元——日本軍費四百億美元。韓國軍費九十八億美元。台灣軍費九十九億美元，而且去年還增加到一百二十六億美元。但是中國只有一百四十億美元。引進新武器、開發有效威懾是我們的目標。事實勝於雄辯。某些媒體〔聽不清楚〕報導，想要掀起麻煩。事實是，〔中國是個〕九百六十萬〔？〕平方公里的國家。十三億人口，一萬八千公里長的海岸線，與十五個國家接壤〔聽不清楚〕。可是我們的預算不僅比不上美國，連我們的小鄰國都比不上。我們要裁減軍隊。但是，軍事〔預算〕增加一七．七％卻被指控中國威脅……

美國率先導入軍事事務革命。我記得我一九九六年訪問美國，拜會斐利（Bill Perry，譯按：美國國防部長）、參觀國防大學和德州一處基地。我第一次聽到軍事事務革命。因此我們也努力要讓中國的軍力邁入二十一世紀。我們曉得我們必須跟上世界、也要改變。江澤民就這麼說。因此，我們正在開始。我們太落後了。我們要現代化武器和系統。透過科技壯大軍隊。㊺

前面引句提到的一位將領說，解放軍要求訂一個預算「配額」。我後來從另一個解放軍將領那裡聽來，大約就在江澤民擔心解放軍從經營企業有賬外收入的同時，與軍方達成了協議：也就是透過預算機制，解放軍可以得到國內生產毛額的固定份額。如果解放軍透過預算的分配款按整體經濟擴張率成長，如同一九九〇年代的情況，解放軍可以在不改變經濟整體優先下、透過預算得到快速增加的金額。交換條件是，解放軍同意退出絕大多數在預算外賺取經費的企業之投資。有位高階軍官二〇一一年告訴我：「國防部畫到國內生產毛額中固定的一塊，占過去二十年國內生產毛額的一．二％至一．四％。它〔解放軍〕要求三％，但是被拒絕了。這就是所謂的『國防與整體經濟平衡』。」㊻

就像我們在第三章提到的討價還價制度的情況，解放軍叫價、得到它叫價的一半。解放軍透過預算機制多拿到經費，文人領導人也換到以更透明、可控制的錢流入軍方。然而，到了二〇一三年，儘管有協議，解放軍中的個人和組織卻頗有創意地設計出賬外收入的管道——賣地、賣官及其他種種伎倆。由於解放軍認為它的地理責任區愈來愈大、需要獲取和精通愈來愈昂貴的技術，而且面對的威脅環境愈來愈複雜，它還是不滿意它分到的配額。

所謂威脅環境，有一部分即是美國軍方與台灣合作、並銷售武器給台灣。解放軍以此為理由，要求增加軍費。有位將領在二〇一〇年說：「身為軍人，我支持美國銷售〔武器給台灣〕，我們〔解放軍〕就可以要求〔中國〕政府給我們更多預算。」[47]接下來，在二〇一一年秋天，歐巴馬總統訪問澳大利亞和印尼，宣布「重回」亞洲（後來改稱亞洲「再平衡」）。他昭告全世界，美國打算減少投注在中東和中亞的資源，軍事、經濟和外交的注意力將循序轉回到亞洲。做為這項政策的初步行動，就是宣布一小支美軍陸戰隊輪調經過澳大利亞的達爾文。國務卿希拉蕊・柯林頓在馬尼拉灣站在美國海軍驅逐艦費滋傑羅號（Fitzgerald）甲板上宣布：「我們將力挺，與你們並肩作戰。」[48]華府此一立場讓解放軍更有理由聲稱威脅環境又擴大了。有位中國分析家在二〇一三年初說：「這個地區情勢緊張，『解放軍將會又有一個黃金時期』。」[49]

解放軍爭到在快速增長的國內生產毛額中有固定的份額（雖不是它希望的百分比），有許多深刻的意義，其中兩項很重要。第一、由於中國的國內生產毛額快速增長，自從一九九〇年以來，只有一年是例外，中國國防支出年年以兩位數的百分比成長。[50]軍費快速增長，造成中國近鄰及遠方大國憂慮。針對軍費增長、遠近不安，北京的彌補對策是增加透明度、進行軍與軍的交流等措施，但是中國兵力日益強盛、以及它的一些笨拙的外交與軍事行動（二〇〇九年及其後）已經造成本區域的不安。然而，從另一個角度檢視中國解放軍的預算增長，由於原先進入解放軍的賬外收入規模究竟多大、外界諱莫如深，而今換成正規的預算流入、至少還有機會被看到，所以倒也不是壞事。再者，解放軍比較少有誘因去賺錢、就比較不會做出擾亂中國對外關係的事情。

第二、與解放軍的這項預算協議意味著，如果國內生產毛額增長減速相當長一段時間（它已經發生了，中國已調整它的成長模式，減少依賴出口及投資密集的成長），尤其是減速與軍方覺得美國在本地區「再平衡」、或其他大型的安全顧慮所引起的威脅加劇同時發生的話，解放軍就會憂慮它的經費縮水、而外界挑戰卻上升。這有可能使解放軍增大向文人領導人的壓力，索取更多資源、重訂協議。

解放軍現在還宣稱它不僅是硬實力的工具，也是軟實力的工具。有一個例子就是解放軍海軍二〇〇七年啟動「和平方舟」，派出一艘醫療船到世界各地進行人道救援任務。軍方絕不會認為它得到充分的財務及人力資源去完成它的任務，總是覺得它的任務無休無止。問題不只在預算分配，而是解放軍愈來愈必須與日益活絡的國內經濟競爭有技術能力的人力資源。

文人心目中的軍隊

對於文人領導人而言，雖然上述的軍事任務是確保安全、維持國內秩序，同時以民族主義立場動員群眾支持的重心，有一位非常資深的前任美國情報官員在二〇一一年說：「軍事現代化沒有列在胡錦濤起床之後的『十大待辦工作』之列。」[51]政治局常委們——二〇一三年，沒有一個現役軍官位居政治局常委——每天早上睜開眼，他們的議程通常是國內事務：處理國內巨大數量的城鄉人口移動；創造千萬個就業機會；平息數萬起群眾騷亂事件；[52]清理垃圾和（有時候）整治世界五分之一人口的下水道；等等等等。我記得在江澤民接任國家主席後不久和他見面，我請教他過去到美國參訪、最記得的是什麼。

他當下脫口而出：「一九八一年，我到芝加哥去，有人問我想參觀什麼。我說，我想了解垃圾處理。芝加哥有這個棘手問題，但是比上海更懂得處理垃圾問題。」[53]

一九九六年有一次團體拜會副總理朱鎔基，他解說什麼問題讓他最煩惱，如通貨膨脹、農業和成長等。接下來這位副總理說：「關於國防負擔，中國或許不是最低、但肯定是全世界預算最低的國家之一。中國不需要龐大的軍隊；我們有十二億人；沒有一個國家會瘋狂到〔到這裡〕打地面戰爭。『我們需要的是一支威懾部隊。不需要花費太多軍事預算，但是我們需要維持我們的威懾部隊做防禦。』我不會為此睡不著覺。」[54]當然，中國在二〇一三年的全球角色、利益和所處環境已經大不相同。縱使如此，朱鎔基的國內政治為重的觀點，還是大多數中國官員共有的觀點。

在文人領導人的議程絕大多數是國內性質這個背景下，用前面引述的那位前任美國高階情報官員的話來說，軍方被認為「只不過是另一個壓力團體」。[55]如果我們想像中國最高層領導人如第三章所描述，位在一個巨大的倒金字塔形政治漏斗的尖端，只有最重要、棘手和一般屬國內政策性質的爭議才會送到他桌上，就很容易明白為什麼他們往往把解放軍視為又一個吵著要稀少資源的部門。我們在這個情勢上，再加上自從鄧小平以來，除了習近平之外，中國最高領導人沒有一個曾有積極的軍事經驗。中國文人領導人缺少軍事方面的歷練，會出現幾種不同的發展，從完全缺乏能力就重大問題做溝通，到與軍方沒有淵源的文人領導人或許會對軍方的要求有求必應，都有可能。然而，持平地講，中國文人的黨領導並不是軍事將領的俎上肉、不敢拂逆軍方意旨。文人和軍隊關係出問題，大部分另有緣故。

文人—軍隊關係有可能出現周期循環的情況。某些「最高」領導人在上任伊始，利用外部衝突支撐他們與軍方及人民的關係，一旦權力鞏固就對解放軍和對外關係抓緊控制。有位深諳內情的資深人士說，好比鄧小平復出掌權後於一九七九年發動攻打越南的戰爭。「設法做些事控制軍隊，而江澤民在一九九五至九六年藉台海局勢建立威信……習近平也仿效──『對日、美強硬，對俄親善。一旦他鞏固權力，他會對美國拉好──這是學習曲線。』」[56]

解放軍的活動空間

軍事最高決策機關是黨的中央軍委，這個機關壓倒性由高階軍人組成。「最高領導人」一接任中央軍委主席，立刻發現沒有類似五角大廈國防部長辦公廳或白宮國安會這樣的單位，代表領導人體制化地建立文人對解放軍的指揮監督。因此，被工作壓得喘不過氣來、且經常要一心數用的文人領導人，坐在一個專業化的組織的頂端，他對它沒有太多的個人專業認識、也罕有因共同經驗產生的私人交情。經過一段時間之後，文人領導人可以派任軍事將領、培養個人支持與關係，但這需要時間。在這方面，江澤民似乎比胡錦濤遊刃有餘。

讓文人的中央軍委主席頭痛的是軍種之間的角力較勁──這一方面類似美國觀察家對自身國防部門的評語。解放軍每一部門（二砲、海軍、空軍、陸軍和其他專業機構）都希望多占幾個將官缺、補足兵員和增加昂貴的作戰平台。有位經驗豐富的中國外事系統人士說：「直到近年，各軍種才有各自的利益，並且與中央軍委的上司討價還價，而上司試圖在軍種之間維持平衡。如果這是鄧小平時期，他沒有這個問題。但是在他之後，各軍種都想要有一套主張。」[57]

從組織上來講，並沒有什麼水平的、跨系統的整合結構可以協助文人監督軍方行為、報告文人領導人軍方的行動可能會影響其他領域的政策，以及確保文人領導人的決定會被落實。由於解放軍有直接管道連通忙得要死的高階領導人，而又沒有什麼協調與監督機制，軍方基本上有相當大的「活動空間」。一九九九年，江澤民接見美國前任高級國防官員訪問團時，發表一段相當驚人的談話，他說：「你們好幾次提到飛彈（瞄準台灣）……事實上，我是中央軍委主席；我在事業中途才出任這個職務。我負責一般政策、但是不管實際的調度部署。『我不像你們的將領。』因此我希望你們不要被沒有根據的報導所影響。你們有很好的情報，曉得有多少飛彈——但是我根本不知道這個信息。」[58]

問題不只是單純的文人通常不清楚軍方在幹些什麼。這裡頭有個更大的挑戰——整個外交及國安決策機構因為體制上的斷層、人事的傾軋出現裂痕。這種情況有時候很正常，因為政治通常就是誰得寵、接近高層——譬如，江澤民的外交政策顧問汪道涵（他可以直達主席）和外交部長、副總理錢其琛之間有時候就會發生摩擦。[59]在政治局常委會裡，每個常委各有信賴的盟友位居底下的要津，因此這個最高決策機關的不同成員有可能從不同的下屬得到不同的資訊和觀點，而來自這個最高決策機關的政策交給不同的下屬團隊去執行。江澤民接受副總理（外交部長）錢其琛的建言，李鵬總理則傾向聽取他在國務院外事辦的盟友劉華秋（他湊巧常和錢其琛競爭）的意見，就是一個鮮明的例子。我和外交部系統某位高階人士的談話筆記記載：

我問起李鵬（總理）負責外事小組、江澤民為高階領導人，而江的親信錢其琛在外交部（「江對錢是言聽計從。」）、李的人馬劉華秋在國務院外事辦，會出現什麼困難。他說，這「造成磨擦、矛盾」。李鵬可以命令北美大洋司的某人做事，錢可能並不知情。總之，李、劉指示北美大洋司的重點可能不同於錢的想法。這不是說路線完全不同，而是調子、重點可能不同——「劉比較一板一眼」。60

這種情形才是大問題：上級委員會做了決定，而各個委員分掌龐大的官僚體系的不同部門，而跨系統的整合又十分不足。

中國的軍事、外交政策和安全結構裡有些人多年來主張，北京需要有個更有效率的幕僚協調機構，提供比中央軍委主席更能制衡軍隊的作用——一個類似美國國家安全會議的單位。這個單位一直未能成立，有許多原因。比如，政治局常委會自認為它就是這個整合機構，即使它本身早已被治理中國的種種外交、內政問題壓得喘不過氣來，而且每位常委還分管不同的功能協調任務。某位中國國安分析圈的資深人士說：

「過去十至十五年，我們希望設立一個國家安全會議，但是一直沒有成為事實。不知道為什麼。有一個原因是我們不希望剽竊你們的智慧財產權。〔笑話！〕另一個原因是我們有不同的政治制度，我們是集體制、不是總統制。我們的頭頭沒有歐巴馬的權力。在集體制下，很難有國安會。〔政治局常委會裡〕每位領導都分管幾個部門，因此如果他們能有協議，我們不需要去調和。因此如何使目前的制度更有效率〔才是問題〕。」61

這就產生一個重要、或許令人擔心的狀況——最高階的文人領導人並不認為他自己是像美國總統一樣的「最高統帥」。要說誰是最高權威，那就是中國共產黨政治局常委會。美國參議院一位資深議員是公認的外交及安全政策專家，他在二〇一一年一月和胡錦濤主席晤談，他問起胡錦濤：「你是中國的最高統帥嗎？」這位參議員說胡錦濤回答說：「不！不見得。解放軍向黨報告。」這位參議員認為胡錦濤的答覆太含糊，不免嘀咕：「那是誰當家做主呢？」[62]簡單講，軍方在軍人為主導的一個泡沫中下達戰術和作戰決定。雖然戰略決定權握在黨和政治局常委會手裡，它配備、資訊都不足，無法分秒掌管軍事。中國沒有類似美國國安會有效率的幕僚，有位資深外交政策顧問解釋說：「政治局每幾個月才開一次會、或是一年才開兩三次全會，不過個別委員倒是經常碰頭。甚至北戴河也不再那麼重要。台灣事務領導小組大多是做短期的決定，不是作業性的、不是要做些什麼。〔美國〕國安會天天給總統方向。〔中國〕在一年內很難有改變。」[63]

中國的政治結構與美國的結構大不相同：中國有三十多個副總理級以上的政客，每個人都希望有發言權、不希望成立一種外交政策的超級機關。成立強大的、跨系統的安全、情報和外交政策整合、協調機關在政治上很難推動。[64]我們不妨想想美國的情況，即使設置全國情報總監，要整合美國「情報圈」十六個機構談何容易。

上述許多考量簡單歸納，不外乎就是領導人、指揮或領導風格。中國領導人各個互異。和中國國防機構夙有淵源的一名中國學者二〇一一年和我談話，他解釋說：

藍普敦：〔解放軍〕是否在政策過程中變得更強硬和有能力呢？

中國學者：我認為這和軍官們覺得他們可以上媒體，如《環球時報》等講話有關係。

藍普敦：可是我們才剛把一名將官史丹利．麥克里斯多（Stanley McChrystal）革職，因為他向媒體批評我們總統，而杜魯門〔當年〕也摘掉麥克阿瑟的職位。我們有些人納悶，目前的中國領導人沒在軍中工作過，是否覺得能夠發揮必須的控制——或者是他們不想控制。即使江澤民似乎也有明顯興趣要在軍中產生支持。

中國學者：這是「個人領導風格」的問題。江澤民的政治風格是在軍隊及政治結構中積極建立支持。胡錦濤的風格是在既有的結構中找出共識點和分配權力。

藍普敦：那麼江澤民是積極試圖建立支持者和支持的基地，胡錦濤則尋找依目前的權力分配、可以建立的共識了？

中國學者：是的，他們的個人政治風格不同。[65]

前述考量有助於說明解放軍從哪裡得到「活動空間」。中國的最高領導人經常顯得是在回應軍方所採取的主動，固然它們是戰術性質，卻對中國的外交政策和中國的世界地位構成後果（往往是負面後果）。例如，或許就是這一鬆懈的監督程序，才發生胡錦濤從來訪的美國國防部長蓋茨口裡聽到解放軍剛發表新型的隱形飛機顯得很訝異這種事。[66]或許也是因為這種程序，外交部才會在二〇〇七年初很驚訝地從媒體獲知解放軍測試反衛星武器。解放軍沒有做根本上戰略性的決定，只是解放軍和國防工業逕自具體執行一般政策，只顧它們本身的利益、也利用它們能操弄的空間。前述那位前任美國高階情報官員說：「我認為解放軍有許多地方上自行做主的情形。」[67]前面已經提到，有時候軍方直接就誤導上級長官在基層實際發生的狀況，但是問題不只是誤導這麼單純。

本章所說明的發展對國內政治和中國的外交及安全政策都有影響；它們也影響到國際對中國的觀感。

解放軍及其所屬工業正在國內經濟扮演愈來愈大的角色，由於創新能力增強，它們將來會更形重要。軍事－工業複合體在國內擴張經濟觸角，它的政治影響力也將擴大，即使軍方在政治局常委會中只有間接的代表——就二〇一三年的狀況講，自從一九九七年以來，海軍上將劉華清是最後一位穿軍服的政治局常委。

解放軍一直是黨軍，這件事代表中國不時會出現「兩個中央」的問題。黨內若是分裂，將會出現軍方在國內衝突或接班鬥爭中選邊站、與某一派結盟的危險。即使這種情形沒發生，黨內不同派系也會持續警戒軍方可能干政的危險或機會。比如，想像一下：一九八九年天安門事件時，如果解放軍站在趙紫陽這邊、沒有力挺鄧小平，那會是什麼不同的局面。

我們拿上述可能性與一九六三年美國甘迺迪總統遇刺、權力平順交接做個對比，就會有更清楚的景象。即使當下情勢不明，不知是否有外國涉入總統遇刺事件，權力仍能平順交接——美國軍方根本不在政治考量之中。詹森總統的傳記作家凱洛（Robert A. Caro）寫說：「舉例而言，這不是美國軍方沒有企圖接管政府；而是根本沒有人會想問問軍方支持誰。」[68]軍方在中國沒有決定政策或接班繼承，但是解放軍很重要，它支持誰肯定會有不同的發展。

就金錢而言，解放軍已經取得溫和、但相當穩定的中國快速增長的GDP固定份額，只要中國的GDP能維持年增率約一〇％、威脅環境也鬆弛，這個安排還能相當容易地維持一段長時間。文人領導人可以繼續以人民幣絕對值提高解放軍的預算、不去更動整體預算的優先順序——的確，撥到衛生、教育和社會安全網支出的預算份額，可以比軍費支出調升得更快。可是，如果中國經濟發展趨緩（往後幾年頗有可能），可以預想得到，軍方勢必增加要求撥給它更有利的預算份額，與國內需求的矛盾也會愈加尖銳。如果外在環境被認為正在惡化，軍方的要求將會更加尖銳和有效。擴張預算要比縮減預算（或者只是降低快速增長），來得容易處理。解放軍在這種情況下會有多麼馴服？與其他機構會出現什麼樣的資源衝突呢？

往前看，預料得到，解放軍將會更努力爭取增多其資源。要爭取預算有一個方法，就是指出外界安全挑戰大，需要增強解放軍實力以資應付，以及更靠向中國的民族主義。我們已經看到此一現象，退役軍官發言、撰文，鼓吹國內民族主義。例如，海軍退役將領楊毅向中國同胞及外國人同時發問：「只要出現衝突，美國領導人問的第一個問題就是：最近的美國航空母艦在哪兒。美國的軍艦活躍全球，既是嚇阻威懾、也要展現自己擁護海上自由航行權。有人會想，是什麼理由美國的航行有理、中國的航行令人困擾。」[69]美國的「再平衡」或「重回」亞洲政策在中國普遍被認為是毫不遮掩的「圍堵」——不論它的戰略特性是什麼，它讓解放軍爭取更多資源有很大的推動力。

另一個搶資源的方法是啟動「在預算之外」的生財之路。不受文人有效控制的軍隊，有極大的獨立的財源，也可以與民粹的民族主義結盟，這一點很值得關切。沒有哪一項改革會比確保文人有效、且全面監督中國軍隊更加重要，唯有如此，所有的軍費才會透過透明的預算流動。

最後，必須要發展外交事務和國安政策領域更有效率的跨部門協調之機制。中國的外交部太常被蒙在鼓裡、耳目不靈。外國人很難對具有上述特性的軍隊走的路線有充分信心。發展強大的依據憲法、讓文人管控軍方，有更透明的軍費收入與支出，也有更有效率的跨部門協調，是中國想讓別人放心一定要有的戰略。如果中國要增長它的「軟實力」，有一部分透過保證的策略，那麼從體制上改革文人—軍隊關係，勢在必行。

7 中國式談判

你們全都了解中國，但是你們的新領導人不了解︵指的是即將上任的雷根政府︶。他們似乎沒把中國當做主權國家看待。這代表帝國主義的遺毒。它跟不上時代。我們應該建立兩個主權獨立國家之間的平等關係，互相尊重。把干預中國內政事務當做是他們的權利，實在荒謬。這是政治短視。他們沒有從大局看它。

——副總理兼外交部長黃華，一九八〇年十一月二十日

我們在這個五年計劃︵一九九一至九五年︶期間將有三千五百億至四千億美元的進口，因此我相信美國會高度重視中國的潛力。比如，今年我們已經向波音公司訂製二十架飛機、也向空中巴士訂製十二架飛機。柯林頓總統說他的首要優先是復興美國經濟。如果他錯失中國市場，不會有助於他復興經濟的努力。因此，請各位回國後代為傳遞這個訊息。

——李鵬總理，談論柯林頓總統威脅不再延長最惠國關稅待遇給中國，

一九九三年四月三日，北京

〔受訪人〕：「台灣必須在這個世紀解決。我們談判陸上邊界是因為我們弱，如果將來〔我們〕強了，〔我們〕可能就不需要談判南中國海。」

〔藍普敦〕：但是你們和緬甸和越南談判，而他們是弱國，因此這代表即使中國比較強，也可以達成平等的安排。中國最近也和俄羅斯簽訂邊界協定，〔俄羅斯〕是弱的，它似乎是個平等的解決方案。

〔受訪人〕：「它們〔和俄羅斯的協定〕是在俄羅斯弱的時候簽訂的。但是向緬甸讓步，我們得了一個盟友對抗印度。我們現在不想在南中國海太強硬，造成他們在台灣〔問題〕上反對我們。」

——中國資深學者，二〇〇二年

今天中國的綜合國力強大得多，北京的談判資源和計謀也更加豐富，中國必須交涉的對方也遠比鄧小平在一九七七年中回到舞台時人數更多、問題也更多樣化。三十多年前，改革時期剛開始，中國從弱勢地位談判——主要是要爭取資源推動現代化、增強安全，並進入它缺席多年的主要組織和國際體制。進入二十一世紀，中國現在不僅談判以取得資源更進一步現代化、以達成小康地位，它也要部署日益增多的資源，以及保護它擴及全球的利益。

談判和外交是國家治術的相關工具，一方藉由它誘使另一方做出決定、並達成吻合其喜好的協議。威脅、利誘和知性上的說服，是中國談判者使用的工具——其實，所有的談判者也都採用。有技巧的談判者花費最小的權力資源達到最理想的結果。談判和外交可以是達成有限的或擴張的目標，以及避免衝突和戰爭之手段——有時候亦可提供對對方意向和能力的部分了解而替交戰做些準備。談判也可以是針對局外觀眾的劇場。周恩來一九四六年談到共產黨與蔣介石的國民黨正在進行的談判，就說：「我們把談判化為教育人民的手段。」❶

談判或討價還價是中國治理和決策過程的主要特色，我們在第三章已經提到。中國如何與外國人談判是本章的主題。季辛吉在《論中國》（On China）提到毛澤東在他長久的當家時期，握著一手很差的牌、帶著自己和中國在大國博奕中周旋——將近三十年之久，玩弄超級大國於股掌，讓他們互相鬥爭。❷季辛吉告訴我們，毛澤東「能汲取中國治術的長久傳統，從相對弱勢地位達成長期目標」。❸

我在和一位資深的中國企業領袖談到北朝鮮的處事方法時，徹底明瞭了中國人是如何注重打弱手牌的藝術。我問：為什麼中國持續送糧食及其他物資去給一個一再傷害中國利益的政府呢？平壤愈是傷害北京，金氏王朝似乎預期援助就會源源不斷送來，而它果真也經常如願。我提到，朝鮮人民民主共和國一定有十分高明的談判者。這位企業領袖一方面欽佩他所描述的策略、但也慨歎中國得到的後果，他解釋給我聽：金正日其實是勒索北京。他說：「我們要是不送糧食給北韓，他們就把難民送過來——不管怎麼樣，我們都得餵他們。在北朝鮮餵他們，總比在中國餵他們來得方便。」他又說：「金正日根本不感謝〔我們送〕糧食。他認為北朝鮮是反抗美國的前線，北朝鮮讓美國人遠離中國邊境，是為中國利益效勞。因此中國應該付服務費——可不是北京示惠平壤。」❹

中國看待談判的方式

談判是中國國內和國際行為的主要特色，也是中國思維的核心。不論是在國內或國際脈絡中，個人、團體、組織和國家都交織在相互依存和關係的複雜網絡中。一個國家的行動影響到其他許多國家。中國人已習於網絡和關係，以致於對這一人類行為的界域產生許多特定的詞語：「關係」、「領導關係」、「業務關係」、「關係網」和「關係學」等等。這使我們回到李約瑟（Joseph Needham）的概念，即中國人的思維是「有機的」，在他們的認知取徑裡，思想不是直線的、而是以相互關聯和相互影響為前提。就中國人而言，網絡存在於變動不居的環境，在這個環境中，相關各造的需求、能力和意向在不斷變化。根據第四章所討論過的「情境倫理」，隨著環境演變，各造的相對資源有起有落，和／或中國的需要和利益改變，關係必須不斷調整。調整可以透過實體鬥爭、透過談判來進行，而經由談判的調整當然優於公開衝突。

如此強調關係、彈性靈活和調整，所以在和中國對手每次會談前必會有一道儀式，也就是先交代雙方關係及歷史的特性——你是「老朋友」、「夥伴」、還是「對手」？在外交事務上，經常對話一開始，雙方先分享其戰略觀點——誰取得影響、誰失去影響、大趨勢是什麼、關係的大脈絡是什麼？雙方關係的性質直接影響到談判的目標、成本和效益的估算，以及使用的工具。如果你是「老朋友」，你就得多擔待中國的利益。如果過去你是對手，你應該證明你的誠意。中國人比美國人更注重過程，美國人往往注重結果。有個中國高階領導人的顧問說得很好：

> 界定關係。我們是朋友嗎？如果我們是朋友，假設你說你對〔銷售武器給巴基斯坦〕關切，那我會說，我們既然是朋友，我會責，但是就少責一點，你也就應該妥協。美國方式是界定利益，然後我們來界定關係。我們不從利益觀點看待問題〔比如，核擴散〕——我們先問關係。我們〔中國人〕應該更界定我們的利益。你們應該多注意關係，而我們應該多注意利益。❺

談判開始時，中方或許有好幾個目標，並不是所有的目標彼此從容共存、或是有清楚的優先順序。目標經常不確定，中方想在談判過程中出現的各種可能性中取得最理想的綜合結果。美方則經常是抱定了清楚的目標進入討論，然後以目標達成的程度評斷談判的成敗得失。白魯恂認為中國人談判時沒有清楚的目標，是因為「一旦中國人達成他們的一般原則，通常就很難精確察覺他們到底要什麼，因為他們所用的計謀、戰術和小伎倆應該是很細緻的性質，卻經常粗糙和透明。」❻我認為目標欠缺清晰性是因為：一、在考量所有的利弊得失排列組合之後，才來尋找最划算的一項；二、中方需要在內部彼此先討價還價，才能決定接受最後方案。中方經常是在談判過程中才發覺他們要什麼。這個過程有個例子，中國某個將領試圖解釋中國在有關北朝鮮核武器計劃的談判上有幾個不同的目標和談判姿勢：

> 處理北朝鮮問題，我們有三個原則：穩定、不擴散和與美國合作，但有時候這些原則很難平衡，因此中國很小心、謹慎。我們清楚表示，我們不接受朝鮮人民民主共和國擁有核武器，但是另一方面，我們希望穩定，可能美國和其他國家也是。此外，中國希望和美國保持穩定、合作的關係。所以我們要說：「中國人和西方人的思維不一樣。你們從具體到策略；我們卻從策

略到具體。我們總是說，中國某某市某某街某某號，可是你們剛好相反，先號碼、街名、城市、州，才到國家。」❼

中國人在處理談判時，各造之間的權力等式非常重要。在任何時刻，都必定反映各造綜合實力平衡、來決定是否授與特定的利益。對中國人而言，力量平衡有變動，利益的授與也隨之調整乃是預料中事。強大的中國應該比弱小的中國得到更好的條件。強大的美國比起弱小的美國不需要太做讓步。這就是為什麼在全球金融危機後中國人覺得美國國勢衰頹會那麼重要，而這種認知對中美整體關係會有影響。

自從一九七七年以來，中國綜合國力廣泛、猛烈上升十分明顯，不論是就威懾、經濟或觀念實力而言都是如此，不過軟實力的核心元素仍然貧弱❽——中國有什麼對全球有吸引力的價值？有什麼「品牌中國」可以吸引別人的？從一八四〇年代起，中國衰弱——一則是本身內部衰退、一則是西方和日本工業及軍事力量崛起——比起它在歷朝國力鼎盛時期，它的談判槓桿力量大大消退。然而，在二十世紀末及進入新世紀之後，國力蒸蒸日上，中華人民共和國的領導人和公民認為時候到了，應該重新談判中國在衰弱時做出的安排（比如，香港和澳門已經收回，對於台灣也在積極籌謀、至少在經濟整合方面用力頗深）。中華人民共和國在新世紀對南海和東海更強勢主張主權，部分原因即在於此，另一部分原因則是針對其他國家行動做出回應。

中國還有一個平行的目標，即在第二次世界大戰之後及冷戰期間成立及成長的國際組織取得「合理地位」——當時的中國國勢相當弱、也比較孤立。當中國國勢弱（而且岸砲的射程也有限），外國軍艦不請自來，在接近中國二十公里領海外進行偵察，都得接受。今天中國不再那麼荏弱或武力不足。中國未必需要動用武力實現改變，但是勢必要和北京持續談判，看如何因應新的力量等式、調整舊安排。這是一個肯定會有摩擦的時代，而且如果沒有小心管理，勢必相當危險。中國領導人或人民有可能誤判他們的新實力能讓他們爭取的份量，而第二次世界大戰之後的主要國家、以及在美國安全傘之下的國家也可能高估他們的力量。此一情勢隱含誤判的可能性。

從學者過去針對中國共產黨談判方式的研究中，浮現一個具體、不隨時間改變的特性——好像數十年來、或甚至數百年來，中國人的談判方式一成不變。這個看法雖然發人深省，但不全然正確。當鄧小平一九七七年中重登政治舞台時，外界很少有管道與中國任何領域的組織和公民進行正式接觸。每個互動都得經過數量極少的政府關卡：商務方面，只有大約十來家對外貿易公司、一個部會和廣州交易會；文教方面，有個教育文化部；其他絕大多數接觸都得透過派在各「單位」或地方機關中的外事官員接洽，而最後都連結到外交部去。相形之下，在新世紀的第二個十年，一個人要交涉的中國實體多到數不清。中華人民共和國遠比過去可滲透且多元；因此，談判的困難和機會已經不盡相同。例如，現在非中國人的一方在談判時，有機會在地方機關之間、或是地方政府和中央機關之間、私人企業之間、或是私人企業和國有企業之間操弄。中央政府和黨試圖降低這種機會，但是中國愈變得多元化，它就愈困難。

一九七七年，中國共產黨在單一的談判和跨部門的談判，在相當大程度上都保持統一的訊息。現在，中國訊息、觀點、利益紛雜，反映出官僚機關和社會的多元，而這也是本書一再提出的主題。因此，當我們強調中國人談判思維和作法的持續性時，也必須記住，今天比起中國悠久歷史有更多、更多元的談判當事人存在。

因此，十分重要的是，中國的談判如何使用綜合國力所有的工具。有許多學者寫過有關中國人談判藝術的專著，最著名的是白魯恂、布萊克曼（Carolyn Blackman）、索樂文（Richard Solomon）和楊格（Kenneth Young）。[9]在他們的著作之前、上溯到尼克森政府初期，美國國會和行政部門也相當努力要了解中國人的談判方法。這些早期研究得到傑克森（Henry M. Jackson）參議員的大力支持，參考英國在一八三〇年代與中國互動的紀錄、美國在韓戰期間與北京的冗長談判，以及比較晚近的談判經驗。[10]艾克爾（Fred Ikle）的作品摘要了和莫斯科及北京交涉所學到的共產黨談判風格。[11]有這些作品普遍傾向指出，中國（共產黨）有一套談判風格，美國外交官最好要做好準備。我在這裡的目的不是要申述他們的著作，而是要檢視中國領導人在改革時期如何運用談判以追求國家利益，並評估隨著中國國力上升，談判的方法如何演變。以下我們將從幾個不同角度檢視改革時期中國的談判方法。

為談判做準備

中國談判者會先做功課。每一次的互動，他們對原先談判紀錄的掌握通常相等、且經常超過對手方的知識。美國的政治制度因為選舉取向，人事異動往往向下深入到好幾層的政府官僚，而且當政黨輪替時許多相關行政部門的紀錄出於防衛心理遭下台官員帶走，以致於新政府只能逐漸發覺前任做了些什麼。這個事實與中國官僚機關的升遷制度大不相同，它的談判人員往往在一生職業生涯大半時間都浸淫在相關領域。美國談判代表經常被中方的準備程度和持續性比了下去，屈居弱勢。中國談判人員也設法營造一種有利於他們的心理定位，他們的作法是事先設法盡力摸清談判對手個人底細——從互動過程會顯示他們了解的程度。

中國談判者注意界定至少三個談判脈絡的關鍵方面：討論的道德尺標；相關各造的權力關係；以及談判舉行的場域。

訂定道德尺標

道德尺標牽涉到讓人覺得中方是道德正直和團結的、北京居於有原則的制高點，所以對手在道德上要矯正、要讓步，或至少要妥協。

中國思想中的這個特色首見於孫子兵法。孫子在談戰爭工具時說：「故經之以五事，校之以計，而索其情，一曰道……道者，令民與上同意也，可與之死，可與之生，而不畏危。」[12]清華大學國際關係專家閻學通在近作上溯到先秦時期（西元前二二一年之前），主張中國對與外來人打交道的思想一向強調道德高超所生之獨立力量。[13]

中國談判團隊選擇強調的道德層面，隨著議題和涉及各造的權力關係而變動。例如一九七〇年代，文革動亂仍在進行，美國和中國在走向關係正常化的漫長路途上小心翼翼地接觸，同時日本和美國是同盟。起初，北京想在美、日兩國之間離間破壞，強調華府支持日本防衛能力，和過去日本在二戰期間的暴行、以及日本未來的侵略傾向並不和諧。一九七一年八月，周恩來和姚文元和美國學者談話時，主張抑制日本軍事化是道德上的必要。整個論述就是試圖讓華府（其實更是他們當天交談的對象——反越戰學生）在美、日同盟這個議題上處於道德上的守勢地位。

姚文元：「日本軍國主義的復活是美國帝國主義一手搞出來的。尼克森總統在公開聲明中也承認這一點，他說他們正在培養從前的敵人……」

周恩來：「是的，日本軍國主義正在死灰復燃是個事實，因為日本經濟正在失衡發展。他們缺乏資源，他們必須進口天然資源，市場也需依賴外國。戰後，他們沒有支付賠償的重擔，有相當長一段時候，他們在軍火裝備上花費也不大。他們的經濟發展有一項特色，就是他們靠別人打仗、發戰爭財，（我指的是）侵略朝鮮的戰爭和侵略越南的戰爭……因此日本失衡的發展會出現什麼樣的情形？他得在國外推動經濟擴張。否則維持不了經濟。」⓮

接下來在一九七〇年代末期，吻合第四章所說的「情境倫理」，中國愈來愈擔心蘇聯，加上華府和北京走向正常化，中、美、日軍事合作以抵制蘇聯的擴張主義，成為新的道德目標。美國總統卡特說：「我們和中國的關係加強了，他們擔心日本的威脅可能也會減輕，而他們開始力促日本增強防衛能力。」⓯中國談判者在道德上來個大轉向──突然間，東京和華府在反抗「蘇聯熊」方面做得還不夠。

訂定道德尺標也可以適用到功能性的政策領域。以二〇〇九年十二月哥本哈根的全球氣候變遷會議為例。藉由為決議定下道德基本線，北京設法讓最後達成的決議向有利於其利益的方向傾斜。中國極力主張，基於正義，美國及其他早先工業化的國家要承擔更大的責任、並且承擔更大的負荷來處理二十一世紀的氣候變遷問題，因為他們在十九、二十世紀排放的溫室廢氣已耗盡大氣層的吸收能力。基本上，正義不應該要求今天貧窮、尚未工業化的國家，承擔和早先破壞環境、已經致富的國家相同的負荷。⓰二〇〇九年三月，中國派赴氣候變遷談判的大使于慶泰表示，「對於他們〔美國〕過去〔已經〕引起的問題」該負的責任，有不同的解讀。他提到當年年底即將召開的哥本哈根會議美國和中國的立場時宣稱：「我預期會有激烈的對話。」[17]再者，製造氣候變遷問題要如何界定也是個正義問題——二氧化碳人均排放量是公平的尺標（二〇〇八年，美國這方面的數字是中國人均排放量的三倍以上），或者是以二氧化碳排放量絕對值做為正義、合宜的標準（就此而言，中國已超越美國）？因此，中國經常提起正義、公平和平等待遇的問題，以它們做為全球政治的工具。這類討論成為談判桌上交鋒的重點。

界定權力關係

與中國對手談判之初往往會出現一件事：或明示、或暗示地先界定雙方之間存在的力量關係（或這種關係的趨勢）。最有名的一個案例就是二〇一〇年七月在河內舉行的東協區域論壇（Regional Forum of the Association of Southeast Asian Nations）；會上中國外交部長正色告訴新加坡外長楊榮文，中國大、新加坡小，大家最好別忘了這一點。中國談判代表非常深入掌握另一方國內及外交事務環境的力量，認為減低或分化對手的國內或國際支持可以促進中國的利益。孫子說：「古之所謂善用兵者，能使敵人前後不相及，眾寡不相恃，貴賤不相救，上下不相收，卒離而不集，兵合而不齊。」[18]總而言之，談判對手國內及外交支持的堅定程度是十分重要的資訊，北京對對手綜合國力的整體評估亦然。

中國人在國際談判上會運用四種力量地位：一、強者地位，不給對方太大迴旋空間，或是扮演熱心幫忙的強勢夥伴的角色；二、採取需人幫忙的弱者姿勢，另一方是「強者」就有責任協助或是修正過去的不義行為；三、擺出它的力量正在上升的姿勢，因此早點達成協議、莫再等待，會對對方比較有利（這是北京在台海兩岸問題上的潛台詞）；四、雙方彼此互有需求，需要彈性靈活、互有取予。

界定力量等式的一個方法是先界定一個共同敵人或問題，指出對話方的實力不足以單獨處理此一挑戰，然後表示在適當的條件下，中國可以合作來處理問題。創造「適當的條件」就是對話方必須調整其他領域的政策迎合北京。二〇〇五年，北京被要求對北朝鮮增加壓力、以達成華府核武不擴散的目標，中國某位相當資深的外交部官員就很坦白地說：「『中國預備與美國合作、促成和平、非核的〔朝鮮〕半島。我們希望你們多關心台灣，就跟你們希望我們關心朝鮮，是一樣的。』」[19]針對同一個議題，中國某位大學戰略分析家最近說得更直白：「我們希望北朝鮮對美國和南韓構成威脅——這符合我們的利益。只有當我們穩定住台灣海峽，我們才會放棄北朝鮮。北朝鮮曉得這一點，也曉得這是他們取得核武器的最後機會。」[20]

的確，選定一個共同挑戰、以中方可以合作為餌，爭取在另一議題上的進展，這個策略就是導致北京和華府一九七〇年代關係正常化的邏輯。一九七〇年代後半期，當蘇聯力量似乎壯大到難以壓抑、而華府表面上又不熱中推動與北京關係正常化時，中國告訴其他國家說，美國國力衰退，需要中國合作才能有效對抗蘇聯此一西方真正的威脅。外交部長黃華在一九七七年秋天說：

今天的世界比起十五年前是更緊張了。為什麼會如此？這是因為蘇聯和美國之間對立增強。我們可以講世界氣候、專注在糧食或人權上，但真正的「氣候」問題在於美國的地位，它的軍事力量正在逐步下降。美國在過去十五年相對實力已經下降。二戰結束時，美國最強，但現在不是了。一九七〇年，尼克森總統說過，美國不再享有以前的地位。

……可是，蘇聯今天空前強大，特別是軍事方面。現在它成功地和美國對抗，撥出大量經費備戰。華國鋒說美國採守勢保護其利益，而蘇聯要進攻。這是全世界人民都承認的客觀事實。[21]

進入新世紀，指出華府需要北京在平壤、在穩定全球經濟，或處理氣候變遷及傳染病等跨國問題方面提供援助，已經成為北京的常態。二〇〇八年底雷曼兄弟公司垮台引爆全球經濟危機之後，中國內部開始討論美國衰退的程度，以及中國從中可能獲得什麼樣的機會。這項辯論在中國媒體和社會上一直延續到至少二〇一二年，這時美國經濟開始成長、而中國經濟擴張減速，迫使他們重新評估美中雙方形勢消長。皮優在二〇一二年底發表一份民意調查，它顯示在二〇〇九年春天至二〇一二年春天之間，認為中國經濟是世界「領先經濟大國」的中國人下降了十二個百分點。[22]

在談判中，有時候承認自己弱、反而合乎北京的利益。北京在和美國及關稅貿易總協定／世界貿易組織就加入此一全球貿易組織長達十五年的馬拉松談判（中國終於在二〇〇一年加入），中國一直主張由於它的經濟仍然虛弱，它應該被列為「開發中國家」，入會條件應該比更開發的經濟體來得寬鬆。同樣地，聲稱缺乏外交影響力也可以迴避不方便的要求。北京經常聲稱它對華府希望它去施加壓力的國家沒有影響力——比如，它在一九七〇年代說對北越沒有影響力，在一九九〇年代和新世紀說對北朝鮮使不上力，從二〇〇〇年起又說對伊朗研發核武器一案愛莫能助。

有時候中國無能為力是真的。鄧小平一九八〇年四月最早和世界銀行總裁麥納馬拉互動，他就利用中國低度開發為主要理由，爭取世界銀行儘早、大量資助中國。我們在第一章已經提到，麥納馬拉很訝異鄧小平直言承認中國不行。我不曉得鄧小平是否曉得麥納馬拉曾在第二次世界大戰期間到過中國。這位前任國防部長、世界銀行總裁似乎藉由積極參與國際開發工作，尤其是他對中國在二戰表現有正面的印象，找到對自己先前進行越戰的救贖。同樣地，卡特總統在一九四九年服役海軍時曾到過青島，親眼目睹戰亂中國的景象，深受撼動——很明顯的衰弱、但同時又有極大的潛力。早年接觸到衰弱且因戰亂受苦的中國，加上身為虔誠基督徒的道德責任意識，可能是影響美方談判的因素；中國人經常把他們的牌打得很好。卡特回憶說：「有一次我們在討論遠東時，我提到我國人民對中國人民有深刻、自然的感情。在場大多數人笑了起來，我感到困惑、也有點尷尬。隔了一會兒我才想到不是每個人都把到中國的傳教士當做英雄，而且小時候也沒有週復一週、年復一年，持續捐個一分錢或五分錢給中國小孩蓋學校和醫院。」[23]

和「中國是個開發中國家」相同的論點，就是「中國的衰弱非常危險」這個說法。它的意思就是：「過分催逼改革可能打亂全局，對中國人和外國人都造成傷害」。李嵐清副總理說得很清楚扼要——「中國經濟發展對世界和平很重要。瞧瞧南斯拉夫。我們不希望再有一個南斯拉夫。如果我們失敗了，我們造成的麻煩會是南斯拉夫的百倍以上。」[24]有位非常資深的外事官員在一九九〇年代末期，對美國外交政策期刊編輯談話時也有同樣的說法：「有人談到中國威脅。餓肚子的中國人才是威脅！北朝鮮人口不多，它要求援助，但是國際社會無法滿足他們的要求。『因此，你可以想像，如果中國陷入危機——那才是真正的中國威脅。』」[25]

總而言之，談判一開始，如何架構力量等式是個關鍵。有時候你會遇上強大、團結的中國；有時候又是需要援助的中國，而由於過去的不正義或是基於善心，你有義務要協助它。還有些時候，中國和它的對話方可能要以平等地位處理一個共同問題——這個問題大到不是任何一方可以單獨處理，但雙方可以合作處理。在互動一開始如何界定力量關係，可以預示可能的劇本及結果。

確定談判場域

中國非常重視的第三個層面是談判進行的場域。訂定場域時，至少有兩方面北京認為最有助於達成其目標：一是設定實質的和心理的舞台，一是界定上談判桌的各方代表。

和中國人談判有一部分像是在唱戲。通常我們要打交道的領導人事先已考慮到會議要在哪裡舉行——通常寧願挑選在中國。地點通常規模宏偉、細節豐富，而且井然有序，讓訪客覺得優雅高貴——衣飾整齊的女服務員在茉莉花香中殷殷為客人奉茶。房間的裝飾通常似乎刻意精選、以加強中方想要傳達的訊息——例如，討論台灣問題就選在人民大會堂台灣廳舉行。領導人指著牆上的字畫加強印象，比如促請對方「採取長期戰略觀點」、要從高處看事情，他會指著畫中的山巒景色做譬喻。當你進入中南海時、或是趨前走向中國領導人時，似乎沒有什麼安全人員環伺（其實到處都是便衣隨扈），傳遞的是絕對的自信。要到中南海瀛臺的閣樓去見中國國家主席，得先坐車經過曲折之路才到高高隆起的這棟傳統建築，主席像個鬼魂一樣出來迎客，這個效果就是要傳遞秩序、控制、主宰、高高在上及威嚴的清楚意義——或許在討論開始前就先震懾住訪客。對中國人而言，在哪裡會面、實體環境要傳遞什麼訊息，都是選定舞台的一部分。

營造實體環境還有第二個考量，它與前者也有密切關聯，那就是在如此壯觀、縱容和殷切款待下，也或明或暗地期待這樣的招待會得到訪客的回報、或至少尊重。江澤民在中南海瀛臺會見一個美國高階訪問團時表示：「孟子說，叟不遠千里而來，亦將有以利吾國乎？」㉖我在這次會談筆記之前加了一段評注，描述此一實體環境的影響：「江澤民主席像皇帝般地在門口迎客——會議充滿了仙氣。」㉗

中國人一方面精心營造實體和心理的會議場域，一方面則明顯地喜歡與弱小對手進行雙邊會談、與強大對手進行多邊談判。這一點並不奇特。例如，中國貶抑南海問題「國際化」，希望避免涉及東協組織（或這個集團底下主要次團體）的多邊談判，更不用說也極力迴避可能涉及「外來」大國的擴大談判。逐一和它周邊的小國個別交涉，可以把幾個對象隔離開，從北京的觀點才是上上之策。不足為奇，中國的小鄰國喜歡相反的方式。在南海問題的交涉上，河內對這一點感受最深。越南國會有位資深議員告訴我說：「中國盡全力要走雙邊談判。」㉘

然而，當中國想要限縮相等或比它強大的對手時，多邊組織可能最符合北京的利益。例如，北京加入其他三十多個國家（包括印度、俄羅斯和美國），反對歐盟預定自二〇一二年一月一日起對使用歐盟飛機場的各國民航公司開徵碳稅的方案。㉙北京表示它希望透過國際民航組織（International Civil Aviation Organization）來針對飛機排碳量研訂管理規則，而不要由一個它並不是會員的區域組織來訂定標準。無獨有偶，北京也持續反對國際民航組織准許台灣入會或成為觀察員。從這個例子，我們看到北京利用不讓加入國際組織為手段，壓迫台灣接受北京的一中原則。

有些多邊國際組織的決策規則偏向側重少數派意見，當中國試圖制止國際行動、又不想遭人責怪時，這就對它相當有利。例如，二〇一二年七月，聯合國在紐約召開武器貿易條約會議。一個國家就可以阻擋下可能的任何協議。這一次會議，中國、俄羅斯和美國都發現很方便、可以無限期推進協定。同樣的，二〇一二年七月，北京和俄羅斯三度聯手在聯合國安全理事會否決美國、歐洲和其他國家的提案，案由是試圖對敘利亞總統阿塞德施壓、制止他殺害同胞。在這些組織中，中國可以制止、延宕、轉移目標或沖淡提案，使它可以在不傷害其核心利益時才同意，最妙的是還經常不留下外交痕跡。說句公道話，其他大國也玩同樣策略，也不只限於美國。中國在新世紀的行為有一個顯著改變，就是它愈來愈願意利用它的能力在聯合國安理會封殺行動，強烈維護其利益，即使遭受國際相當批評也在所不惜。

辯論

思考中國式的立論方式的時候，首先需要搞清楚詞彙——比如，「基本原則」、「政策」、「目的」和「建議」。原則應該是堅定不移、不打折扣的；政策和目的可以隨環境而改變；建議是靈活、短暫、可調整的，只要與原則大致一致就可以。當然，要根據哪個「原則」來辯論是可以變動的。大體而言，中國人在討論比較靈活的政策、目的和建議的元素之前，喜歡先就大原則取得協議。中國一位涉台事務主要官員二〇〇五年談到台灣問題時表示：「『一中』是基本原則，我們不能退讓，堅持和平統一是目的，我們將全力以赴，但是否能實現，不能全靠我們——也要靠台灣——這是政策、不是原則。『一國兩制』不是原則或政策，它是建議。這可以討論，〔中國〕不會強迫〔台灣〕接受它。如果台灣覺得它不好，它可以提議『一國三制』或其他方案。」[30]

中國談判策略會一再出現一個詭計，即把談判定在尊重社會和政治制度之間的歧異這個原則上。這個策略包括提起尊重中國政治結構中比較封閉的部分（當議題涉及外人要進入中國制度的話），同時還占許多外國制度比較可滲透和透明性的全部好處，以最大化中國的收穫。它維持住平等的表象，因為一個標準適用全局——也就是同等尊重、一體適用。然而，結果卻是不平等的。「透明化」的問題就是個好例子。美國是資訊自由的制度、也信奉開放原則，中國（尤其是軍方）沒有太多誘因互惠地提供資訊。有位中國資深學者說：「美國訂了資訊自由法。『中國得到免費午餐。』」[31]

學生交流計劃是鄧小平一九七七年復出後最早的雙邊倡議之一，而美國在學生交流計劃初期就碰上這個問題。到美國來的中國學生人數急劇增加，遠比到中國念書的美國學生多（原因不只是中美雙方相對人口規模差異、教育發展的水平不同、以及通曉中文的美國學生稀少）。甚且，對於美國學人到中國研究的領域（不論是地點或是學科領域）都有極大的限制，而中國學生卻幾乎不受限制，可以進入美國每一學科領域或地點做研究。一九七九年中，中國國家科技委員會主任方毅和美國衛生教育及福利部部長卡里法諾有一番對話，我在場粗略的筆記摘要顯示，北京希望中國外交部緊密控制每個美國人到中國哪個地方、進行什麼教研工作的詳情，可是中國當局希望與美國各大學個別洽商，以最大化中國學生入學和財務補助的機會、並最小化華府的監督。北京在和美國人打交道時就要借重自己制度的集中性得利，可是涉及中國學生赴美研習時，又要沾美國聯邦制、非集中制的光。我認為卡特總統和卡里法諾部長接受此一不平等條件非常明智，雙方也尊重對方的特性，但這仍然是不平等的。32

要求辯論夥伴尊重中國制度的特性還有另一種形式。北京往往對要求中國做出改變的對話方表示它同意對方的大體目標，然後說要落實這種政策很複雜、需要一段時間，或者乾脆表示太複雜了、所以不可行。比如，自從一九八〇年代起，華府就促請北京控制將雙重用途科技和武器出售給伊朗的舉動，到了新世紀第二個十年，它又需要中國協助更廣泛、更緊密的制裁。有位中國高階外交事務官員說明很難辦到華府要求的每件事：

「石油和不擴散兩者都重要。我們在這些事情上必須維持平衡。」我們需要考慮到所有的實體和利益。我們能控制這些實體〔許許多多的中國外交政策行動者〕嗎？我們有出口管制，還不錯，也和美國合作，而且我們也改進執行能力。我們有時候擔心這些〔中國〕公司是否會受到制裁、他們是否有風險意識。我們需要各省去執行。〔他們〕和某些國家有秘密交易。我們也發現有些公司違反聯合國安理會制裁在做生意。㉝

我們在第四章已經說過，在改革時期，中國談判代表愈來愈推說「輿論」造成他們空間受限。通常對外國要求祭出的反駁之論是：「中國十三億人民全會起來推翻同意這件事的領導人！」國防部長遲浩田說明為什麼沒有哪個中國領導人能容忍台灣獨立：

我的老友，你也曉得在歷史上，依據一八九五年的馬關條約，台灣割讓給了日本。對我們來講，這是國恥。當時中國全體人民依賴李鴻章〔太子太傅、軍機大臣、北洋大臣、直隸總督、一等伯〕，事實上，李鴻章成了中國人鄙夷的名字。一九四五年，〔台灣〕回到祖國懷抱。我們不容台灣獨立。㉞

中國人談判的百寶箱裡還有另一道詭計，就是先向中國人打預防針，宣稱威脅的一方（或是威脅方重視的第三者）會因為啟動威脅，比中國受到更慘重的傷害。一九八九年六四天安門事件之後，美國（尤其是柯林頓總統第一任任期內）試圖把每年檢討、延續的「最惠國關稅待遇」（今已改名「正常貿易關係」）和「中國在改善人權紀錄上是否有長足進步」掛鉤處理，是一個案例。㉟中國針對這個問題歷十多年的戰鬥，其主要論點即是：實施此一威脅不僅會傷害美國經濟利益，也會傷害到香港、台灣——

而美國視香港、台灣為意識型態或經濟上的好朋友。㊱一九九一年，中國外交部副部長、新華社香港分社社長周南告訴新聞記者大衛・葛根說：「如果最惠國待遇撤銷，中國會有損害，但它仍撐得住。香港的損失會更大。」㊲兩年後，李鵬總理講得更直白：「我要問，如果取消中國的最惠國待遇，誰的損失最大？美國肯定不會損失最大，因為中國占你們貿易的份額沒那麼大。中國會有損失，但也不會最大。我們不像俄羅斯，它的人民都受苦。我們沒有乞求糧食。香港的損失會最大；轉口貿易給予香港貿易、獲利的重大機遇。如果你有任何疑問，可以去問美國駐香港總領事。看看他是否同意我的評估。」㊳

辯說美國的行動會傷害華府最關心的人，這個戰術也套用在中國國內。一九九一年和外交部長錢其琛對話時，他說明何以針對中國實施經濟制裁，未必傷害到國有企業、反而會傷害到鄉鎮企業。前者是國家的武器，是美國針對違犯人權實施經濟制裁鎖定的目標；後者則是近乎民營、個體戶等組成的經濟部門。鄉鎮企業是美國人在大多數情況下希望培養、扶植的中國經濟部門。㊴福建省漳州市長韓玉琳也說，美國若實施經濟制裁會傷害到漳州市的鄉鎮企業、外資企業和全資的外國公司：「你們坦率、熱情，但你們〔一般美國人〕有個缺點。你們太倉促做決定。六四事件〔發生〕，你們就制裁〔中國〕。你們應該調查清楚。這一切影響到鄉鎮企業、合資企業、全外資企業。美國人不會要這樣的，因此請聽我的建議和意見。其次，美國需要快速的經濟增長；我們是一個十二億人的市場。美國不該離開中國。我們購買波音飛機、先進設備，〔出口〕廉價商品。」㊵

同樣的，從改革之初直到今天，美國各大學發覺很難不讓愈來愈多的大量中國學生和學者到他們校園求學，才好說服中國當局不再將美國著名學者列入黑名單（這些美國學者通常也出自接受大量中國學生及研究人員的大學）。為什麼？有部分原因是，受害人將是與不當政策不相干、沒責任的中國公民，而且這些人往往也是美國決策者想要協助的對象。當然，中國學生的素質、他們繳的學費，以及中國學生在美國許多研究生項目扮演的中心重要性，也都是關係重大的考量。可是基本問題還是存在——中國學者大體上可自由進出美國，而美國學者要到中國則障礙重重，即使自一九七八年以來情勢已大有改變。雙方都展現對對方制度的明顯特質同樣尊重，但事情未必就能平衡。

掛鉤法

北京愈來愈利用「掛鉤法」做為對付對手的戰術——在對方認為重要的項目上不合作，以便促使對方在另一議題上往我方所盼望的方向走。由於中國在日益廣泛的全球重大事務上愈來愈重要，要解決或管理它們愈來愈需要北京的合作，這個戰術應運而起。二〇一〇年，解放軍海軍少將楊毅委婉解釋此一現象，但是內容可不含糊：「在美國，有些人評論中國過去容忍美國銷售武器給台灣，為什麼這一次中國的反應卻如此強烈呢？中國會這樣反應的原因是，中、美關係已成長到超越傳統上相當重要的雙邊領域和類型，已成為一種全球夥伴關係，必須針對每一種挑戰有所回應。如果一方欠缺誠意，另一方要如何反駁呢？」[41]

「反駁」出現在北京對北朝鮮、伊朗和敘利亞的政策，以及其他許多行為上。基本上，合作去對北朝鮮（或伊朗或敘利亞）施加壓力，可能要視華府對台灣是採取什麼政策而定。同理，美國在二〇一一年底以後實施再平衡（「重回」）政策，（可以預測得到，）中國可能在美國覺得重要的第三議題上不是那麼合作。

雖然華府想運用掛鉤法時（如柯林頓總統第一任任期）就被北京責難，中國在經濟領域也常用這一招。中國指出美國及其盟友之間、或是與美國企業的商業競爭者（如日本、德國或空中巴士公司）之間，存在利益衝突。美國談判代表經常聽到，如果他們在某一範圍採取牴觸中國利益的政策，美國公司將會受害，而日本、德國或其他國家的企業會漁翁得利。外交部長錢其琛對美國記者、總統顧問大衛．葛根說明：「日本（在和中國打交道時，比美國）占優勢；地理靠近、也更了解中國。日本提供給我們融資和貸款；美國也有一些有利條件，可是也有國內障礙（部分指的是國會）。我認為美國訴諸經濟與貿易手段（對別人）施壓，不符美國的利益。美國停止出口穀類到蘇聯，但受傷的是美國農民。」[42]

有時候話由與對方有親密、信賴關係的中國人講出來最為有效。比如，一九九二年，與美國有長期交情的一位中國教育界領袖提醒來訪的美國代表團，「最惠國（關稅待遇）不只對中國有利，也裨益這整個區域與美國。我們天天都聽說日本、德國主宰等等，他們最高興美國遠離中國市場。」[43]

二〇一〇至一三年期間，北京有時候不提此一政策、就祭出掛鉤法。二〇一〇年底，北京似乎阻擋戰略物資（稀土）輸往日本，以報復海上事件。[44]二〇一二年，它縮小從菲律賓進口香蕉，以報復另一樁海上事件。[45]二〇一二至一三年期間，北京和東京之間為了釣魚台／尖閣群島鬧得沸沸揚揚之後，中國進口的日本產品大幅下降，在二〇一二年十一月一個月就下挫一四．五％。[46]一九九〇年代痛斥華府搞經濟掛鉤法的中國，到了新世紀顯然熱切採行這項政策。

華府想把最惠國待遇和北京的國內人權紀錄掛鉤，但是並沒有成功。北京也發現掛鉤的手法有些缺點。在甲區衝突，再把它擴張到乙區，與事件不直接相干的人勢必會受傷，遭池魚之殃。例如，藉由降低稀土出口懲罰日本，卻嚇壞了其他國家，懷疑中國做為戰略物資供應國的可靠度。世界體系立即開始調整，尋找及開發更可靠的新供應國。此外，擴大衝突區導致在目標國及連帶受傷地區中原本同情者的損失。最後，如果中國懲罰它生產本身出口商品所需零組件的供應國，中國的獲利和就業將因中國本身的報復行為而受害。北京並不是不了解此一現實。

與掛鉤法相關的一個手法，就是中方設法勸誘對方重新考量「調解」（accommodation）或許才符合其利益。例如，一九八九年六四事件後美中關係一直有個爭議點，就是華府禁止軍售、也限制將「軍、民雙用」裝備出售給北京。雙方特別不愉快的就是美國在一九八〇年代中期出售黑鷹直升機給中國，但是一九八九年六月四日後不肯再賣零件，甚至只是讓它能飛的基本零件都不賣。北京除了辯稱由於美方片面退出中國市場、而美國的盟友（包括以色列）卻設法移轉技術給中國而大發利市之外，我還很驚訝中國有位高階軍官的觀點。他主張，恢復出售雙用科技給解放軍，可以讓華府有管道看清中國的科技發展，而解放軍也會變得更依賴美國：

關於技術出口。你會不會歡迎這個想法？如果這些技術由解放軍採用，就會對美國不利嗎？「美國和中國會互相交戰，這是不可思議的。想想看，解放軍是那麼大一個市場。如果你們肯放鬆不是那麼攸關美國安全的技術移轉給解放軍，可以增加信任。以黑鷹直升機為例，我們在高海拔地區需要它們。比如，汶川大地震，可是美國不肯提供零件〔給一九八九年之前早就賣給中國的這款直升機〕。或許我們的美國朋友應該再思考一下和解放軍技術合作，以便增加對解放軍的槓桿力量。你們應該再想一想。」㊼

最後，在籌組新的同盟、亟需中國合作時——例如，二〇〇五年世界貿易組織多哈回合（Doha Round）談判不順利時、或是二〇〇三年干預伊拉克、或是二〇一一年干預利比亞——北京不是冷漠以對、就是很猶豫要採取立場。中國要靜觀事態發展。在許多情況下，中國做出類似的表示：「中國不會阻止別的國家達成共識，但是北京也不會帶頭達成共識。」北京因此避免在萬一沒有結果之下、在過程中就樹敵，也可以保持空間在最後結局「出售」它的支持給向它出價最高的一方。

北京在一九九〇年就是這麼做的。它等到最後一刻才決定不否決批准第一次波斯灣戰爭的聯合國六七八號決議。在投票前的緊湊談判中，北京爭取到外交部長錢其琛訪問華府（他於一九九一年三月成行），從而終結了華府在一九八九年六四天安門事件後的制裁：禁止雙方高階官員互訪交流。老布希總統和史考克羅夫後來回憶十一月聯合國表決決議案之前的談判經過，他們說：國務卿貝克（James Baker）極力爭取中方支持，或至少默許聯合國六七八號決議案。錢其琛「對於支持決議案不肯承諾，要求美方有所回報。他試圖讓貝克承諾由他或總統訪問北京……錢其琛和貝克顯然達成協議，如果他們〔中方〕投贊成票，錢其琛在表決後可到華府來、也會見到總統，若是投棄權票，就與貝克見面。」㊽中方投下棄權票，但是錢其琛次年初還是見到了老布希總統，因為中國駐美大使在半夜三點鐘打電話給史考克羅夫說，如果錢其琛見不到總統，他就取消行程。㊾這是面子問題。

中國人非常重視「面子」是個老生常談。他們有時候會把面子押到結果上——通常是為了在國內取得重大象徵意義——使對手方覺得壞了談判大局造成的後果與攸關的利害不成比例，也就讓步了。在比誰是儒夫的競賽裡，先把方向盤丟出車子的一方往往得勝。北京往往在外人認為芝麻小事上把方向盤丟出車外。其實這代表兩種情況——一是這不是芝麻小事，一是這種運作方式是中方的談判道具。

工具

要和中華人民共和國有效談判，需要了解中國人是怎樣看待威懾力（實力）和軟實力（說服）之間的關係。有位中國中央政府高階官員說明他對硬實力和軟實力的看法，以及鄧小平的「兩個拳頭」談判風格：

「我們動員硬實力和軟實力。軟實力通常是自發的，但硬實力應該由政府指導。有時候很難平衡這兩種實力，但是擁有硬實力的國家，它們或許過度強調，反之亦然；危險的是光說不練，因此我們需要在兩者之間平衡。」……如果用軟實力去解決問題，最好就不要再用硬實力。已故的鄧小平曾經有個比喻：「右手準備談判，左手使用武力。但通常右手比左手更強。」[50]

中國人把說話拿來當談判工具。中國談判代表擅長以下列手法占據時間，比如「簡單介紹」、長篇大論說明大家都清楚的事實、冗長聲稱中國立場的優點或是對方行動或立場的缺點；可是當他們認真希望從交涉中獲得結果時，他們也可以注意聆聽、相當節制。外交部副部長章文晉是一九七〇年代和一九八〇年代主要外交官員之一，他在一九八〇年一月和美國武器控制暨裁軍署賽紐斯（George Seignious）大使對話時就說：「我準備多聽、少說。」[51]

對美國人而言，天性嫌惡真空——他們常常以講話填補真空。對中國人來講，美國人愛說話也有好處——洩露動機、提供資訊、可能透露對手方的利益分歧，並且讓中方了解到談判可能的結果。在中國談判，幾乎都是這樣的開場白：「遠來是客，中國人的習慣是請客人先說話。」有趣的是，如果談判在中國之外進行，開場白又變了：「你是主人，我們特別來聽取你的意見。」不管怎麼樣，美國人通常都很樂意先發表意見，而且經常是長篇大論。

不過，這不是說中國領導人不愛說話；中國領導人的談話風格各不相同。江澤民喋喋不休，李鵬和胡錦濤就比較沉默寡言。鄧小平近乎單調乏味，但總是切中主題。而且，中國人在和熟悉的對象交涉、也有清晰的目標時，他們可能採取主動，想要訂定議題、提出建議。

不說話或不落入文字也是一門藝術。一九七二年的上海公報為了避免過分凸顯「一個中國」概念，就把這個藝術發揮得絕妙細緻——「美國認知到台海兩岸所有中國人都認為只有一個中國，台灣是中國的一部分。美國政府對此一立場沒有異議。」依循同樣思路，二〇〇八年台灣一位非常高階的領導人在談話中說明，北京和台北如何決定展開兩岸包機飛航談判，以及如何處理簽署最後協議時出現的一個問題。問題涉及各方如何填寫日期，因為台北採的是中華民國紀元，北京則採用傳統西元紀年。中華人民共和國不會在一份使用中華民國紀年的文件上簽字，而台北也不會簽一份只有西元紀年的文件。這位台灣非常高階領導人說明解決的妙計。「當我們達成兩岸包機協議時，最困難的部分是文件的日期——中華民國九十七年——怎麼寫。雙方把日期空白、以後再填寫。我們就這樣避過〔問題了。『中國人的智慧、模糊的傑作。』〕」[52]

中國人談判的另一種工具是試圖分化、抹黑、恫嚇或伺機稱讚對方某一成員。如果中方察覺對方團隊中有好幾種不同看法，有時候他們會設法鬥臭對手方最弱的一環（通常是較低階的代表），一口咬定他或她「不了解中國」。希望剔除掉最弱的一員會抑制其他人表達同樣的觀點，打消中方和外國方那些不喜歡的觀點。有一次在北京談話，解放軍某位高階將領很不爽一位美國學者當著美國高階國防官員的面講的一些話，當下痛斥，想當著此君國人面前鬥臭他：

「你〔美國學者XX〕說中國在進行軍備競賽——不對！——只是二十六架蘇愷二十七型飛機，不是軍備競賽。指說主權概念過時，也不對！它不能被任何人侵犯——不對！說我們的主權觀念過時，非常沒禮貌。這是霸權心態。你不了解中國！」……你〔美國學者XX〕承認台灣是中國的一部分嗎？我很震驚，我真的很震驚。我們不能在藉口穩定之下遭受欺壓。中國重視民主。人民應該參與政治。全國人民代表大會有兩千九百位代表——每個民族、農業及其他行業都有代表；這是來自各行各業的廣大代表。怎麼能說中華人民共和國不支持民主？我很震驚會有這種指控。政治改革，我很震驚——〔你〕說政治改革在經濟改革之後。你不應該把指頭指向中國。我真的很震驚會有這些指控，因此我要求有機會說出我的觀點。我要說我真的很震驚——尊重事實嘛！如果我們不尊重事實，動機是什麼？……〔XX，美國學者〕不了解中國，信口開河。[53]

搞鬥臭戲目的另一個工具是祭出一堆惡意的動機，搞得對手方覺得必須向中方保證自己有誠心。例如，二〇一一年與中國一位非常資深的外交政策領導人談話時，我很驚訝美方表示希望朝鮮半島穩定，卻引來以下的回答：「中國的學者在問，美國希望半島緊張是因為它吻合美國利益嗎？」[54]

反過來的伎倆——誇讚——中方用來指某人「很了解中國」，希望這樣的誇讚會引人往這一方向思考，讓對手方這個被誇為學識淵博的人會變成更加熱情洋溢的「朋友」。另一種變形是誇讚不相干的第三者，引申他或她的智慧可做在場人士效法的楷模。全國人大委員長吳邦國二〇〇七年與兩位美國國會議員談話，吳邦國說：「我在十二月遇到比爾．蓋茨，坐在他旁邊一個小時。他說許多國會議員不怎麼了解中國，而他對中國的了解也不如我對美國的了解。你們扮演很重要的角色。」[55]

前面幾章我們舉出中國在改革時期出現驚人且重要的改變——其中最顯著的是綜合國力增加，相互依存上升，愈來愈不一言九鼎的領導人，以及更加多元化、有能力的社會。可是，在談判這方面，我們看到極大的持續性。然而，在和中國談判時外國人看到的改變是，它要就更加廣泛的議題、與更多的中國對象交涉，而且這些對象具有更多資源——知識、資訊和經濟實力——也比起四十年前具有更多樣的利益。現在更注重軟實力以及中國的經濟能力。進入二十一世紀，中國人帶著遠比一九七七年鄧小平當權時更平衡、更強壯的「雙拳」與外國人談判。

不論是在外交、商務或其他場合，中國人非常精嫻權力關係，既知目前的力量關係、也掌握對手方未來的權力前景。這也是為什麼美國不能漠視中國人認為美國國勢衰弱的觀點，也是為什麼美國綜合國力走上成長軌線，是美中關係平衡、健康發展的重要關鍵。在任何時刻，中國會特別注意別的國家實力的威懾、經濟或觀念層面，但經濟走勢才是最重要，因為經濟實力可以轉變成其他形式的力量。中國有位資深教授在二〇〇八年秋天雷曼兄弟公司崩潰之後說了一句話：「更加現實的是，與美國的新的力量平衡。中國的GDP是四兆美元——美國是十四兆美元。現在只有（中國的）三點五倍。『中國享有更好的談判地位。』」[56]中國另一位戰略分析家也說：「中國共產黨不認為美國可靠，但是需要與美國合作、並容忍〔對台灣〕軍售，可是它希望在二十年內改變現狀；我們的GDP將會更大、更有影響力，那時候現狀就會改變。」[57]

本章也標舉中國國力強盛後，已從在許多脈絡強調弱勢地位、以過去受列強欺負的意識進行談判，轉變為近乎平等的談判夥伴，以目前的利益和能力、以及未來的潛力自豪。改革開始時，中國談判要加入國際體系、或避免在其中遭到孤立。現在的問題是中國在國際體系中角色的規模和潛力——北京既想增加影響力，又不想因承擔責任。中國的綜合國力、國內的凝聚、國外的說服力以及談判槓桿，關鍵在於它的經濟力量。可持續而快速的經濟成長並不是一切，但是它很重要，而且在未來不能視為理所當然。其實，我們可以預期中國的成長率長期下來會下降，但至少十幾、二十年內尚能維持以已開發國家標準而言仍相當高的成長率。

結論：走在車前燈之前

中國和蘇聯的革命過程不一樣。一九一七年，列寧動員工人奪權。但是我們以農村包圍城市——我們花了二十八年才得到政權。如果我們聽史達林的話，他要我們搞武裝鬥爭，我們就無法把蔣介石趕到台灣。如果我們聽他的話，我們中國還會有美國租界。列寧從來沒談過混合經濟。

——李鵬總理，一九九〇年二月，北京

我們已經變得更多樣化、但欠缺協調……「我們花了二十年才理解、曉得〔美國的〕國會和行政部門時合時分。該輪到你們來了解〔中國的〕差異了——那麼多部門、利益團體和聲音。比以前更難追索。你必須更認真才行。」

——中國情報分析家，二〇一一年九月

「中國一首流行歌這麼唱：『且問前途何去？第一腳踏出就是。』」

——國家副主席習近平，二〇一二年二月十四日在美國國務院午餐的講話

走過的路以及前途之路

事業、革命和研究，有幾點很相似——它們都始於踏出第一步，而它們的發展循著剛開始並不完全明顯的邏輯，而最後的終點經常是事先預期不到的。我的旅程始於想要增進對中國的了解，期待的事業是我根本不會去中華人民共和國、更不用提會見到大陸的人民和領導人。我以為我的職業生涯就像一九七〇年代我在香港的經驗：採訪難民，從用來包裝由大陸進口蔬果的舊報紙——大陸所印「內部發行」的地方報紙——上爬梳資訊。鍥而不捨的情報人員和研究機構從香港的垃圾場搶救出這些舊報紙——有些還沾滿番茄汁。透過緊貼著大陸的這個英國皇家殖民地的眼睛，我所最初接觸的中國，根本沒有跡象會在踏出這個殖民地的深圳、乃至整個大陸發生令人目眩神迷的發展。

從新世紀第二個十年的角度回顧，中國共產主義時期的第二次革命已經走到鄧小平及其同胞在一九七〇年代末期發動改革開放始料所不及的階段。習近平和他那夥所謂的第五代領導人現在必須更向前走，他們未必能清楚看到前途、或是知道確切的終點。停住不動的危險大過奮勇前進。如果中華人民共和國領導人和人民不繼續有創意地調適過去改革所產生的演變，情勢將會急轉直下。反之，如果他們找到一條更人性、參與型、有規矩可循的治理之路，一路上把人的痛苦降到最低、同時維持活潑的經濟成長，逐步參與、並提供全球公益，這場中國革命將可以更大步超越目前的成就。中國目前處於一個變化點，目前的成就可以做為基礎、走向更安定、更反應民意的未來，也可能代表更多元化、難以治理的政府和社會的出現。

至於研究，我的研究道路讓我對中國迄今所獲致的成績之脆弱，以及未來挑戰之艱鉅，有了更大、甚至某些程度預期不到的了解。中國面對的諸多挑戰中，有一項是柏拉圖在《理想國》（The Republic）所提到的問題——有遠見、民胞物與的領導人會從哪裡崛起、複製前人既有的建樹？我們若在毛澤東去世時問這個問題，鄧小平恐怕不會是答案——因為從許多方面而論，他幾乎是毛澤東暴政統治不可或缺的工具，可是一旦登上大位，他卻成了推翻毛主席許多決策的領導人。就這方面講，蔣經國也是預想不到的人物，台灣在他治下，於一九八〇年代走向更民主的未來——他在蘇聯留學、養成，也曾是高壓政權機構的核心人物。領導人是怎麼從一個互動型制度崛起、造就改造型的成績？

不論你認為鄧小平是用什麼手段攀上權力高峰——他個人要為一九五〇年代末期及一九六〇年代初期造成數百萬人餓死的反右運動和大躍進負責，一九八九年六月的悲劇及其後果，他也是責無旁貸——他在一九七七年中復出掌權所做的戰略決定，使中國在國內外都走上比過去一百五十年更加有建設性的道路。毛澤東愈來愈狂悖，鄧小平卻在一生最後二十年做出最大的貢獻。

鄧小平的革命創造出一個和他崛起背景十分不同的社會和政府。經濟改革時期的贏家實力茁壯，可是許多人現在抗拒進一步改革。昨天的成功創造出今天頑強的問題和抗拒。這是正常的——十九、二十世紀美國的強盜大亨和創業家也抗拒他們那個時代的進步主義者、反托辣斯運動者以及規範管理機關。

改革時期已把中國的治理帶到完全陌生的地方，這點已在第二章討論過。中國的領導人必須集體治理，而制度則是愈來愈複雜、權力也分散，同時官僚機關和社會持續在多元化。今天，領導人不像從前能一言九鼎，要在愈來愈複雜、且有能力的社會設法集體治理，可是它的體制不足以彰顯利益、仲裁衝突、規範和監督政治和經濟行動者，或是確保公義、負責的政治落實——它根本沒有強大的法定或憲法的繼承機制。我們不妨設想一個情景：如果習近平在二〇一二至一三年接班之前不幸失去行為能力：有沒有備胎的「B計劃」？根本沒有。這種可能性令人背脊發涼。

中國的經濟和軍事力量茁壯了，可是治理卻很荏弱。經濟和社會變遷催生出中產階級，而中產階級愈來愈希望有正義、尊重和發言權——換句話說，尊嚴。城市裡還有許多底層人物推動著無休無止、快步調的城市化，而中國的領導人遲早必須面對他們對安全和正義的要求。甚且，超乎階級或正義還有別的問題——二〇一三年二月，我走筆到這一段話時，中國的空氣品質監視網站報導，河北石家莊「嚴重污染」，指數四〇一，「建議要有保護」。離石家莊相當遙遠的西安，指數三三二，也是「嚴重污染」、「建議要有保護」。❶指數高於五十，就有健康疑慮。無法保護其人民免於這種環境的政府，很快自己就會需要受到保護。不容忽視的是，農村居民也愈來愈敢發聲、有知識，不願消極接受城市菁英替他們決定命運。

就像一輛汽車在伸手不見五指的黑夜高速疾馳於沙漠中，中國現在國內變化速度之快，使得全國往前衝的動力不能停止，或是在現有的照明區內適度調整方向——中國衝得太快，車前燈來不及揭示前頭可能的危險。經濟和社會變化的速率是進展的指標，但是速度太快會製造危險，不僅是環境方面出問題，中國在任何時刻都有可能在黑暗中撞上東西。

如果要成功，中國向前走的策略必須涉及和今天不同、且更大的政治改革。它必須捨棄近乎全心全意的以經濟表現為基礎的正當性，改為以改革為基礎的正當性。以改革為基礎的正當性，其假設前提是把中國的社會、經濟和治理制度帶到和一九七七年中以來已經大不相同的另一個中國更和諧的環境。這個正當性定錨在程序正義和參與，以及持續的經濟和生活品質的改善。這表示中國必須找出方法建設性地管理多元化。而這將會是習近平最大的障礙。

這個政治改革需要增加制度的反應力，即使與蘇聯布里茲涅夫老邁的制度相比，中國共產黨顯示它在這方面有很大的能力。蘇聯模式在中國有一個重要遺緒，就是它是「供應制」。換句話說，政治中樞決定國家、社會和個人需要什麼，然後將之供應給他們、或者是完全不理會這些需要。公民團體固然存在，卻不是行動者、而會被操縱指揮。倡議由上而下。鄧小平的改革是要在經濟領域內走向「需求帶動的制度」，但是他讓政治制度保持由上而下、供應制的模式。

經過多年的改革開放，「有反應的威權主義」能力逐漸演進，使得中國領導人迄今還能維持住局面。然而，進入二十一世紀，鄧小平在經濟領域釋放出來的包羅萬象的改變，必須在政治領域有相當大的搭配——建立利益的表達、仲裁和執行的體制，在政治上這些東西等於是經濟的市場。政府必須從參與者的角色移到裁判的角色。這一政治改革最好能以逐步、有控制的方式進行，但是它一定要進行，而且路線需由帶給這個世紀前景的領導人來訂，就像鄧小平在他那個時代大開大闔一樣。

本書英文版付梓之際，習近平時代正要開始，要說他領導中國最現代化、國際化和全球相互依存地區（福建、浙江和上海）的經驗，以及他在軍中有限、但相當重要的經驗，是否帶給他必要的權威和見識，為時還太早。二〇一三年，簇擁在習近平身邊的是另外六個政治局常委，這夥人比起前人，教育背景更加多元化。這種多樣化可以預示一個有創意、富實驗精神的新時代，或者是這夥人的多樣化卻代表面臨沉重問題反而僵固不動。

總而言之，中國已有新一代領導人，特質與前人不太相同，這創造新一波推動改革的可能性。就相當程度而言，胡錦濤時代專注在鞏固，而先前的江澤民時代的特徵是動態、卻沒得到充分的佳評。二〇一三年中期的初步跡象顯示，主張處理延滯已久的經濟、政治改革瓶頸的勢力已經抬頭。所謂第五代領導人的故事將是在中國引領活潑力量、勝過抗拒進一步改革的利益能到什麼程度——以及受惠於鄧小平改革的這一世代能否抗拒強悍的民族主義的喧囂。

治理的挑戰

中產階級的崛起

對美國人來講，所有的好事在傳統上都被認為來自強大的中產階級。中國正在打造巨大的中產階級，其人數幾乎已到達與美國全國人口相當的規模，不過它還有十億人民仍然處於相當不夠安全的經濟環境。長期而言，中產階級有可能成為力量，促成更有反應、人性和可預測的治理。只不過，過程中還有可能發生許多事。今天的中產階級仍像是相當小的島嶼，飄浮在相當貧窮的汪洋大海中，因此它可能繼續與菁英結盟，力求保護他奮鬥得來的東西——譬如，狄克生（Bruce Dickson）和皮爾森（Margaret Pearson）的作品認為，這正是目前許多中產階級——尤其是商業界中產階級——的習性。❷然而，當這個社會階層構成社會的大多數時，比較不怕底層人物，它有可能挑戰菁英，觸動不穩定、或是走向會對中國國內外許多人產生重大犧牲的政策方向。唯有在中產階級崛起成為政治勢力，才會有足夠的重心可以鞏固法治、建立從「求生存」進化到「自我表達」價值的社會。

再者，從現代化中得到的成果也會損失掉——政治發展並不是走向更人性和安全的未來的單行道。固然有了完全體制化、中產階級為中心的制度可以守護穩定，走上穩定的路徑卻顛簸難行。中產階級也是更有效表達民眾熱情的載具，可是美國聯邦論的開國先賢已經告訴我們，民眾熱情並不總是開明或悲憫的。有位資深中國學者在談到中國中產階級崛起對台灣將具有什麼意義時，他的一席話讓我醍醐灌頂：

「第一優先是把〔台灣〕問題控制好。定下不會獨立的框框。對北京而言，解決就是統一；唯一不確定的是什麼時候——二十年嗎？起始點是中產階級，他們占中國人口的一半。然後中國將會多注意個人權利。因此中國的治理將會改變，中產階級的性質也會改變。大陸民主化的起始，絕不會允許台灣獨立。我們將〔在大陸就台灣問題〕通過公民表決，通知你〔台灣〕什麼時候統一，而我們將會接管。中國民主了，就是〔台灣〕目前情況的終結。」❸

沒錯，中國對台灣當然還有別種觀點，但是上面所述是未來事件可能發展的路線之一。我的感覺是大多數中產階級的中國人會對上述感情起共鳴。

構成本書骨幹的訪談錄顯示，中國公民和領導人都認為中國現在經濟實力鼎盛，使他們在談判上應該占優勢，在世界制度上也該有更有利的結果。在這方面最大的改變可以追溯到一九九七年的亞洲金融危機，中國相對無損，後來又因二〇〇八年及其後全球經濟下滑，中國仍繼續成長，這種心理更盛。中國高級領導人的一位資深顧問在二〇〇九年底解釋說，中國「普遍有一種了解，認為美國不行了……權力已在移轉，〔中國〕更有信心。」❹

我認為，早早看扁美國是不對的，但是我的分析並不能減損中國人此一普遍信念的力量。❺中產階級和民族主義勢力大盛，最鮮明的例子是二〇一二年九月，中國各地五十多個城市陸續有數千名以中產階級為主力的民眾走上街頭，高舉牌子，有些地方還發生潑漆、噴字，激昂地高喊反日口號，要求政府痛懲日本侵犯東海上小島礁——釣魚台／尖閣群島——的中國主權。《中國日報》頭條新聞刊出一張照片，照片中的牌子顯示日本遭核武器攻擊、陷入火海。❻時間推進到二〇一三年初，這項衝突進入令人憂心的軍事層面，中國的軍方、準軍方和民間飛機船艦不時闖入目前由日本防守的地區，情勢有可能蓄意升高、誤判或發生意外。

因此，中產階級的崛起為更人性、參與的及可預期的治理提供了長期的希望，但是它也帶著不穩定、極端主義和強悍民族主義強暴的種籽。成熟的中產階級民主國家可能具有民主推動者認為它們具有的特質，但是一個國家要走到那個地步，是個非常艱鉅的過程。中華人民共和國現在面臨的兩難局面，很像美國開國先賢當年要發展憲政結構遇上的困境。要如何建立一套治理制度，具有足夠的力量在基本範圍規範社會，又不讓公民失去對創造出來的巨靈（leviathan）的控制呢？要如何防止民主不變成多數暴政？憲政秩序要如何節制民眾熱情、同時又讓公民能負責任的自在行動呢？我們要如何界定負責任的行為？今天的中國沒有有效的憲法——它需要有一部這樣的憲法。然而，問題在於：「憲法要如何擬訂、並深鑄中國人民心中呢？」目前秩序的受惠者將會找出方法，和平地納入鄧小平世代的遠見和政策所孕育的嶄新、又更堅定的社會團體嗎？

貪腐：政權之癌

即將卸任的總書記胡錦濤向十八大做報告時提到貪腐的問題，他說：「我們若不能妥善處理這個問題，它可能對黨造成致命傷害，甚至毀黨亡國。」幾天之後，新上任的總書記習近平向新政治局講話也坦率地說：「許多事實告訴我們，如果貪腐更加嚴重，勢必將傷害到黨和國家。」[8]

毛澤東政權可以說是極為腐敗，因為一個人及其周邊一小撮親信竟然有那麼大的權力、不計後果對中國人民予取予求。這群特權階級過著相當舒適的日子、他們的子女在宮仞高牆之後封閉的社區一起長大、形成網絡，使得他們及其後裔在中國走向「社會主義市場經濟」時，占了極大優勢。偽善的江青（毛澤東的第四任妻子）公開場合高唱無產階級平等，私底下住在宮廷內院、穿西式服裝、與親隨看好萊塢電影——毛澤東去世之時，中國人民都還不得有此「享受」——這就是毛澤東政權道德腐敗最明顯的證據。不過，當時大多數中國人在物質上和政治上是平等的——一樣赤貧、一樣無權無勢。

中國的改革時期倒是出現一些相當深刻的事物。戴爾（Robert Dahl）和林布隆（Charles Lindbolm）在一九五〇年提出，除了透過教條洗腦灌輸自發性的自制（倫理）之外，社會有三個基本方法達成控制：階層制度、討價還價（市場）和喜好計算制度（投票）。[9]改革時期已經造成中國的階層制度弱化，而投票制度又不被黨接受為實行正當控制的替代方案，使得整個體制只好在相當程度上依賴討價還價（和市場）。自從一九七〇年代末期以來，市場已經給中國人民帶來極大的物質和社會自由化便利，但是沒有有效、且不偏不倚的法律、規章和司法制度的節制，沒有共同的道德規範，也沒有透過喜好計算方法的問責來阻止貪腐橫行。

不論貪腐占了中國GDP的四%左右（裴敏欣估計的一九九〇年代末期數字）、或是王紹光、胡鞍鋼和丁元竹說的一三・三%至一六・九%（也是一九九〇年代末期的數字），或是其他學者估計的更高的數字，全世界第二大經濟體貪贓枉法收下的黑錢數字實在嚇死人——腐蝕了菁英統治的權利，也重挫國內、國際的信心。⓾二〇一二年春天和夏天揭露的前重慶市委書記薄熙來及其他人（如澳門運輸司長歐文龍收賄超過一億美元）的案情，只是證實中國人人都知的一個事實：菁英的貪腐十分猖獗。⓫在資訊普及和中產階級崛起、追求正義和尊敬的時代，貪腐是一顆在政權腳底下滴答作響的定時炸彈。

軍隊—文人的平衡

文人和軍方領導人之間關係的危險，並不在於發生類似政變、由軍人實際取代文人。實際上，習近平上台，維持軍人不進政治局常委會的作法，中央軍委主席由具有其他最高文職地位的個人兼任的常態也又加強。文人—軍方關係更深刻的危險可分為四點。第一、軍事—工業複合體可能在中國經濟的重要性愈來愈大、也變得更有影響力。第二、在民眾心目中，軍隊可能成為中國民族主義愈來愈強大的象徵，中國的文人政治領導人可能愈來愈不願意在有高度民族主義氣氛的議題上和軍方糾纏。第三、軍方可能逕自擴大它的「活動空間」——它已經不時展現有能力這麼做——交給文人既成事實、讓文人難以脫身。這三種危險積累起來、可以造成第四種危險；這時候怕的倒不是軍人接管政權，而是溫和的文人無從控制與軍方相關的人物和利益。

第四種危險有一部分出現在二〇〇二至〇四年間，即江澤民交卸總書記和國家主席、卻留任中央軍委主席那兩年期間。我們在第六章說明過，這項發展創造潛藏的兩難，國家主席和總書記（即胡錦濤）並未控制解放軍——所謂的「兩個中央」的問題。就我們所知，當時的「兩個中央」（江澤民和胡錦濤）並沒有在任何重要情勢下要走激烈不同的方向；因此沒有出現危機。二〇一二年權力交班時，為了前任（胡錦濤）是否仍應控制軍隊、過一陣子再移交給後任（習近平），又紛紛擾擾爭議了一番。雖然習近平最後是同時接任中央軍委主席。危機時由誰當家發生疑義，不是好事。

打從一九八〇年代起就出現辯論、未來這一辯論可能變得更加重要，那就是軍隊應該維持仍是共產黨的工具到什麼地步、或是不問政府的政治顏色，成為國家的工具。任何有意義的自由化和合乎憲法的發展都會牽涉到重新界定解放軍和共產黨的關係。

中國與世界

形塑中國全球行為的力量

北京現在的實力比它在現代任何時刻更強大、信心更堅強、關係更相互依存。伴隨著這股新找到的實力，過去是、將來也仍會是中國與外在世界來往時的「現實主義」和「務實主義」，許多西方人士對這一點頗為驚慌失措。尤其是美國，它自認在追尋共同的全球規範來管治國際事務和個別國家的內部行為——不過，必須指出的是，華府絕不會比北京更願意把有關本身重大利益或內政事務的決定權委付給其他人。西方思索國際事務是先找出規範和正式拘限，然後與資源有限、利益重大的頑強現實相調適。

另一方面，北京思考國際事務不從普遍規範出發。對中國來講，起始點是個變動的過程——不斷隨著動態的現實調整、不停調整關係，以及找出一條可以最大化其利益而隨時變動的路徑。不過，縱使有此一現實，二〇一三年的中華人民共和國政府內、外都有高階人士和意見領袖，主張中國未來的全球地位和角色繫於中國必須和全球規範更緊密配合，他們並不把主張全球價值視為向「西化」投降。[12]中國依然在辯論是否調整普世價值、如何調整普世價值——美國則早已做了調整，它堅信它本身的價值就是普世價值。美國《獨立宣言》說：「我們堅信這是不辯自明的真理……」中國有不同的起始點、非常不同的歷史經驗和自我觀念、得天獨厚的資源條件和經濟條件，以及它十分獨特的地緣戰略位置，全都成就出獨特的中國領導人和人民的認知和行為。利益、價值和政策的衝突將是西方與中國交往時必會碰上的東西。

中華人民共和國的政治領導人和它的許多公民已經認定，全球權力平衡正在從既有的二戰之後大國（美國、歐盟、日本和蘇聯／俄羅斯）流失，美國已經失去道德正當性做為全球共主領袖，而中國已經有了足夠力量可以不必對既有的國際權力結構百依百順。⓭如果這個評估指的是「美國未來在全球體系、以及重要層面將比過去更少主導力量」被證實為真，不過我感覺中國有一個普遍趨勢，它低估了美國文化、經濟和政治制度的堅韌。⓮

並不是說北京希望推翻它已經獲益匪淺的國際制度（尤其是全球經濟架構），它肯定希望在這個制度中有更大的影響力，並且希望「糾正」原有安排中它認為不公義的一些地方。這些不公義的事有一樁就是台灣沒和大陸統一，以及美國挑戰北京希望在所有的安全範疇——陸、海、空、太空和網路——有更大的安全緩衝的心願。中國相信，在國際事務領域有實力才有話語權，過去兩百年來決心增強其綜合國力。有位中國外交政策分析家對我說：「中國愈有力量，美國就會更注意它。」⓯美國領導的國際安全秩序依賴的是冷戰所產生的同盟，中國在這個秩序中並不舒坦；它感到比較安心的是在聯合國體系內工作，因為它在做出集體安全行動之前必須徵求北京的同意。

綜觀歷史，中國以幾種不同的方式來對應我們今天所謂的國際制度。在朝代嬗替時期，華夏中國以文化宇宙的中心自居，離中國愈遠的國家，較無特性，義務較少——這時期的中國基本上自力更生，其邊界隨著中央勢力起伏而擴張或限縮。它和區域鄰國關係的調子和內容不同、且是互惠的。談到中國與鄰國的傳統關係，任曉說：「離中心愈遠，他們之間的政治連結就愈弱。對那些偏遠地區而言，剩下的往往只是空殼子，只在理論上存在。」⑯接下來，在十九世紀中葉之後，中國受到工業化西方和侵略性日本的掠奪。由於內部政治紊亂和衰弱，加上列強的蠶食鯨吞，中國對其內部環境和對外關係失去控制。

一九四九年共產黨贏了內戰之後，掀開歷史新頁，中國恢復完整的主權，在冷戰時期的意識型態和武裝衝突中一度與蘇聯結盟。到了一九六〇年代末和一九七〇年代初，中、蘇關係急遽惡化，北京意識到同時與兩大超級強國衝突極為不智，轉向華府、以抵消來自莫斯科較大的威脅。

現在，進入到二十一世紀第二個十年，現代史上中國第一次自認是個強大、獨立的國家，在世界上是個名義上平等的主權國家。北京接受國際經濟和文化體制的基本結構，希望對它們有所貢獻，但是排斥美國在這些結構中典型握有的主導地位。換句話說，中國接受國際制度的經濟和社會結構，和聯合國導向的國際安全制度的普世特性，以及它有會籍的體制。可是北京排斥美國主宰的盟國體系（尤其是東亞），甚至更排斥華府在全球片面（或是透過它臨時組成的同盟）行動的權利。

其實，未來的核心問題是：「美國能與中華人民共和國及其他人合作，先東亞、後全球，發展對國際安全結構的共同觀點嗎？」西方已經極力接納北京在全球基礎上參與經濟和文化活動。但是中國依然強烈的「受害者心態」、害怕「遭受欺凌」，迴避被牽扯進它難以負荷的國際義務，以及焦慮西方介入中華人民共和國內部政治演進的習性，在在使得北京在安全方面成為難相處的棘手夥伴。東亞和東南亞的磨擦日熾，讓人不敢樂觀可以建立新的、共同的區域安全秩序觀點，但這應該是努力的目標。

中國的領導人和人民想到它們與世界、尤其是美國的關係，以及華府不斷要北京運用其強大力量替華府的目的效勞，就會有一股強烈的衝動。有位中國高階領導人的顧問在二〇一二年九月反日示威橫掃中國之際告訴我：「我們想的是中國、不是美國。我們告訴美國做自己的事、中國也會和平發展……管好自家的事、別來煩我們。」⑰

美國與中國在未來

雖然美、中關係有許多緊張的地方，但是至少有兩股力量有助於兩國合作。第一、地球及個別國家面臨的許多重大問題，若無中、美合作，無法妥善處理，比如全球經濟成長、世界衛生和環境議題等。這一切並不意味兩國可以不需另一國就解決全球挑戰，但它的確意味如果它們不合作，不會有太大的成就。第二、中、美兩國社會都面臨根本的、長期的任務，必須在經濟、社會和體制上，為新時代重新改造自己。美國和中國都不能因必須把對方當成外在問題而分心。

於是又衍生一個核心問題：相互依存、透過合作可得到的收穫，以及每一方都需要自我改造的向心力，是否比起不同哲學出發點、經常不同的國家利益、不同的國家論述，以及愈來愈碎裂的社會和政治之綜合力道，來得強勁？好幾股力量在中國競爭最高地位，美國亦然——國內政治、相互依存、大國現實主義思維，以及科技的行動—反應周期。鑒於這些相互抗爭的力量，要向前走就得在亞洲建立兼容並包的力量平衡、限縮住蠻橫的力量，建立兼容並包的多邊經濟和安全體制，並加強相互依存，從而提升不受節制的衝突之代價。

經過四十多年與中華人民共和國各階層領導人、以及全世界各地與他們打交道的人士之交往互動，我看到兩件令我目眩的事情。第一、施加粗暴的外來壓力以加速中國的內部改革，以及設計粗暴的外來壓力以製造更符合心意的中國外交政策，一般都會引起反彈。二〇一二年底，中國一位重要的民意分析家談到國務卿希拉蕊．柯林頓訪華，他說：「她是客人，但是不給中國人面子，我也就不給妳面子。我們既然不是朋友，那就只有政策。」⑱第二、過度寬待中國的要求反而讓北京覺得你軟弱，會使它進一步咄咄逼人。要擺脫此一兩難困局，靠的是以範例、機會、小心隱藏的綜合國力，以及對話——千萬不要忘記，解決我們自己的問題會比恫嚇別人解決他們的問題來得有效。

附錄：在中國進行訪談

這份附錄對本書所使用的訪談文件及資料管理系統提供更詳盡的解釋。我們先簡短敘述，這項研究是如何在當代中國研究的廣大方法範疇內有一席之地。關於目前以比較法追尋了解中國所用的種種研究方法，我推荐《當代中國政治：新資料來源，研究方法和田野策略》（Contemporary Chinese Politics: New Sources, Methods, and Field Strategies）。[1]要了解在中華人民共和國進行田野工作的 specific 挑戰，請參見《在中國進行田野工作》（Doing Fieldwork in China）。[2]關於中華人民共和國基本傳記作品有一個不可或缺的工具，即「中國名人錄」（China Viate）（www.chinavitae.com）。最後，胡佛研究所在 www.chinaleadershipmonitor.org 的 China Leadership Monitor 是對和中華人民共和國領導人相關議題廣泛而獨特的資料來源。

本研究與政治、社會科學領域契合之處

這項研究是陳鵬（Calvin Chen）和瑞德（Benjamin Read）廣泛定義的「人種誌」訪談傳統，並且第一手及第二手文件、統計資料和當代學術及新聞去汲取豐富的脈絡細節加以補充。以訪談而言，少數案例（例如一九八二年我走訪長江流域）我沉浸在中國的官僚系統以及在該系統中特定組織有相當長經歷，因此認識一些人、對他們所處的整體環境有所了解。在其他案例，我在相當長的時間（有時長達數十年），不時和同一個人訪談、會晤，隨著他們的職涯升遷深入他們的生活（例如，朱鎔基歷任上海市

長、副總理、總理）。我的方法是民族誌式的，試圖了解人是如何看待他們所處的情境、社會和組織。四十多年來，我不斷地設法了解是什麼驅動個人及組織的行為。這是一個由下而上、歸納法的取徑，其目的在對制度和特定政策議題產生通則和命題，別人可以用更廣泛的各種方法加以測試。我一向認為塞茨內克（Philip Selznick）的《田納西流域管理局和草根：正式組織社會學的研究》（TVA and the Grass Roots: A Study in the Sociology of Formal Organization）是這方面的典範作品。[3]「人種學」傳統有一個目標是了解「對象」（subjects）所了解的世界、並且同時保護他們之做為「人對象」。人種學取徑是最有用、最適合的，瑞德就說：「當我們所研究的事物細緻……而且當我們所研究的事物隱諱、敏感或是被阻隔起來時，需要建立信賴。」[4]我在下文會說明，當我進行訪談時，我採用蔡曉莉（Lily Tsai）所謂的「會話或彈性的訪談」、不是標準化的訪談技巧。[5]

本書顯然會被歸類為中國政治這個大範圍、或是更廣泛的政治學當中的菁英研究。不過它大半時候不依靠匯聚屬性數據；許多學者，包括施樂伯（Robert Scalapino）早年的菁英研究、李成近年的作品，以及當代史宗瀚、單偉和劉明興的作品，他們都以匯聚屬性數據做為重要資料來源。[6]本書研究專注在遍及中華人民共和國職能體系和地理體系、不同階層領導人，因為在威權主義制度中，領導人對政策有極大的影響力，也因為大體而言，他們構成了延續菁英與政治組織的選舉團。

圖四　受訪者的國籍

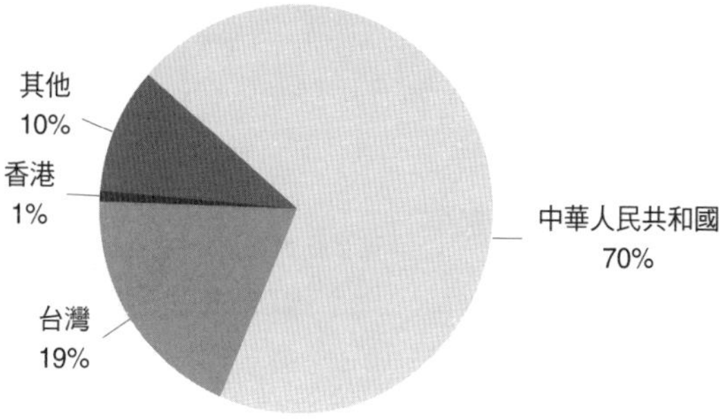

資料庫

本書導論已經說過，就功能界別、在系統中的層級、公民屬性、個人特性、時代際遇和我認識他們的時間長短——有些受訪人我認識他們已經好幾十年、也有些我只見過一次面——而言，本書的受訪者是一群非常多樣化的群體。我的訪談對象有七〇%來自中國（不包括香港），一九%來自台灣，一%來自香港，一〇%則為「其他」（見圖四）。每項訪談都依若干特性，做有系統地整理，以下會再解釋。[7]

級別

級別（共九級）指的是受訪人在黨、政、軍和社會階層內的層級。在中華人民共和國官僚系統裡，每個官員都有確切的級別，只是這些內部劃分我並不都知道。再者，在我進行訪談的不同行政管轄區和地方，級別制度並不相同——香港、台灣、澳門和中華人民共和國各不相同，更不用提非大中華地區的政府和組織（如世界銀行、國際貨幣基金或聯合國，現在有愈來愈多中國國民受雇於這些組織）。因此，我就根據對象個人職銜、可取得的傳記材料，和他／她本身的自

圖五　中華人民共和國與香港受訪者的級別

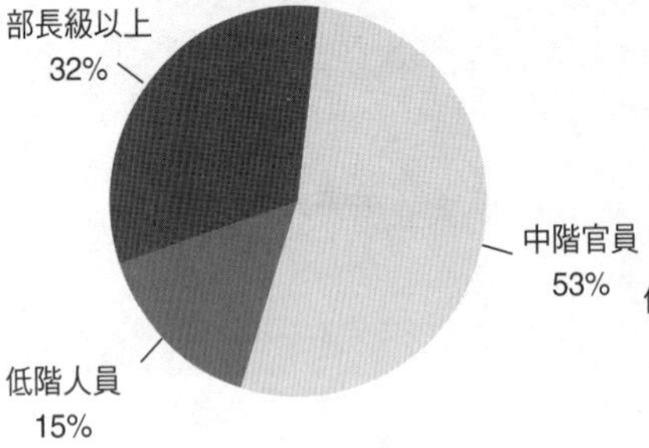

說明：「部長級以上」指的是最高領導人、政治局委員、副總理、國務委員、中央軍委主席、省長、部長、直轄市長與大使。

圖六　台灣受訪者的級別

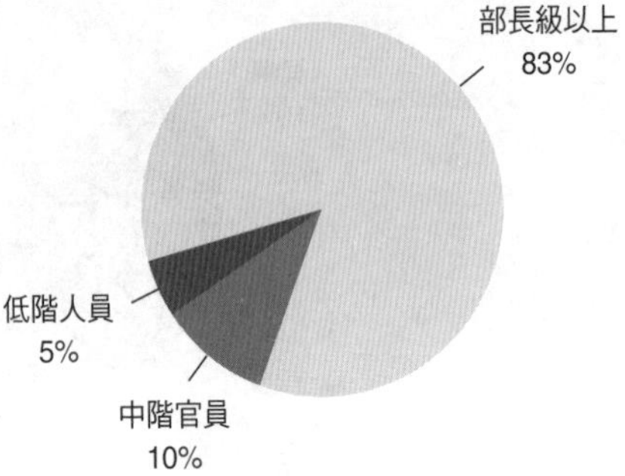

說明：「部長級以上」指的是與圖五中華人民共和國官員級別相當的台灣官員

述，依我本身定的標準化級別分派給他們。受訪人包括二十五次最高領導人訪談，其中十次大陸、十五次台灣；五十八次政治局級的訪談，其中四十五次在中國；一百一十三次省部級的訪談，四十九次在中國；九十一次副省部級的訪談，其中八十九次在中國；八十五次局級訪談，其中七十七次在中國；六十五次低階及雜項訪談，其中六十次在中國；[8]十七次大使級訪談，這十七次全都是中國官員；[9]三十二次處級訪談，全都是中國官員；十一次執行長或董事長級的訪談，八個在中國大陸，不過在台灣這一類別的訪談還要再增加一些，這是因為涉及的CEO（如辜振甫）另有政府官銜和受委聘的級別。有關級別資料詳情，請見附註。[10]

關於在中國大陸和台灣高層、中層和低層官員受訪的頻率，過去四十年台灣高層官員比較樂於接見訪客——多年下來，我在中國的訪談三二％是和部長級及以上官員進行，而在台灣的對應數字是八五％（見圖五、圖六）。

圖七　中華人民共和國與香港受訪者的範圍

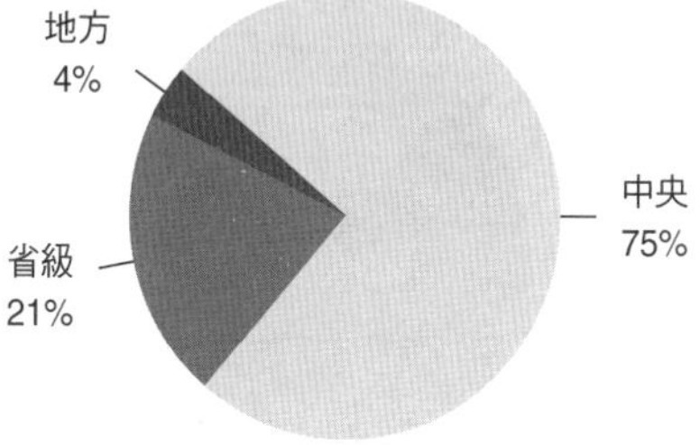

圖八　臺灣受訪者的範圍

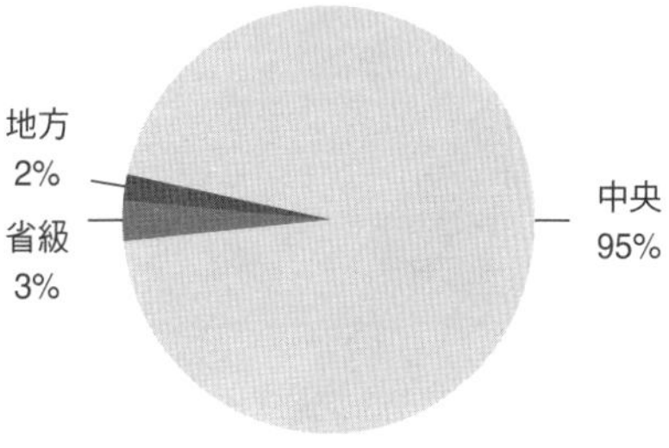

說明：省級受訪者包括省級城市與香港

範圍

範圍指的是受訪者在階層中所處的位置：「中央」（指的是位於首都的政治制度頂端），全部三百九十個受訪人，其中兩百九十六人在中國；「省級」八十五個受訪人，七十五個在中國；「地方」級十六個受訪人，十四個在中國（見圖七、圖八）。中華人民共和國的資料十分側重上層，超過半數以上的受訪者位於或接近於中央層級（七五％受訪者在「中央」級，只有四％在「地方」級）——中國的農村或中、小型城市領導人在這些受訪者當中的直接代表性很小。這種資料的偏差在台灣受訪者的訪談中更是深刻，九五％訪談是在「中央」層級。這個事實限制了能否從這些資訊中得出結論。雖然中國的省級領導人或許可視為「地方級」行動者，但事實上，中國的省級官員負責的行政區域，其人口、土地面積堪比世界上大多數中、大型民族國家。簡單地說，這套資料庫只提供對小鎮、農村中國間接而有限的觀察。[11]農村和地方是治理中國所面臨的大挑戰，而草根視角型塑出楊克洛維奇（Daniel Yankelovich）稱之為在國內及外交政策「容忍的極限」。有位資深學人在二〇一三年如此說：「領導人怕不出聲的農民。」[12]本書所採用的訪談讓我們看見農村與地方的中國社會，它一般是

圖九　中華人民共和國與香港受訪者的身分

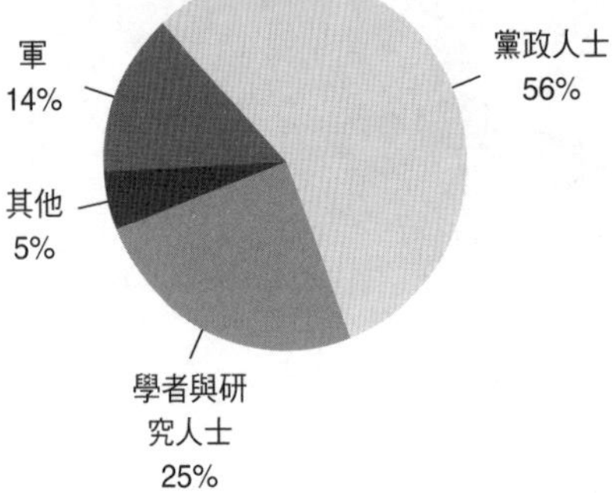

圖十　台灣受訪者的身分

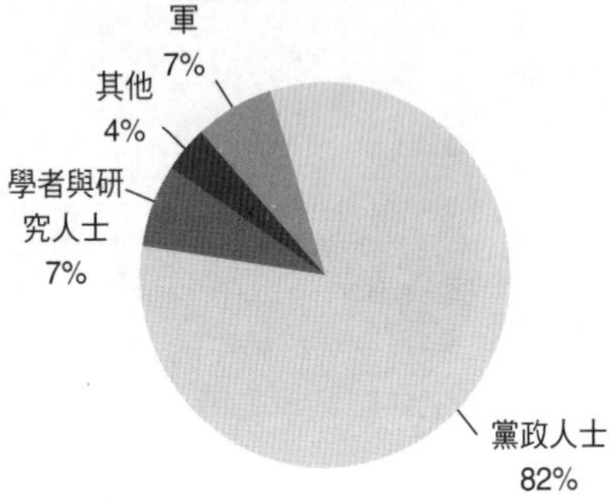

透過位居系統頂端的領導人的眼光去看，即使難免有些重大盲點。

身分

身分指的是受訪人自我界定他／她本身所處的功能階層——其中最重要的是「軍」、「黨」和「政」。中國許多領導人同時位於兩個這種垂直、系統上集中的階層；非常高層的少數幾個人兼具三個，最為人所知的是中華人民共和國的「最高領導人」或（原來稱為）「核心領導人」，不過有些資深軍方將領也兼具黨中央軍委委員身份。[13]其實，最高或「核心」領導人的定義傳統上指的是同時兼具所有三個系統上集中的階層——黨、政、軍——首長的那一位領導人。外在世界，以及中國人民，若是看到單一政黨黨籍不是在所有系統上集中的階層具有權威位置的壓倒性準據，以及憲法有效地至少劃分行政權、立法權和司法權某些成分，就知道中華人民國已經出現政治體制改革了。[14]

中國受訪人當中，五六％列為「黨、政」、一四％「軍」、二五％「學人及研究人員」、五％為「其他」（見圖九）。絕大多數中國高階受訪人是共產黨員——然而，我通常不知道或不確定許多學者和研究人員是否中共黨員。以台灣受訪人的情況來說（見圖十），「黨、政」類更加明顯，表示台灣當局非常樂意延見來訪的學者、外賓。挺諷刺的是，在台灣比在大陸更容易取得黨政界人士的觀點，不過很重要、值得一記的是，過去幾十年，在台灣比在大陸更容易接近其社會。

黨、政、軍這三大系統性的集中階層占了我訪談的絕大部分。因此這些年來我在大中華地區訪談、互動的人士絕大多數是「系統」中的要角、不是普通老百姓、更不是異議人士。這些年來我所談過話的異議人士人數很少，不過我也和少數非常出名的個人有過互動。[15]再者，雖然整體訪談以系統集中的階層人士為主，這些階層卻有深奧之處是外國人難能接近的——例如，公安部門，以及共產黨的組織部（負責人事）。一直要到二〇一一年，我才和中國共產黨對外聯絡部（中聯部）高階人員產生有意義的對話。中聯部歷年來主司中共和國外共產黨的聯絡、接觸。近年來，國外執政的共產黨幾乎已快消失殆盡，中聯部也擴大它交流的對象（包括美國的共和黨和民主黨）。它的英文名稱是「國際部」（International Department），位於北京西區的大型、現代總部接待愈來愈多非共產黨籍的外國訪客。因此，我不會說這本書反映中國每一組織的角度；我還指出了許多明顯受限的盲點。

我這套訪談庫還有另一點很重要，在進入新世紀第二個十年，我接觸到其他界別人士愈來愈頻繁（他們與上述黨、政、軍三階層並不相互排斥）：例如「企業」人士和「非政府組織」人士。[16]我的資料庫還出現另一類，即快速成長的非國家部門。簡單講，不涉及黨、政、軍機構的受訪者百分比已在上升（不過為數仍不多），這代表中國領導人和社會正變得更加多樣、多元化和透明——這個現實在中國的治理上已產生顯著後果，本書第二章及各章都已提到。[17]另外，進入新世紀，外國人和中國學者及研

圖十一 中華人民共和國與香港受訪者的性別

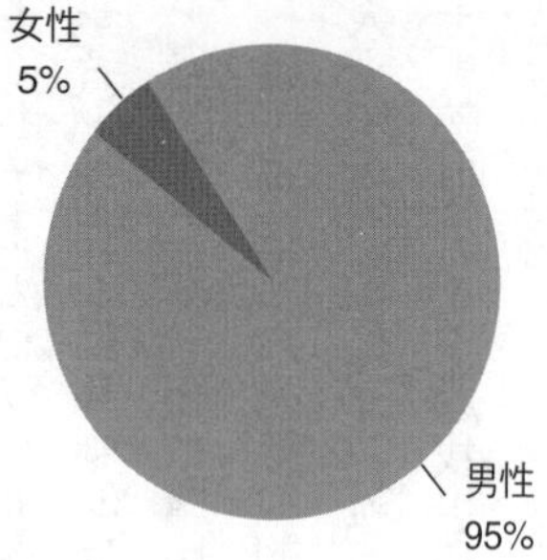

圖十二 台灣受訪者的性別

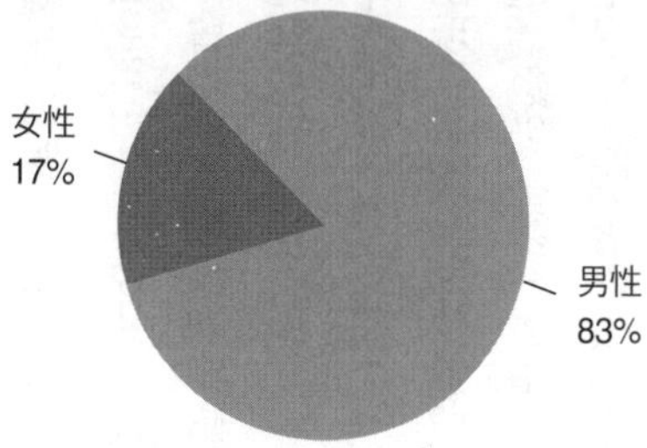

究人員互動頻率明顯大增，而且互動性質的拘束愈來愈少。

性別

不論是大陸或台灣，受訪者的性別分布很有意思。中國大陸的受訪者，五%為女性；台灣的受訪者，女性約一七%。台灣這一組的百分比還更重要的是，受訪女性包括政黨領袖（蔡英文）、總統候選人（呂秀蓮和蔡英文）、立法委員（蕭美琴）、部會首長（賴幸媛）和一位副總統（呂秀蓮）。中國方面，固然女性的整體權利和地位已有改善，女性在許多行業也有極大發展，可是女性在政策和政治系統頂端人數還很少——李成指出，二〇〇七年，中華人民共和國二十九個部級官員只有兩名女性。[18]在二〇一二年十一月召開十八大之前，只有一名女性（劉延東）傳聞有可能進入政治局常委會，但是她並未雀屏中選，只進入低一級的政治局，和孫春蘭（天津市委書記）同為二十五名委員中的兩名女性委員。相形之下，女性在台灣政治系統的頂端代表性進步更大。

訪談的時間分布

這套資料庫涵蓋一九七一年至二〇一三年的訪談紀錄，從時間的分布可以看到本書涵蓋的四十多年裡，與中國社會所有階層的互動爆炸進展。在中國訪談的時間分布，雖不完美、卻是很好的指標，顯示後毛澤東的中國社會愈來愈開放、易接觸和透明化。大約一・四%的中國訪談在一九七一至七六年、即毛澤東仍在世時進行。即使毛澤東過世，一九七〇年代後半期的中國對外國人仍相當封閉——只有二・三%的訪談發生在一九七六年九月毛澤東過世、至七〇年代結束這段期間。一九八〇年代的訪談約占九%；一九九〇年代的訪談將近二二%；而新世紀（二〇〇〇年至二〇一三年）的訪談有六五%。我的訪談率每十年都要翻一番以上，反映出我通常增加赴中國次數、也反映出中國人愈來愈有能力出國。這樣的訪談分布當然也反映我本身職涯發展，以及經年累月下來在中國接觸範圍的擴大，但是基本點是一樣的。改革初期，即使中國研究領域的最資深人物也見不到許多中國領導人，更何況我這樣一個研究領域的小學者。

訪談的這一時間分布是了解中國開放、接觸雖不完美、卻很重要的指標，有好幾個原因。一九七〇年代到中國旅行要想有點成績，至少得花三、四個星期，到了二〇一三年，前往中國的航空交通（以及中國境內所有的交通方式）改進極大，很容易就可以有次數更多、時間更短、收穫更大的中國之旅。例如，在中國，從華中的南京搭高鐵到北京去，大致跟搭飛機一樣快。甚且，從前就算終於到達中國的研究地點，辦事也有如牛步。光是安排約會就把你活活累死，你先得設法找到電話，然後根本找不到公用電話簿。城市地圖列為保密文件，而且沒有計程出租車，即使有了地址，你還是得靠「接待單位」提供交通工具。我記得有時候在去訪談的路上問派來的「地陪」：「我們現在在哪裡？」只會得到「我不清楚」的答覆。最後，即使跨越種種障礙，任何訪談或對話通常都有個當地外事辦派來的「陪同人員」全程參與——他在場，通常對受訪者或訪問人都會產生寒蟬效應。訪談進行時，房間裡經常是大批閒雜人等在場，其目的何在，請自行想像。

通常看起來，今天外國人要求開放、透明、准許接觸中國人民、組織和資訊，似乎完全不了解中國自從一九七一年以來已經有了多少進步、或是說從新世紀以來已經有了多少進步。中國領導人舉行記者會、官僚機關設置發言人、各部會與公民在網路上溝通，這都是最近幾年才有的社會政治「創新」，而且外交部也開始開放檔案、准許多國人參閱。外在世界已經不記得真正封閉的中國是什麼模樣（這種記憶或許有助於讓外國人不要堅持不休地要求），北京將面臨愈來愈沒有耐心、愈來愈堅持的外在世界。中國愈是開放，它愈會面臨要它更開放、更透明化的要求。

幾句重要的離題話

保護受訪人

構成本書資料庫的五百五十八次訪談紀錄，包含超過五百五十八人的評論——許多次對話有一人以上的受訪者參與（同樣也有一群訪客發問）。這需要解釋資料取得的條件、採訪人的責任，以及人物對象的保護，這些都是本書研究和出版要遵守的原則。

如果事先講好「不做紀錄」（off the record）的話，我不會發表可以辨識出受訪者身份的材料。再者，和非常高階的領導人見面時（在北京、台北和華府都是），通常都有好多人做筆記（中方和外國人都有），只有很少數個案，領導人明白表示他們的言談「不做紀錄」——不過在和中方領導人會談時，不言而宣的期待過去是、現在還是，那些有機會與這些大人物互動的人會謹慎行事。「謹慎行事」指的是如果你以後還想再接觸的話，提名道姓就應該小心謹慎。使用含糊的稱謂「某非常高階領導人表示」才是合適的措詞。

至於對人物對象的考量，本資料庫中大多數人可列入「公眾人物」或「公眾官員」，因此我們有如處理歷史紀錄。固然學術界和智庫受訪者處於灰色地帶，我在採訪他們的時候，若是認為我可能要提到他們姓名時，我會請教他們希望被如何稱呼、或是以不指名道姓的方式引用他們的話。這四十多年的訪談中，只有極少數案例，受訪者要求絕對保護、保密。因此我不會把整個的原始訪談和相關文件放進公眾可讀取的檔案，要等到我過世若干年後才准公開——屆時想必受訪者也過世了。然而，在實務上，與官員的許多會談，中國黨、政部門都會派人做筆記（美國政府亦然），記下說過的話。

訪談

在中國或在其他地方華人社區訪談，在其他地方用得上的常識和道德作法，通常也適用於此。[19]雖然中國不再是遠在天邊的月亮，訪談人必須非常巧妙提問政治敏感的問題和散布得到的任何答覆，以防受訪人在目前或未可預測的未來或許招惹不利的後果。建立和維持與受訪人的信賴是王道。就我所知，沒有任何受訪人因為和我談過話而遭到傷害。當然，對只談過一次話的受訪人，沒有事先已存在的個人信賴記錄（除了你的一般風評），但是當你一再回到同一地點、組織或個人，這種信賴記錄慢慢建立起來、變成不可或缺的利器。沒有這種記錄，想要一再訪談、接觸是不可能的。因此，是否得到信賴的指標是，研究人員是否一再到得了某地方、某組織，接觸得到某個人。在中國，值得信賴不僅在倫理道德上必須如此，要做研究也必須取得信賴。

跟信賴有關，我認為另一個議題也很重要——我從來不用錄音機，即使中方派了速記員在場、似乎記下所說的每句話。甚且，很有可能許多對話都由藏在暗處的設施錄下，把訊息直接報到安全、外交政策和情報機關去。縱使如此，我覺得一定要有一種「氣氛」，讓受訪人總是能向他的國人同胞宣稱：「那個洋人誤解了我的話」，而不虞會遭到明確的反駁。

訪談最艱難的部分其實發生在你步入會見場所之前。訪談人事先應該儘量了解受訪對象，其理由多端，其中之一是時間寶貴，不宜浪費在了解已經了解、或透過公開資料可以了解的東西上面。事先研究和準備有一個很重要的部分就是要熟悉你有心了解的領域之特定詞彙。使用正確的技術詞彙可以向受訪人顯示，你有了解，而且技術詞彙比平常用詞更精準，可以讓受訪人覺得你跟他是同一國的，而不是「圈外人」。

例如，一九八二年我在水利電力部「系統」進行廣泛訪談時，由於許多對象是工程師，我使用這一行的官方和工程用語。使用適當的技術詞彙可以更精準、有效，也有助於把討論從不穩定的政治領域移到更加安全的「技術討論」領域。例如，我記得請教水利電力部一位科長級官員，有關該部「事業費」的問題，那是我在該部刊物讀到的主題。從事先的閱讀，顯然這種費用出現問題，但是我不了解究竟問題的內容是什麼、又是從哪裡發生。光只是用了正確的名詞「事業費」，就引來受訪人滔滔不絕、長篇大論詳盡討論，說明原本自由裁量的作業費用的源起、它又是如何演變成帳目不清的大筆資金池子、中央的貪腐和無力控制投資造成的結果，以及這一切種種都和缺乏法律有關等等。這番剖析發生在一九八二年，政治紀律一般都還緊密的年代。我那一次訪談的部分筆記如下：

然後我問「事業費」是什麼？為什麼它是個問題？某某人說，它原本就是「作業」費用（就像電話費），但是年深日久、慢慢增長，以「不法」方式使用，由於法令混亂，這些錢就被移用到種種資本建設和雜項用途上，如購買家具、樓房、土地等。他說，這是一個非常重要的問題，他雖不知道事業費在一九五〇年代確切的規模，它在近年來卻大為增長。我問「切塊辦法」又是什麼東西？他說，那就是把事業費（基本上根據固定百分比）分配給各省，然後也不要求記帳或控制這些錢日後怎麼花用；如果沒用掉，也不必繳回中央。換句話說，事業費成了各省可以自由支配的小金庫。「事業費層層」就是在水利電力部「系統」內依據固定百分比、層層分配事業費，不需要繳回、也不要求記帳或控制。某某人說，凡此種種導致濫權和不法行為，只不過因為法律系統失修，很難說它非法而已。[20]

還有一點，即使訪談對象的英語能力比訪談人的中文更好，我發現最好是用中文進行訪談。這可以建立信賴、顯示尊重，並且讓研究人員使用中國系統在作業時、以及受訪人思考時使用的名詞。甚且，坦白講，受訪人一般會考量到語言上的不平等，試圖清晰表達他的意思，並提供最重要的說明。即使如此，熟悉你要訪談的這一行重要的技術詞彙，是最根本的功課。

「了解你的對象」並不只是了解你要研究的功能領域，也要了解你的受訪人。建立人際關係有助於建立專業關係——人際關係和專業關係兩者並不相互排斥。最簡單的方法是找出共同點，比如共同認識的人、學校或地理關係、或經驗。例如，和湖北老鄉（尤其是武漢人）開場白可以先談當地小吃（豆皮、湯包），這可以讓雙方很快就拉近距離、熱絡起來。但是起始點是先熟悉你的對象，他也對你有所了解。有一個罕見的例子是我有一次訪問當時已退休的副總理谷牧；我在會面之前幾年曾經寫過有關他的生平經歷。會面之前，我把我寫的這本書（其中一章有關他的生平經歷）交給他的部屬。當我和一位同僚走進釣魚台賓館十五號樓時，我的筆記敘述兩個從來沒碰過面的人一坐下之後的情景：「我和珍・貝瑞斯走進一間寬敞、布置華麗的接待室，見到金牙發亮、滿面笑容的谷牧。他有點虛弱，但對於年約八旬的老人而言，算得上相當健康。我用中文告訴他：『雖然這是我們倆第一次見面，可是從我對你生平經歷的研究，我覺得我們是老朋友。』」[21]這次會談是我有過的所有會談中最舒適、最有啟發性的一次。

關於訪談技術，我發現最有成效的是採用開放式作風——「會話或彈性的訪談」。訪談人和受訪人對話，從希望了解許多事出發，明白不會有足夠的時間涵蓋一切，務實地從受訪人展現最有興趣、最有了解、最不擔心的主題中選一題目下手。我腦子裡有一長串想提問的問題，但是我讓實際問題順著會話的邏輯，自然地盡可能完整呈現。

我有一招很管用的作法，就是避談「政治」這類沉重的字詞——我專注在事情要怎麼推動，讓解說過程把討論導入到潛藏的觀點和衝突。例如，中國常用「協調」這個字詞來描述官僚過程——以「協調」來解決人、組織和地域彼此之間的分歧。找出誰需要被「協調」、為什麼他們需要被「協調」，以及如何被「協調」，你不需要提到「政治」這個字、就可以直抵政治的核心。

註釋

本書的注釋，我引用在我資料庫中每項訪談記錄時，都賦予文件編號；若是別人做訪談記錄、而我未參加，我會列出他們姓名（例如：「由珍・貝瑞斯記錄」），若是我做訪談記錄，我會使用我姓名縮寫「DML」）。每一引述，我會儘可能提供資訊，例如：受訪人的身份／類別、訪談時間和地點、以及我判斷會有用的其他資訊，且要符合謹慎、保護對象的原則。當我採用別人的筆記（政府文件或記者採訪錄除外）時，我對待它們「近乎逐字採用」、而非確切用詞。

導言

摘自這位秘書長的話出自DML三四六號文件。關於此處以及我檔案中其他訪談材料中引號的使用，請見底下「資訊根據」這段末尾的討論。

❶ 我把改革開放時期的起始點擺在，鄧小平恢復他在一九七六年周恩來總理去世、稍後即爆發第一次天安門事件而被拔掉一切職務的時候。另參見Li Lanqing（李嵐清），Breaking Through: The Birth of China's Opening- Up Policy (Oxford: Oxford University Press; Hong Kong: Foreign Language Teaching and Research Press, 2009)，p. 397. 我採用一九七七年七月為鄧小平革命名義上的起點，是因為中國人民從他過去在大躍進，以及他一九七四至七六年短暫復職之後的政策倡議，就知道他的政策傾向，即使正式採行他初期的國內外政策必須等到一九七八年十二月十一屆三中全會，以及幾近同步的中、美正式、相互外交承認。即使在這些地標性質事件之後，鄧小平還是逐步才掌握大權。

❷ Guo Liang, Surveying Internet Usage and Its Impact in Seven Chinese Cities (Beijing: Center for Social Development, Chinese Academy of Social Sciences, November 2007), p. iv, www.worldinternetproject.com/_files/_Published/_oldis/_China%20

Internet%20Project%20Survey%20Report%202007.pdf.

❸ Deng Xiaoping, interview by Mike Wallace of CBS News, September 2, 1986, Beijing, Doc. 860, p. 5.

❹ Crane Brinton, The Anatomy of Revolution (New York: Vintage Books, 1965).

❺《中國共產黨第十一屆全國代表大會中央委員會第三次全會公報》於一九七八年十二月二十二日通過，十二月二十九日公布。www.bjreview.com.cn/90th/2011-04/26/content_357494_3.htm.

❻ Cheng Li(李成), "China's Fifth Generation: Is Diversity a Source of Strength or Weakness?," Asia Policy, no. 6 (July 2008): 53-93.

❼ 見 David Shambaugh(沈大偉), China's Communist Party: Atrophy and Adaptation(Berkeley: University of California Press, 2008).

❽ John J. Mearsheimer, The Tragedy of Great Power Politics (New York: W. W. Norton, 2001).

❾ 見 Yan Xuetong(閻學通), Ancient Chinese Thought, Modern Chinese Power, ed. Daniel A. Bell and Sun Zhe(孫哲) (Princeton: Princeton University Press, 2011); 另參見 Zhang Wenmu(張文木), "Back to Yalta: A Roadmap for Sino-US Relations," China Security, no. 19 (2011): 49-56, ZhangWenmu2011_CS19_Ch4_2.pdf.

❿ 引自 Nicholas Thompson, Hawk and Dove (New York: Henry Holt, 2009), p. 272.

⓫ 有些其他訪談錄和談話備忘錄沒被採用，純粹只是因為它們普為人知，備受其他人研究過；另外，我主要挑選我個人參與的訪談、對話和會議，因此我對環境的了解、我對肢體語言的觀察，以及我聽到的中、英文討論，讓我更掌握到所談的內容。甚且，在許多事例裡，我和談話對象在過去數十年不時碰頭，因此我們相互信任，又能在談話中接續上次談話未觸及到的部分話題，這使我有了知識、信心和持續性的意識，我若是主要依賴別人做的訪談，就不會有這種優勢。目前可以參考的其他資料來源包括喬治華盛頓大學的國家安全檔案：布爾（William Burr）編，《季辛吉秘錄》（The Kissinger Transcripts: The Top- Secret Talks with Beijing and Moscow)(New York: New Press, 1998); 以及美國國務院《美國外交關係》（The Foreign Relations of the United States）系列叢書。此外，由於美國及中國政府各機關之間簽訂許許多多協定，美國政府個別部會所保管的檔案必然也有浩瀚的筆記和談話備忘錄，它們將會逐漸解密、供學者研參。再者，福特總統圖書館蒐藏了奧森伯格（Michel Oksenberg）任職卡特政府時期的口述歷史。中國外交部的檔案也逐漸開放中（只是解密的時間落差很大，它選擇開放文件的程度也不清楚）。

⓬ 我非常小心引述我的訪談記錄，必須考慮到與中國對話的代表團成員之敏感性，也要考量到中方談話對象的安全。鑒

於我是從中方受訪人或提供資訊者的觀點敘事，當我說「外國人」時指的是非中國人的參與者。

⓭ 這次訪談因為是在相當早期，是由 Committee of Concerned Asian Scholars (CCAS) 的代表團進行。見 CCAS, “Interview with Chou En-lai” [July 19, 1971], Bulletin of Concerned Asian Scholars 3, nos. 3-4 (1971): 31-59, http://criticalasianstudies.

63 rg/assets/files/bcas/vo3no3.pdf, DML八一二號文件摘錄。

第一章　革命的演進

本章第二段引言出自一九七七年十月二十三日鄧小平會見美中關係全國委員會理事會訪問團時的講話，見白魯恂記錄，七〇九號文件。第三段引言市長的話，出自DML三八〇號文件，頁二。第四段引言李慎之的文章出自《李慎之選集》頁一二八。〔Selected Writings of Li Shenzhi, ed. Ilse Tebbetts and Libby Kingseed (Dayton, OH: Kettering Foundation Press, 2010), p. 128.〕第五段引言資深學者的評論出自DML八三八號文件，頁一。

❶ Cheng Li, ed., China’s Merging Middle Class: Beyond Economic Transformation (Washington, DC: Brookings Institution Press, 2010).

❷ Ezra F. Vogel(傅高義), Deng Xiaoping and the Transformation of China (Cambridge, MA: Harvard University Press, 2011), ch.6.

❸ 我說「再次」是因為毛澤東過去兩度將鄧小平罷官免職（一次是一九三〇年代在根據地，另一次是一九六〇年代末期文革開始階段），但是兩次都召回鄧小平——因為鄧小平太能幹，不能讓他投閒置散。

❹ 華國鋒被逐漸擠出權力圈，先在一九八〇年九月卸任國務院總理，由趙紫陽接任；一九八一年又由黨主席降為副主席，由胡耀邦接任主席；後來黨副主席職位在一九八二年廢除，他只剩下中央委員的名義，直到二〇〇二年十一月。華國鋒於二〇〇八年去世，無權無勢，但因優雅的退位普受尊重。

❺ 對鄧小平改造中國最透徹的學術作品是Ezra F. Vogel(傅高義), Deng Xiaoping and the Transformation of China (Cambridge, MA: Harvard University Press, 2011).

6 鄧小平，〈和平和發展是當代世界的兩大問題〉，《鄧小平文選》，卷三（北京：人民出版社，一九九三年），頁一〇四至一〇六。

7 這段期間當然不是完全和平，蘇聯在一九七〇年代末期入侵阿富汗，在中國之西掀起衝突，鄧小平本人也在一九七九年針對越南發動代價不菲的「防禦性反攻」。

8 鄧小平會見美中關係全國委員會理事會訪問團，一九七七年十月二十三日，白魯恂記錄，七〇九號文件，頁二。

9 關於中國軍事預算的實際規模，以及多少開銷可能完全不在預算之中、或是放在別的預算類別中，出現很有意義的辯論。但是對於曲線形狀和趨勢卻沒有爭議。

10 鄧小平會見美國州長訪問團，一九七九年十月十七日，珍·貝瑞斯記錄，七七六號文件，頁五。

11 Amitai Etzioni, A Comparative Analysis of Complex Organizations (New York: Free Press, 1961), ch. 1.

12 鄧小平會見美國州長訪問團，一九七九年十月十七日，珍·貝瑞斯記錄，七七六號文件，頁五。

13 鄧小平會見美中關係全國委員會理事會訪問團，一九七七年十月二十三日，白魯恂記錄，七〇九號文件，頁三。

14 鄧小平扮演關鍵角色把中國救出一九六〇年代初期的經濟下滑——當時的災難造成三千萬人（另一說法說是四千萬人）喪生。當年他採用的政策在相當程度上成為將近二十年後他擔任最高領導人的樣板。見 Frank Dikotter, Mao's Great Famine: The History of China's Most Devastating Catastrophe, 1958-1962 (New York: Walker, 2010).

15 鄧小平會見美國州長訪問團，一九七九年十月十七日，珍·貝瑞斯記錄，七七六號文件，頁三。

16 關於中國領導人堅持執行一胎化政策的扛鼎之作，見 Tyrene White, China's Longest Campaign: Birth Planning in the People's Republic, 1949-2005 (Ithaca: Cornell University Press, 2006), 尤其是二四八頁。關於二〇一三年有可能改變人口政策的討論，見 Ted Alcorn, "China's New Leaders Cut Off One-Child Policy at the Root," Lancet 381 (March 23, 2013): 983.

17 鄧小平會見美中關係全國委員會理事會訪問團，一九七七年十月二十三日，白魯恂記錄，七〇九號文件，頁三。

18 例如，鄧小平有兩個兒子，其中之一的鄧樸方在文革期間備受紅衛兵壓力，就被推、跌或跳樓，此後終身殘疾。

19 鄧小平會見美國州長訪問團，一九七九年十月十七日，珍·貝瑞斯記錄，七七六號文件，頁三。

20 關於一九七八年和一九八四年，中國在美留學生人數，見 David M. Lampton with Joyce A. Madancy and Kristen M. Williams, A Relationship Restored: Trends in U. S.-China Educational Exchanges, 1978-1984 (Washinton, DC: National Academy Press, 1986), p. 30; 關於後來的人數，見 Institute of International Education, "Open Doors 2011: International Student Enrollment Increased by 5 Percent in 2010/11, Led by Strong Increase in Students from China," press release, November

14, 2011, www.iie.org/Who-We-Are/News-and-Events/Press-Center/Press-Releases/2011/2011-11-14-Open-Doors-International-Students; Institute of International Education, "International Student Enrollments Rose Modestly in 2009/10, Led by Strong Increase in Students from China," press release, November 15, 2010, www.iie.org/Who-We-Are/News-and-Events/Press-Center/Press-Releases/2010/2010-11-15-Open-Doors-International-Students-In-The-US. 另參見 Institute of International Education, "Open Doors Fact Sheet: China," 2012, www.iie.org/Research-and-Publications/Open-Doors/Data/Fact-Sheet-by-Country/2012.

㉑《中國統計年鑑，一九九〇》（北京：中國統計出版社，一九九〇年），頁七二一；《中國統計年鑑，二〇〇九》（北京：中國統計出版社，二〇〇九年），頁八〇五。這些數字經 Thomas G. Rawski 的 "Human Resources and China's Long Economic Boom," Asia Policy, no. 12(July 2011): 53 引用。

㉒ "China's Higher Education Students Exceed 30 Million ," People's Daily Online, March 11,2011, http://english.peopledaily.com.cn/90001/98649/7315789.html.

㉓ World Bank and Development Research Center of the State Council, China 2030: Building a Modern, Harmonious and Creative High-Income Society, Conference ed. (Washington, DC: World Bank, 2012), pp. 36-37; 原始資料來源是 Center for World-Class Universities, Shanghai Jiaotong University(上海交通大學), "Academic Ranking of World Universities," www.arwu.org/.

㉔ Deng Xiaoping, "Senior Cadres Should Take the Lead in Maintaining and Enriching the Party's Fine Traditions," in Selected Works of Deng Xiaoping (1975-1982)(Beijing: Foreign Languages Press, 1984), pp. 213-14.

㉕ Ibid., p. 218.

㉖ Wei Jingsheng, "The Fifth Modernization: Democracy (1978)," in Sources of Chinese Tradition: From 1600 through the Twentieth Century, 2nd ed., vol. 2, ed. W. M. Theodore de Bary and Richard Lufrano (New York: Columbia University Press, 2000), pp. 497-500. 魏京生，〈第五個現代化：民主〉

㉗ Deng Xiaoping, "Uphold the Four Cardinal Principles," People's Daily Online, March 30, 1979, p. 4/15, http://english.peopledaily.com.cn/dengxp/vol2/text/ b1290.html.

㉘ 鄧小平會見美國州長訪問團，一九七九年十月十七日，珍・貝瑞斯記錄，七七六號文件，頁四。

㉙ 鄧小平是要關心，因為一九七六年依合約應交貨給日本的石油短缺不足。關於石油在中國發展及對外開放所扮演的角色，詳細討論可參見 Kenneth Lieberthal(李侃如) and Michel Oksenberg, Policy Making In China: Leaders, Structures and Processes (Princeton: Princeton University Press, 1988), ch. 5, esp. p.205.

㉚ 鄧小平會見美中關係全國委員會理事會訪問團，一九七七年十月二十三日，白魯恂記錄，七〇九號文件，頁四。

㉛ Li Lanqing(李嵐清), Breaking Through (Hong Kong: Oxford University Press, 2009)，尤其是第二章。

㉜ 同上註，頁八九至九一。

㉝ 同上註，頁九三。

㉞ Robert S. McNamara, "Transcript of Interview with Robert S. McNamara," interview by John Lewis, Richard Webb, and Devesh Kapur, April 1, 1991, World Bank History Project, Brookings Institution, Washington, DC, http://siteresources.worldbank.org/EXTARCHIVES/Resources/Robert_McNamara_Oral_History_Transcript_04_01_and_10_03_1991.pdf. 國務院總理李鵬一九九七年三月七日接受訪談時承認世界銀行建議的重要性。他說：「一般來講，世界銀行的項目都有很好的投資報酬率。同時，中國也使世界銀行學習很多有關管理和建設的事情。比如，可行性研究、我們在中國採行的資本制度，以及投招標的作法。我們向世界銀行學到這些，因此我們希望能繼續合作下去。」李鵬接受作者的訪談，一九七七年三月四日，DML四一四號文件，頁三。

㉟ Robert S. McNamara, speaking during comments by participants at Kettering-Chinese Academy of Social Sciences Sustained Dialogue, Peace Hotel, Beijing, September 27, 2005.

㊱ David M. Lampton, Path to Power: Elite Mobility in Contemporary China (1986; repr., Ann Arbor: University of Michigan, Center for Chinese Studies, 1989).

㊲ 上海某區黨委書記，二〇〇七年九月一日，DML四二九號文件，頁一。

㊳ James MacGregor Burns, Leadership (New York: Harper and Row, 1978).

㊴ 關於改造型領導人的一項很有趣的研究，參見Jonathan D. Spence(史景遷), God's Chinese Son: The Taiping Heavenly Kingdom of Hong Xiuquan (New York: W. W. Norton, 1996).

㊵ Chen Li, "China's Fifth Generation: Is Diversity a Source of Strength or Weakness?" Asia Policy, no. 6 (July 2008): 59-77.

㊶ World Bank, "Overview: China's Challenge: Building a Modern, Harmonious and Creative High-Income Society," draft document, August 2011, p.17. 這份文件只是非正式發放、供批評之用；因此一般人拿不到它，無從完整引用它。這份草稿文件後來發表的版本已經修改過草稿的文字，包括在此引述的數字。後來發表的報告即World Bank and Development Research Center of the State Council, China 2030: Building a Modern, Harmonious and Creative High-Income Society, Conference ed. (Washington, DC: International Bank for Reconstruction and Development/ International Development

Association and World Bank, 2012).

㊷ "GDP Growth in China, 1952-2011," 資料摘自中國國家統計局，《中國統計年鑑》；National Bureau of Statistics Plan Report; and National Bureau of Statistics Communiques, at Chinability, November 5, 2011, www.chinability.com/ GDP.htm; 關於二〇一二年服務業的數字，見 "China's Non-Manufacturing Sector Growth Picks Up Pace," BBC, July 2, 2012,www.bbc.co.uk/news/business-18684519.

㊸ David M. Lampton, "Presentation to National Academy of Sciences," Washington, DC, February 7, 1977，根據資料 Steroid Chemistry Group to China, October 1976, DML六二三號文件；另參見 David M. Lampton, "Administration of the Pharmaceutical Research, Public Health and Population Bureaucracies," China Quarterly, no. 74 (June 1978): 392.

㊹ Barry Noughton, The Chinese Economy: Transitions and Growth (Cambridge, MA: MIT Press, 2007), pp.102-5.

㊺ Charles Duhigg and David Barboza, "In China, Human Costs Are Built into an iPad," New York Times, January 25, 2012, www.nytimes.com/2012/01/26/business/ieconomy-apples-ipad-and-the-human-cost-for-workers-in-china.html?pagewanted=all&_r=0.

㊻ 鄧小平會見美中關係全國委員會理事會訪問團，一九七七年十月二十三日，白魯恂記錄，七〇九號文件，頁二。

㊼ 世界銀行承諾給予中國的年度放款於一九九四年達到頂點，為二十九億四千萬美元。World Bank, World Development Indicators 2012 (Washington, DC: World Bank, 2012), http://data.worldbank.org/sites/default/files/wdi-2012-ebook. pdf.

㊽ U. S. Treasury, "Major Foreign Holders of Treasury Securities," www.treasury.gov/resource-center/data-chart-center/tic/Documents/mfhhiso1.txt; also U. S. Treasury, "Major Foreign Holders of Treasury Securities," www.treasury.gov/resource-center/data-chart-center/tic/Documents/mfh.txt.

㊾ Xiaotian Wang, "External Debt Highest since 1985: SAFE Report," China Daily, March 22,2003, www.chinadaily.com.cn/china/2012-03/22/content_14893609.htm.

㊿ U. S. Department of Agriculture, Economic Research Service, "China/Trade," www.ers.usda.gov/topics/international-markets-trade/countries-regions/china/trade.aspx (accessed ctober 12, 2012).

51 Kevin Jianjun Tu and Sabine Johnson-Reiser, Understanding China's Rising Coal Imports, Policy Outlook (Washington, DC: Carnegie Endowment for International Peace, February 16, 2012), Summary, www.carnegieendowment.org/files/china_coal.pdf.

52 Jonathan Anderson, "Is China Export-Led?," UBS Investment Research: Asian Focus, September 27, 2007, p. 4, http://allroadsleadtochina.com/reports/prc_270907.pdf.

❺❸ 上海市長徐匡迪，晚餐談話，一九九八年一月十四日，DML三一九號文件，頁一。

❺❹ 第一書記李源潮，省賓館，南京，二〇〇七年六月二十三日，DML四三一號文件，頁二。

❺❺ 參見"Revenues of China's Customs Duties Top 1.6t Yuan," China Daily, January 13, 2012, www.chinadaily.com.cn/business/2012-01/13/content_14438069.htm; 另參見"China's 2011 Fiscal Revenue up 24.8% to 10 Trillion Yuan," Xinhua Wang News, January 20, 2012, http://news.xinhuanet.com/english/china/2012-01/20/c_131370457.htm.

❺❻ "China Urban Dwellers Exceed Rural Population," National Health and Family Planning Commission, People's Republic of China, January 19, 2012, www.npfpc.gov.cn/data/201202/t20120220_381737.html.

❺❼ 資料來自中國社會科學院，《宏觀經濟藍皮書》，轉引自 Chen Chen, "China's Urbanization Rate to Peak Soon," China.org, April 15, 2010, China.org.cn/china/2014-04/15/content_19823645.htm; 另參見 Clarence Kwan, "Urbanization in China: Another 280 Million People by 2030," China Issues (Deloitte, Chinese Services Group), May-June 2010, www.deloitte.com/view/en_US/us/Services/additional-services/Chinese-services-group/8ad3bdb92e119210VgnVCM200000bb42fooaRCRD.htm.

❺❽ Homi Kharas, "The Emerging Middle Class in Developing Countries," Working Paper No. 285 (Paris: Organization for Economic Cooperation and Development, Development Center, January 2010), p. 30. 對於中國中產階級的規模有許多其他的估計，有些數字相當大。由於定義不同，數字有別。我在這裡取的是最低的估計。關於另一個數字，見李春玲〈斷裂與碎片：當代中國社會階層實證分析〉（北京：社會科學文獻出版社，二〇〇五年），轉引自 Cheng Li, ed., China's Emerging Middle Class: Beyond Economic Transformation (Washington, DC: Brookings Institution, 2010), p. 16.

❺❾ World Bank and Development Research Center, China 2030, p. 34.

❻⓿ "China's Urbanization Rate Expected to Reach 48 Percent in 2010," People's Daily Online, December 22. 2009, http://english.peopledaily.com.cn/90001/90778/90862/6848826.html.

❻❶ 關於吉尼係數在這段時間的變化，見 World Bank and Development Research Center, China 2030, p. 13. 在中國，吉尼係數的正確度有可能受到戶口登記制度影響而扭曲。關於城鄉所得比例與吉尼係數，見 Martin K. Whyte, lecture, to the seminar "China Briefings for Mid-career Military Officers," February 12, 2013, transcript, p. 11. 這個統計來自 China Household Income Project，沒有計入移工；Terry Sicular, "Inequality in China: Recent Trends," PowerPoint presented at the Rural Education Action Program's conference "Will China Fall into a Middle-Income Trap? Growth Inequality and Future Instability," December 2011, Stanford, CA, http://iis-db.stanford.edu/events/6930/China_inequality_Sicular.pdf.

⑫ Martin Whyte, Myth of the Social Volcano: Perceptions of Inequality and Distributive Injustice in Contemporary China (Stanford: Stanford University Press, 2010).

⑬ Yi Fuxian, "The Great Urgency to Scrap the Family Planning Policy," China-US Focus, May 13, 2011, www.chinafocus.com/political-social-development/the-great-urgency-to-scrap-the-family-planning-policy/.

⑭ 同上註。

⑮ "Statistics on Social Organizations,"《中國統計年鑑，二〇一一年》，表 21-35。

⑯ Information Office of the State Council(國務院新聞辦), People's Republic of China, "China's Foreign Aid," April 21, 2011, http://english.gov.cn/official/2011-04/21/content_1849913.htm.

⑰ 例如見 Daniel H. Rosen and Thilo Hanemann, China's Changing Outbound Direct Investment Profile: Drivers and Policy Implications, Peterson Institute for International Economics, Policy Brief No. PB09-14 (Washington, DC: Peterson Institute, June 2009), www.iie.com/publications/interstitial.cfm?ResearchID=1245; 另參見 Daniel H. Rosen and Thilo Hanemann, "An American Open Door? Maximizing the Benefits of Chinese Direct Foreign Investment," Special Report, Center on U.S.-China Relations of the Asia Society and the Kissinger Institute on China and the United States, May 2011, www.ogilvypr.com/files/anamericanopendoor_china_fdi_study.pdf.

⑱ Ibid., Executive Summary, p. 8.

⑲ Evan S. Medeiros, Roger Cliff, Keith Crane and James C. Mulvenon, A New Direction for China's Defense Industry (Santa Monica, CA: RAND, 2005).

⑳ "35,860 Chinese Evacuated from Unrest-Torn Libya," Xinhua, March 3, 2011, http://news.xinhuanet.com/english2010/china/2011-03/03/c_13759456.htm. 我們要指出，中國這項撤僑活動得到外界援助。

㉑ 關於在華外國留學生，見 "Total Number Foreign Students," www.sinograduate.com/international-student-statistics(accessed May 30, 2012); Chen Jia , "Expat Student Number Rise," March 4, 2011, www.chinadaily.com.cn/cndy/2011-03/04/content_12112597.htm.

㉒ Miscellaneous notes, April 12, 2011, Alexandria, VA，DML 七七九號文件，頁二。

㉓ Pew Global, "China Seen Overtaking U.S. as Global Superpower," July 13, 2011, p. 1, http://pewglobal.org/2011/07/03/china-seen-overtaking-us-as-global-superpower/.

74 Lydia Saad, "U.S. Surpasses China in Forecast for Economic Powerhouse," Gallup Poll, February 16, 2009, www.gallup.com/poll/114658/Surpasses-China-Forecast-Economic-Powerhouse.aspx.

75 中國資深外交政策分析員，二〇一〇年四月二十六日，DML六九四號文件，頁二至三。

76 Ezra F. Vogel(傅高義), Deng Xiaoping。

第二章　治理與領導

第一段引言為鄧小平講話，摘自七七六號文件（珍・貝瑞斯記錄），頁四。第二段引言出自某位局長，摘自DML七二八號文件，頁二。第三段引言為四川省長講話，摘自七六六號文件（珍・貝瑞斯記錄），頁一。第四段引言是江澤民說的話，摘自DML三九四號文件，頁二。

1 C. H. Tung, "Remarks at Carnegie Endowment in Washington, DC," September 29, 2011.

2 資深的中國經濟領導人解釋姚依林的說法，二〇一〇年八月二日，華府，DML七〇五號文件，頁一。

3 副總理李先念，一九七九年六月二十四日，北京人民大會堂，DML四二七號文件，頁三。

4 副總理錢其琛，二〇〇〇年一月十一日，北京中南海，DML五八九號文件，頁二。

5 中國資深學者，一九九九年九月二十日，北京，DML五七七號文件，頁一。

6 我要感謝高等國際研究學院博士班學生Lily Chen，二〇一二年四月閱讀本章未定稿時提出這一評論。

7 總理溫家寶，二〇〇五年四月一日，北京中南海紫光閣，DML四五四號文件，頁三。

8 國務院台灣辦公室副主任孫亞夫，二〇一〇年一月十二日，北京，DML六七二號文件，頁一。〔譯按：孫是副主任，不是主任。〕

9 國務院前任高級官員，二〇一二年七月十六日，DML八六二號文件，頁二。

10 學界對於這些改變的總評，可參見Peter Hays Gries and Stanley Rosen, eds., Chinese Politics: State, Society and Market(London: Routledge, 2010).

11 Committee of Concerned Asian Scholars (CCAS), "Interview with Chou En-lai" [July 19, 1971], Bulletin of Concerned Asian

Scholars 3, nos. 3-4 (1971): 31-59, http://criticalasianstudies.org/assets/files/bcas/vo3no3.pdf, 摘要於DML八一二號文件。周恩來在毛澤東面前噤若寒蟬的形象，清楚呈現在李志綏醫生的書中，見 Dr. Li Zhisui with the editorial assistance of Anne F. Thurston, The Private Life of Chairman Mao (New York: Random House, 1994), 尤其是頁五〇八至五一一。〔譯按：中文版《毛澤東私人醫生回憶錄》，台北：時報文化出版公司，一九九八年〕。

⓬ 謝淑麗（Susan L. Shirk）博士，二〇一二年三月七日在華府美國和平研究所「改變世界的一週」學術研討會的評論。

⓭ 鄧小平，一九七四年十一月十四日，北京，人民大會堂，全國委員會（珍．貝瑞斯？）筆記，美國大學校長訪問團，DML七六九號文件。

⓮ Ibid. , p. 4.

⓯ 副總理鄧小平，一九七七年十月二十三日，白魯恂記錄，七〇九號文件，頁一至二。

⓰ 高級政策顧問，二〇〇七年六月十日，中國，DML四三三號文件，頁一。

⓱ Tabitha Grace Mallory, "The Sea's Harvest: China and Global Fisheries," SAISPHERE, 2011-2012, p. 40, http://media.sais.edu/saisphere2011/article/sea's-Harvest-china-and-global-fisheries.

⓲ Denis Fred Simon, "Gradual Shift in S&T Funding," draft paper presented at the Conference on the Structure, Process, and Leadership of the Chinese Science and Technology System, July 16-17, 2012, La Jolla, CA, graph 15.

⓳ Richard P. Suttmeier and Shi Bing, "A Frog on Steroids? The Chinese Academic Research System and the Challenges of Innovation," working paper, Conference on the Structure, Process, and Leadership of the Chinese Science and Technology System, July 16-17, 2012, La Jolla, CA, p. 20. 請注意「企業」這個字可能跟非中國人讀者所認知的意義有出入。

⓴ 國務院前任資深官員，二〇一二年六月十六至十七日，DML八六二號文件，頁二。

㉑ 部長，二〇一二年七月十六至十七日，DML八六二號文件，頁一。

㉒ Huang Zhiling and Xin Dingding, "Air Traffic Grounded by Sky-High Towers," China Daily, July 3, 2012, p. 3.

㉓ Sharon LaFraniere, "A Chinese Official Tests a New Political Approach," New York Times, December 31, 2011, p. A5.

㉔ "Wukan Protesters End Action after Chinese Government Offers Concessions," December 21, 2011, www.guardian.co.uk/world/2011/dec/21/wukan-Protesters-chinese-government-concessions.

㉕ Yan Xuetong(閻學通), Ancient Chinese Thought, Modern Chinese Power, ed. Daniel A. Bell and Sun Zhe(孫哲), trans. Edmund Ryden (Princeton: Princeton University Press, 2011).

㉖ Feng Tianyu, He Xiaoming, and Zhou Jiming, eds., Zhonghua wenhua shi (Shanghai: Shanghai renmin chubanshe, 1994), p. 184. 馮天瑜、何曉明、周積明編，《中華文化史》（上海：上海人民出版社，一九九四年），頁一八四。

㉗ 閻學通，《古代中國思想》，頁六。

㉘ 汪道涵會見《基督教科學箴言報》主筆團，一九九七年一月九日，波士頓，DML三七一號文件，頁二。

㉙ 台灣某部長，二〇一一年七月六日，DML八三〇號文件，頁三。

㉚ 總理溫家寶，記者會，二〇〇七年三月十六日，四四三號文件，頁四。

㉛ 周恩來，會面，一九七三年六月十五日，北京，珍・貝瑞斯記錄，七五〇號文件，頁一。

㉜ 國家主席江澤民，二〇〇二年十一月二十二日，北京人民大會堂，DML五二一號文件，頁二。

㉝ David M. Lampton, with the assistance of Yeung Sai-cheung, Path to Power: Elite Mobility in Contemporary China, No. 55 (Ann Arbor: Center for Chinese Studies, University of Michigan, 1989).

㉞ 政策分析家和顧問，一九九八年六月二十日，上海，DML八〇七號文件，頁三。

㉟ 鄧毛毛，《我的父親鄧小平》，第三十章。

㊱ 趙紫陽總理會見美國州長訪問團，一九八三年十二月五至十八日，珍貝瑞斯記錄，七六三號文件，頁一。

㊲ 上海市委書記兼市長陳良宇，二〇〇二年十一月二十日，上海錦江飯店，DML五一七號文件，頁二。

㊳ 數字來自 Alice Miller, "China's New Party Leadership," China Leadership Monitor, no. 23 (Winter 2008), p. 4, www.chinaleadershipmonitor.org. 有關菁英變動的其他資料及分析，見 H. Lyman Miller and Liu Xiaohong, "The Foreign Policy Outlook of China's 'Third Generation' Elite," in The Making of Chinese Foreign and Security Policy in the Era of Reform, ed. David M. Lampton (Stanford: Stanford University Press, 2001), p. 127.

㊴ Alice Miller, "The New Party Politburo Leadership," China Leadership Monitor, no. 40 (Winter 2013), p. 3, www.chinaleadershipmonitor.org.

㊵ 白宮，周恩來與季辛吉〈談話備忘錄〉，一九七一年十月二十日於北京人民大會堂，摘錄於七〇一號文件。

㊶ James MacGregor Burns, Leadership (New York: Harper and Row, 1978).

㊷ Max Weber, "The Profession and Vocation of Politics," in Weber: Political Writings, ed. Peter Lassman and Ronald Speirs, Cambridge Texts in the History of Political Thought (Cambridge: Cambridge University Press, 2007), pp. 311-13.

㊸ "Highlights—China Premier Wen Jiabao's Comments at NPC Press Conference," March 14, 2012, www.reuters.com/

article/2012/03/14/china-npc-highlights-idUSL4E8EE11K20120314.

44 Cheng Li, "Shaping China's Foreign Policy: The Paradoxical Role of Foreign-Educated Returnees," Asia Policy, no. 10 (July 2010), p. 71.

45 Zhang Liang(張良), comp., and Andrew J. Nathan(黎安友) and Perry Link(林培瑞), eds., The Tiananmen Papers: The Chinese Leadership's Decision to Use Force against Their Own People—In Their Own Words (New York: Public Affairs, 2001), p. 191.

46 Ezra F. Vogel(傅高義), Deng Xiaoping and the Transformation of China (Cambridge, MA: Harvard University Press, 2011), p. 4.

47 鄧小平，一九七九年十月十七日，北京人民大會堂，珍・貝瑞斯記錄，七七六號文件，頁四。

48 同上註，頁三。

49 台灣資深學者，二〇〇〇年六月三十日，DML 五九八號文件，頁一至二。

50 中國資深教授，二〇一一年七月八日，DML 八二七號文件，頁一。

51 中國資深外交官，二〇〇二年八月十六日，北京，DML 五三八號文件，頁四。

52 Alexander V. Pantsov and Steven I. Levine, Mao: The Real Story (New York: Simon and Schuster, 2012).〔中譯本林添貴譯，《毛澤東：真實的故事》（台北：聯經出版公司，二〇一五年）。〕

53 副總理鄧小平，一九七九年十月十七日，珍・貝瑞斯記錄，七七六號文件，頁五。

54 副部長，二〇〇二年十一月六日，美國，DML 七五一號文件，頁二。

55 前任上海市長汪道涵與《基督教科學箴言報》主筆團的談話，一九九七年一月九日，波士頓，DML 三七一號文件，頁二。

56 中國資深政策分析家，一九九八年六月二十日，中國，DML 八〇七號文件，頁四。

57 從世界貿易組織統計資料庫，以現值美元、採用全部交易商品計算，http://stat.wto.org/Home/WSDBHome.aspx?Language.

58 從世界貿易組織統計資料庫，以現值美元、採用全部交易商品計算，http://stat.wto.org/Home/WSDBHome.aspx?Language.

59 "The Communist Party of China(CPC, CCP)," ChinaToday.com (official party website), n.d., www.chinatoday.com/org/cpc/ (accessed August 20, 2012).

⑥⓪ Barry Naughton, "State Enterprise Restructuring: Renegotiating the Social Contract in Urban China," in China Today: Economic Reforms, Social Cohesion and Collective Identities, ed. Taciana Fisac and Lelia Fernandez-Stembridge (New York: Routledge Curzon, 2003), pp. 3-27.

⑥① Table 2-13, "Contribution of the Three Strata of Industry to GDP Growth," in China Statistical Yearbook 2011 (Beijing: China Statistics Press, 2011); 另外，數字稍有不同，見 Economist Intelligence Unit Data Services, www.eiu.com (accessed June 3, 2012).

⑥② 江澤民會見美中關係全國委員會理事會訪問團，一九九二年五月九日，北京，DML四〇三號文件，頁二。

⑥③ 同上註。

⑥④ 中國資深外交官，二〇〇二年八月十五日，北京，DML五五〇號文件，頁一。

⑥⑤ CCAS, "Interview with Chou En-lai," 32-33, 35, 36, 摘記於DML八一二號文件，頁三至四。

⑥⑥ Cheng Li, "The Battle for China's Top Nine Leadership Posts," Washington Quarterly 35 (Winter 2012): 131-45.

⑥⑦ 研發官員，二〇一二年七月十六至十七日，DML八六二號文件，頁二。

⑥⑧ 中國外交官，一九九八年十二月二十一日，DML五七九號文件，頁一。

⑥⑨ 某位局長的話，二〇一二年七月十六至十七日，DML八六二號文件，頁一。

⑦⓪ Li Lanqing, Breaking Through: The Birth of China's Opening-Up Policy (Oxford: Oxford University Press; Hong Kong: Foreign Language Teaching and Research Press, 2009), p. 371.

⑦① 閩行區黨委書記，二〇〇七年九月一日，上海，DML四二九號文件，頁一。

⑦② Susan L. Shirk, The Political Logic of Economic Reform in China (Berkeley: University of California Press, 1993).

⑦③ 即使把早年所做的少數訪談改掉，頻率仍然是與時俱增。

⑦④ Zhang Laicheng, Tong Xunyuan, and Zhang Meiwen, "Market Information Survey Industry: Maturing Rapidly," Zhongguo Xinxibao (《中國信息報》), August 2, 2011, www.zgxxb.com/cn/xwzx/201108010008.shtml.

⑦⑤ 中國民意調查人員，二〇一二年十一月十九日，DML八七九號文件，頁一。

⑦⑥ 核電公司顧問，二〇〇九年七月二十一日，DML六四九號文件，頁四。

⑦⑦ Niu Xinchun, "Eight Myths about Sino-U. S. Relations," Contemporary International Relations 21, no. 4 (July/August 2011): 10.

⑦⑧ 外交事務系統非常資深的一位人士，二〇〇二年八月十五日，北京，DML五四九號文件，頁二至三。

⑲ Table 8-4, "National Government Expenditure and Ratio of Central and Local Governments," in China Statistical Yearbook 2011 (Beijing: China Statistics Press, 2011).

⑳ 關於一九七八年的數字，見 Yang Jing, "Development of the Non-State Sector in China: An Update," EAI [East Asian Institute] Background Brief, no. 606, March 10, 2011, www.eai.nus.edu.sg/BB606.pdf; 關於二〇〇九年的數字，見 Andrew Szamosszegi and Cole Kyle, An Analysis of State-Owned Enterprises and State Capitalism in China, U. S.-China Economic and Security Review Commission (Washington, DC: Capital Trade, 2011), p. 13.

㉑ Ibid.

㉒ 關於軍方領導人的貪腐，見 "Crime Clubs: Clamping Down on Criminal Networks in China," Jane's Intelligence Review, 24, no. 5 (April 12, 2012): 46-49; and John Garnaut, "Rotting from Within: Investigating the Massive Corruption of the Chinese Military," Foreign Policy, April 16, 2012, www.foreignpolicy.com/articles/2012/04/16/rotting_from_within.

㉓ Table 20-7, "Number of New Students Enrollment by Level and Type of School," in China Statistical Yearbook 2011, www.stats.org.cn/tjsj/ndsj/2011/Html/U2007E.HTM.

㉔ Table 20-2, "Basic Statistics by Level and Type of Education (2010)," in China Statistical Yearbook 2011, www.stats.gov.cn/tjsj/ndsj/2011/indexeh.htm.

㉕ Cheng Li, "Shaping China's Foreign Policy: The Paradoxical Role of Foreign-Educated Returnees," Asia Policy, no. 10 (July 2010):69.

㉖ nstitute of International Education, "Open Doors Data: Top 25 Places of Origin of International Students, 2009/10- 2010/11," www.iie.org/Research-and-Publications/Open-Doors/Data/International-Students//Leading-Places-of-Origin/2009-11.

㉗ Cheng Li, "Shaping China's Foreign Policy," 69.

㉘ 閩行區黨委書記，二〇〇七年九月一日，上海，DML四二九號文件，頁一。

㉙ Ma Jun, "NGOs and Environmental Governance in China: An Interview with Ma Jun," Yale Journal of International Affairs 4 (inter 2009): 87.

㉚ 解放軍高階軍官，二〇一〇年一月二十三日，華府，DML六七九號文件，頁三。

㉛ 同上註，頁三。

㉜ Zbigniew Brzezinski, Strategic Vision: America and the Crisis of Global Power (New York: Basic Books, 2012), pp. 26-36.

93 非常資深的中國經濟學者，二〇一〇年八月二日，華府，DML七〇五號文件，頁二。

94 中國某主要城市黨委書記兼市長，二〇〇二年十一月二十日，DML五一七號文件，頁一。〔譯按：註37已揭露此人是上海市委書記兼市長陳良宇。〕

95 中國資深學者，二〇一〇年八月二日，華府，DML七〇五號文件，頁三。

第三章 決策

第一段引言出自某位國家計委官員的話，摘自DML七四一號文件，頁二至三。第二段引言出自某位貿易談判代表，摘自DML八〇二號文件，頁二。

1 前任上海市長汪道涵，一九九七年一月十六日，華府，DML三八二號文件，頁二。

2 中國某重要大學主要領導人，二〇一二年四月九日，華府，DML八五九號文件，頁一。

3 The World Bank and Development Research Center of the State Council, People's Republic of China, China 2030: Building a Modern, Harmonious and Creative High-Income Society (Washington, DC: World Bank, 2012), pp.55-56.

□央以下層級政府占總預算支出的八〇%，但它們的支出負擔只有四〇至五〇%是由中央撥款資助。再往基層探究，到縣／鎮級政府，歲入歲出缺口最大，尤其是在貧窮地區。布爾曼（David Bulman）解釋說：「縣／鎮只得到近二〇%的歲入，但是要負責近四〇%的總歲出。」見David J. Bulman, "Leaders and Economic Growth in China's Counties Characteristics and Consequences of Constrained Development," dissertation prospectus (draft), John Hopkins—School of Advanced International Studies, May 29, 2012, p. 6, n. 19.

4 Richard L. Walker, China under Communism: The First Five Years (New Haven: Yale University Press, 1955), p. 27.

5 Carl J. Friedrich and Zbigniew K. Brzezinski, Totalitarian Dictatorship and Autocracy (Cambridge, MA: Harvard University Press, 1956), p. 4.

6 David M. Lampton, "Chinese Politics: The Bargaining Treadmill," Issues and Studies 23, no. 3 (March 1987): 11-41; David M. Lampton, "Water: Challenge to a Fragmented Political System," in Policy Implementation in Post-Mao China, ed. David M.

Lampton (Berkeley: University of California Press, 1987), pp. 157-89; Kenneth Lieberthal and Michel Oksenberg, Policy Making in China: Leaders, Structures and Processes (Princeton: Princeton University Press, 1988); and Kenneth Lieberthal and David M. Lampton, eds., Bureaucracy, Politics and Decision Making in Post-Mao China (Berkeley: University of California Press, 1992).

❼ A. Doak Barnett(鮑大可), The Making of Foreign Policy in China (Boulder, CO: Westview Press, 1985).

❽ 當菁英不和愈來愈明顯時，可以看得到派系模式又出現。例如，二〇一二年十八大召開之前，成力等人的作品出現派系型式的分析。

❾ Aaron Wildavsky, The Politics of the Budgetary Process, 2nd ed.(Boston: Little, Brown, 1974).

❿ Robert A. Dahl and Charles E. Lindblom, politics, Economics and Welfare (New York: Harper Torchbooks, 1963).

⓫ Yu Qing, YQ.People.com.cn, http://yq.people.com.cn, cited in Da Wei, "Has China Become 'Tough'?," China Security 6, no. 3 (2010):99-100; James Reilly, Strong Society, Smart State: The Rise of Public Opinion in China's Japan Policy (New York: Columbia University Press, 2012), pp. 35-37, 220-26.

⓬ Andrew Mertha, "'Fragmented Authoritarianism 2.0': Political Pluralization in the Chinese Policy Process," China Quarterly, no. 200(2009): 995-1012; also Andrew Mertha, China's Water Warriors: Citizen Action and Policy Change (Ithaca: Cornell University Press, 2008).

⓭ Yun Zhou, "China Responds to Fukushima," Bulletin of Atomic Scientists, July 28, 2012, http://thebulletin.org/china-responds-fukushima.

⓮ 核能法專家，二〇一一年八月五日，北京，DML八三五號文件，頁二。

⓯ Bo Kong and David M. Lampton, "Whither the Atomic Energy Law in China?," unpublished report prepared for U. S. National Nuclear Safety Administration, February 2012 (Report 6), p. 5.

⓰ 關於核能法故事的詳細報導，見同上註。

⓱ 核能法專家，二〇一一年八月五日，北京，DML八三五號文件，頁三。

⓲ Central People's Government of the People's Republic of China, "The State Council," October 25, 2005, http://english.gov.cn/links/statecouncil.htm. 二〇一三年春天，第十二屆全國人民代表大會對國務院組織進行溫和的調整。這些調整相較於原先所預期的改變並不激烈，因此變動實質上並未影響到現況。

⓳ 國家核能技術公司（SNPTC）高階人員，二〇〇九年七月二十八日，DML六四一號文件，頁三。
⓴ 外經貿部資深官員，二〇〇二年八月十六日，DML五四一號文件，頁二。
㉑ 資深安全事務官員，二〇一二年一月六日，北京，DML八五六號文件，頁四。
㉒ Nicholas R. Lardy, Sustaining China's Economic Growth: After the Global Financial Crisis (Washington, DC: Peter G. Peterson Institute for International Economics, 2012), p.145.
㉓ 山西計劃及交通官員，山西省，一九八五年五月十六日，DML七二一號文件，頁二。
㉔ 武器控制專家，二〇〇九年七月十五日，北京，DML六四二號文件，頁四。
㉕ Wen Jin Yuan, "China's Export Lobbying Groups and the Politics of the Renminbi," Freeman Briefing Report, Center for Strategic and International Studies, February 2012, p. 2, http://csis.org/files/pubication/fr12n0102.pdf; see also He Xingqiang, "The RMB Exchange Rate: Interest Groups in China's Economic Policymaking," China Security, no. 19 (2011): 23-36.
㉖ Wen Jin Yuan, "China's Export Lobbying Groups" ; see also He Xingqiang, "RMB Exchange Rate."
㉗ Lardy, Sustaining China's Economic Growth, pp. 148-49.
㉘ Benjamin L. Read, "Benjamin Read on Homeowners' Protests in Shanghai," February 28, 2008, http://chinadigitaltimes.net/2008/02/benjamin-read-on-homeowners-protests-in-shanghai/.
㉙ "Citizens Challenge New Maglev Route in Shanghai," China.org, citing China Youth Daily, January 14, 2008, www.china.org.cn/english/China/239667.htm.
㉚ "Shanghai Residents Protest Controversial Maglev Project on Jan. 6," China Digital Times, January 13, 2008, http://chinadigitaltimes.net/2008/01/shanghai-Residents-protest-controversial-maglev-project-on-jan6/. 另參見 Chenzhong Xiaolu, "Shanghai Suspends Maglev Project," Caijing, March 6, 2009, http://english.caijing.com.cn/2009-03-10/110116802.html.
㉛ Zha Minjie, "Maglev Extension Given Green Light," Shanghai Daily, March 14, 2010, www.shanghaidaily.com/article/print.asp?id=431107; see also "Shanghai-Hangzhou Maglev Plans," Shanghaiist, January 19, 2011, www.shanghaiist.com/2011/01/19/shanghai_hangzhou_maglev_plans_swit.php; "Maglev Link Plan Is Suspended," China Business News, January 19, 2011, http://cnbusinessnews.com/maglev-link-plan-in-suspended/#axzz2aSnQ8M2e; Geoff Dyer, "Protests Suspend Work on Shanghai Maglev," Financial Times, March 6, 2008, www.ft.com/cms/s/o/1f2e3fc8-ebae-11dc-9493-0000779fd2ac.html.
㉜ Geoff Dyer, "Protests Suspend Work on Shanghai Maglev," Financial Times, March 6, 2008, www.ft.com/intl/cms/s/

o/1f2e3fc8-ebae-11dc-9493-0000779fd2ac.html#axzz29mCfybKi.

㉝ 國家主席江澤民，二〇〇一年三月二十日，北京人民大會堂，DML七七二號文件，頁一。

㉞ "Top 20 Internet Countries By Users—2012 Q2," Internet World Stats, www.internetworldstats.com/top20.htm (accessed October 14, 2012).

㉟ 資深軍官，一九九九年六月二十七日，DML七五七號文件，頁二至三。

㊱ 外交部副部長王海容，一九七六年七月二十八日，美國駐北京聯絡辦事處，珍・貝瑞斯記錄，七四八號文件，頁五。

㊲ Earthquake Geospatial Research Portal, "Overview of the Wenchuan Earthquake," n.d., http://cegrp.cga.harvard.edu/content/overview-wenchuan-Earthquake (accessed October 14, 2012).

㊳ "Former Head of China's Drug Watchdog Executed," Xinhuanet.com, July 10, 2007, http://news.xinhuanet.com/english/2007-07/10/content_6353536.htm.

㊴ David M. Lampton, "Presentation to National Academy of Sciences, Washington, DC," February 7, 1977 (based on October 1976 trip to the PRC), 六二三號文件，頁一。

㊵ 總理溫家寶，二〇〇三年十二月七日，紐約市華爾道夫飯店，DML五〇五號文件，頁一。

㊶ 中國資深經濟學者，二〇〇五年三月二十九日，中國，DML六六三號文件，頁一。

㊷ Jamil Anderlini, "Word on the Tweet Forces Bo Crisis into the Open," Financial Times, April 12, 2012, p. 6.

㊸ 廈門企業領袖，二〇一〇年一月十五日，福建廈門，DML六七一號文件，頁四。

㊹ 吳冷西，一九八二年十一月十二日，北京，DML七三四號文件，頁二。插一句話，《加里森敢死隊》（Garrison's Gorillas）是一九七〇年代第一齣獲准在中國播映的美國電視連續劇，它非常受歡迎，據說當它播出的晚上，全國犯罪率都下降。

㊺ 某特殊項目秘書長，二〇〇三年七月十四日，DML三四六號文件，頁二。

㊻ 核能組織資深人員，二〇一一年八月五日，北京，DML八三六號文件，頁三。

㊼ 資深貿易官員，二〇〇二年四月十二日，北京，DML六六一號文件，頁二。

㊽ 中國政府研究員，二〇一一年十二月六日，華府，DML八五三號文件，頁一。

㊾ David M. Lampton, "The Policy Implementation Problem in Post-Mao China," in Lampton, Policy Implementation, pp. 3-24.

㊿ 中國資深經濟學者，二〇〇五年三月二十九日，中國，DML六六三號文件，頁二。

第四章　世界

第一段引言出自江右書將軍，摘自DML七三六號文件，頁二。第二段引言出自中國某位高階經濟官員，摘自DML七三八號文件，頁三。第三段引言出自王雪兵，摘自DML三五八號文件，頁二。第四段引言出自外交部某位高階官員，摘自DML五二六號文件，頁一。第五段引言出自某位外交政策智庫資深領導人，摘自DML六九五號文件，頁二。第六段引言出自國務委員戴秉國之口，摘自DML八一九號文件，頁四。

❶ 中國資深情報官員，二〇〇三年十月二日，DML五〇六號文件，頁一。

❷ Ren Xiao(任曉), "Traditional Chinese Theory and Practice of Foreign Relations: A Reassessment," in China and International Relations: The Chinese View and the Contribution of Wang Gungwu, ed. Zheng Yongnian(London: Routledge, 2010), pp. 102-16.

❸ 李約瑟（Joseph Needham）在《中國的科學與文明》（Science and Civilization in China）中談到中國人在科學與哲學領域的思想時，稱之為「高潮」思想（orgasmic thought），認為西方科學藉由將事實簡化為線型、因果模式而取得進步，但是中國卻嫌惡這種簡化，因為如果你的起始前提是凡事皆以單一無縫的、相互影響的事實去影響其他的一切事物，就很難主張直線的因果關係。

❹ 外交部副部長喬冠華，一九七三年六月八日，北京，珍·貝瑞斯記錄，七七八號文件，頁五。

❺ "Interview of Mike Wallace with Deng Xiaoping," CBS News, Beijing, September 2, 1986, in http://english.peopledaily.com.cn/dengxp/vol3/text/c1560.html.

❻ Henry Kissinger and Premier Zhou Enlai, classified "Memorandum of Conversation" ("Exclusively Eyes Only"), White House, October 20, 1971, Beijing, Great Hall of the People, pp.5-6, released by the U. S. National Archives and Records Administration (no date of release or other information).

❼ 二〇〇八年，北京奧運成功落幕、雷曼兄弟公司垮台之後，四一%的中國人認為中國是「世界領先的經濟大國」。四年後，經濟增長減速、國內爆發醜聞，以及北京領導人的世代交替進行得不完全平順之後，只有二九%中國人還有同樣看法。從美國角度看，相當值得警惕的是，有五八%的英國人以及六二%的德國人，在二〇一二年認為中國是「世

界領先的經濟大國」。Pew Research Center, Global Attitudes Project, "Growing Concerns in China about Inequality, Corruption" (Issued October 16, 2012), pp. 5, 14, www.pewglobal.org/files/2012/10/Pew-Global-Attitudes-China-Report-FINAL-October-10-2012.pdf.

❽ Ibid., p.4.

❾ 總理李鵬，一九九三年四月三日，北京人民大會堂，DML三九六號文件，頁三。

❿ 美國武器控制暨裁軍署賽紐斯大使與外交部副部長章文晉，一九八〇年一月八日，北京中南海，美國政府解密文件，DML六九六號文件。

⓫ Carl E. Walter and Fraser J. T. Howie, Red Capitalism: The Fragile Financial Foundation of China's Extraordinary Rise (Singapore: John Wiley and Sons [Asia], 2011), pp. 21-24.

⓬ Henry Sender, "Dug In Too Deep," Financial Times, June 25, 2012, p. 7.

⓭ David M. Lampton, Same Bed, Different Dreams: Managing U. S.-China Relations, 1989-2000 (Berkeley: University of California Press, 2001), p. 330; 另參見 Alice Miller, "The CCP Central Committee's Leading Small Groups," China Leadership Monitor, no. 26 (2008): 8-10, http://media.hoover.org/sites/default /files/ documents/CLM26AM.pdf. 米勒指出她不確定外事領導小組的組長何時異動。

⓮ 江澤民一九九五年一月三十日《為促進祖國統一大業的完成而繼續奮鬥》談話中的「江八點」轉載在 "Jiang Zemin's Eight- Points Proposal," Bridging the Straits, January 11, 2007, http://english.cri.cn/4426/2007/11/167@184028.htm.

⓯ 中國資深外交政策分析員，一九九八年十二月一日，DML五八〇號文件，頁一。

⓰ 解放軍官員，一九九九年六月二十七日，北京，DML七五七號文件，頁三。

⓱ 許家屯，一九八九年九月二十日，香港，DML四〇四號文件，頁二。

⓲ 外交部副部長周南與大衛．葛根談話，一九九一年四月，香港，珍．貝瑞斯記錄，七六七號文件，頁三。

⓳ 一九八八年四月十六日，美國一個代表團（我是團員之一）拜會外交部副部長周南，香港是談話話題之一。他對於香港人民會擔心一九九七年香港回歸中國的想法，不予苟同。他說：「我們為什麼要傷害它？不應該有信心問題。」外交部副部長周南，一九八八年四月十六日，北京外交部，DML三九七號文件，頁一。

⓴ 香港總督彭定康，一九九二年九月，DML七三九號文件，頁一。

㉑ Zhao Ziyang, Prisoner of the State: The Secret Journal of Premier Zhao Ziyang, trans. Bao Pu, Renee Chiang and Adi Ignatius

(New York: Simon and Schuster, 2009). 趙紫陽，《國家的囚徒》。

㉒ 訪問檔案的附註，一九九二年五月二日，DML五九九號文件，頁一。

㉓ 外交部副部長，一九九九年六月二十八日，北京，DML三五一號文件，頁二。

㉔ "DCI Statement on the Belgrade Chinese Embassy Bombing," House Permanent Select Committee on Intelligence Open Hearing, July 22, 1999, https://www.cia.gov/news-information/speeches-testimony/1999/dci_speech_072299.html.

㉕ 中國副部長，一九九九年六月二十八日，北京，DML三五二號文件，頁二。這是回顧性的評論，柯林頓已在二月份經美國國會參議院裁定無罪。

㉖ 中國某辦公室主任，一九九九年六月二十九日，北京，DML三五三號文件，頁二。

㉗ Michael D. Swaine(史文) and Zhang Tuosheng, eds., with Danielle F. S. Cohen, Managing Sino-American Crises: Case Studies and Analysis (Washington, DC: Carnegie Endowment for International Peace, 2006), pp. 327-75.

㉘ 解放軍官員，一九九九年六月二十七日，北京，DML七五七號文件，頁二。

㉙ 同上註，頁三。

㉚ 中國學者，一九九八年六月二十九日，DML八〇七號文件，頁七。

㉛ 外交部資深人物，一九九九年五月六日，DML五七八號文件，頁二。

㉜ 總理朱鎔基，一九九九年三月三十一日，北京人民大會堂新疆廳，DML三六九號文件，頁三。

㉝ 中國資深經濟學者，二〇〇五年三月二十九日，中國西安，DML六六三號文件，頁三。

㉞ 解放軍官員，一九九九年六月二十七日，北京，DML七五七號文件，頁二。

㉟ 中國資深銀行官員，二〇〇九年三月十九日，北京，DML六三五號文件，頁一。

㊱ 漳州市長韓玉琳，一九九三年七月二十七日，福建漳州市，DML六一〇號文件，頁一。

㊲ Pieter Bottelier 教授，二〇一二年十月二十四日。

㊳ 市長徐匡迪，一九九八年一月十四日，上海，DML三一九號文件，頁一。

㊴ 智庫人員，一九九九年六月二十七日，DML七〇七號文件，頁二。

㊵ 外交部副部長喬冠華，一九七三年六月八日，北京，珍·貝瑞斯記錄，七七八號文件，頁六。

㊶ 同上註，頁五。

㊷ Lu Chang, "A Lot on the Plate," Chinadaily.com, March 30, 2012, http://europe.chinadaily.com.cn/epaper/2012-03/30/

content_14950430.htm.

43 資深顧問，二〇〇二年八月十九日，DML五四七號文件，頁一。

44 同上註。

45 胡錦濤資深顧問，二〇〇二年十二月十三日，DML三三一號文件，頁二。

46 中國財政部長項懷誠（？），二〇〇二年九月八日，華府，DML三四〇號文件，頁三。

47 中國資深經濟學者，二〇〇五年三月二十九日，中國西安，DML六六三號文件，頁一。

48 "US Will Never Default, Vice President Biden Tells China," BBC News, August 21, 2011, www.bbc.co.uk/news/world-asia-pacific-14605974?print=true.

49 AFP, "Clinton Wrap Up Asia Trip by Asking China to Buy US Debt," Breitbart.com, February 22, 2009, http://www.breitbart.com/print.php?id=CNG.42a44bof5d9cf5c9762e80574e79a3d5.831.

50 資深顧問，二〇〇二年八月十九日，DML五四七號文件，頁一。

51 國家主席江澤民，一九九八年一月十三日，北京中南海二〇二室，DML五八二號文件，頁二。

52 副主席張萬年，一九九六年九月六日，北京，DML四一七號文件，頁三。

53 「大衛・葛根與外交部長錢其琛」，一九九一年四月，珍・貝瑞斯記錄，七六五號文件，頁五。

54 外交部長錢其琛，一九九二年八月二十六日，DML三八一號文件，頁二。

55 關於「綜合國力」的廣泛討論，見David M. Lamptom, The Three Faces of Chinese Power: Might, Money and Minds (Berkeley: University of California Press, 2008), pp. 20-25.

56 Pew Research Center, "Growing Concerns in China," p.14, www.pewglobal.org/files/2012/10/Pew-Global-Attitudes-China-Report-FINAL-October-10-2012.pdf.

57 總理周恩來，一九七三年六月十五日與布魯孟梭（Michael Blumenthal）深夜談話，北京，珍・貝瑞斯記錄，七五〇號文件，頁五至六。

58 總理趙紫陽會見美國州長訪問團，一九八三年十二月五至十八日，北京，珍・貝瑞斯記錄，七六三號文件，頁三。

59 鄧小平，一九七九年十月十七日，北京人民大會堂，珍・貝瑞斯記錄，七七六號文件，頁二。

60 副總理兼外交部長黃華，一九八〇年十一月二十日，北京舊外交部大樓，珍・貝瑞斯記錄，七一五號文件，頁六。

61 解放軍資深情報官員，二〇〇三年十月二日，DML五〇六號文件，頁一。

62 中國學者，二〇〇九年七月二十一日，DML六五一號文件，頁四。
63 副主席張萬年，一九九六年九月六日，北京，DML四一七號文件，頁二。
64 中國資深學者，二〇〇二年八月十九日，DML五三五號文件，頁一。
65 Jianmin Qi, "The Debate over 'Universal Values' in China," Journal of Contemporary China 20, no. 72 (2011): 881-90.
66 中國資深學者，二〇〇二年八月十九日，DML五三五號文件，頁二。
67 Pew Research Center, "Growing Concerns in China," p. 4.
68 副主席李先念，一九七九年六月，北京，珍．貝瑞斯記錄，七七五號文件，頁四。
69 Li Juqian, "Legality and Legitimacy: China's ASAT Test," China Security 5, no. 1 (Winter 2009): 51.
70 中國將領，二〇一一年，DML八三三號文件，頁三。
71 Keith Bradsher, "China Said to Bolster Missile Capabilities," New York Times, August 25, 2012, p. A5.
72 中國戰略分析家，二〇〇二年八月十九日，DML五三五號文件，頁二。
73 John Hickman, "Red Moon Rising," Foreign Policy, no. 194, June 18, 2012, www.foreignpolicy.com/articles/2012/06/18/red_moon_rising (accessed June 28, 2012).
74 Katharina Hesse, "Interview with China's Vice Minister of Foreign Affairs: 'The West Has Become Very Conceited,'" Der Spiegel, August 22, 2011, www.spiegel.de/international/world/0,1518,781597,00.html. 在另一網址，Susanne Koelbl 被列為訪談人。另參見DML八四〇號文件。

第五章　夢魘

第一段引言出自劉賓雁，摘自DML七六八號文件，頁一。第二段引言出自項南，摘自DML六一八號文件，頁二。第三段引言出自總理朱鎔基，摘自DML五六一號文件，頁二。第四段引言出自某位局長，摘自DML四五六號文件，頁二。

1 「失策」（missteps）並沒有掌握住毛澤東製造出來的悲劇有多麼巨大。《新世界時報》二〇一二年七月十三日刊出一篇日期二〇一二年三月二十七日的文章，題目是〈文革反思與政治體制改革〉，據報導說，江澤民的政治顧問王滬寧透露，一九五七年有三百萬人被當做「右派份子」「打倒」；一九五〇年代末期和一九六〇年代初期有四千萬人餓死；文革期間又死了兩千多萬人。我試圖證實此一所謂王滬寧文章的真實性，卻沒有結果。

❷ 總理趙紫陽，一九八七年九月二十七日，北京中南海接受湯姆・布洛考（Tom Brokaw）訪問，八〇三號文件，頁三。

❸ "Portrait of Vice President Xi Jinping: 'Ambitious Survivor' of the Cultural Revolution," confidential U. S. Embassy Beijing cable, November 16, 2009, reference ID 09Beijing3128, http://wikileak.org/cable/2009/11/09BEIJING3128.html.

❹ Ibid.; 另參見 Xi Jinping, interview by Carsten Boyer Thogersen and Susanne Posborg, Zhonghua Ernu [Sons and Daughters of China], summer 2000, DML, Doc. 866, pp. 6-7.

❺ DML八三八號文件，頁二。

❻ 總理溫家寶接見美國國會議員訪問團，二〇〇五年四月一日，DML四五四號文件，頁三。

❼ 四川省長楊析綜，一九八三年十二月，珍・貝瑞斯記錄，七六六號文件，頁二。

❽ "Income Gap between China's Urban, Rural Residents Narrows in 2011," Xinhuanet, January 20, 2012, http://news.xinhuanet.com/english/china/2012-01/20/c_131371091.htm.

❾ 美國資深政治家，二〇一二年五月八日，DML八五八號文件，頁一。

❿ He Qinglian(何清漣), "Why Have China's Peasants Become the Major Force in Social Resistance?," China Rights Forum, no.2 (2009), www.hrichina.org/print/ content/3790.

⓫ Jiangnan Zhu, "The Shadow of Skyscrapers: Real Estate Corruption in China," Journal of Contemporary China 21, no. 74 (March 2012): 243-60.

⓬ He Qinglian, "Why Have China's Peasants."

⓭ 同上註。

⓮ Ministry of Finance, "Report on the Implementation of the Central and Local Budgets for 2010 and on the Draft Central and Local Budgets for 2011," March 5, 2011, p. 11, http://english.gov.cn/official/2011-03/17/content_1826516.htm.

⓯ 王海容，一九七六年七月二十八日，美國駐北京聯絡辦事處，珍・貝瑞斯記錄，七四八號文件，頁三至四。

⓰ 中央書記處書記胡啟立，一九八五年十月十六日，北京人民大會堂，珍・貝瑞斯記錄，八〇〇號文件，頁二。

⓱ Bulletin of Activities〔工作通訊〕, ed. J. Chester Cheng (Stanford, CA: Hoover Institution on War, Revolution and Peace,

Stanford University, 1966).

⑱ 副總理耿飆，一九七八年十一月二十五日，北京，珍・貝瑞斯記錄，七六一號文件，頁二。

⑲ 習近平接受 Thogersen and Posborg 訪問，DML八六六號文件，頁七至八。

⑳ 美國資深外交官，二〇一二年五月八日，DML八五八號文件，頁一。

㉑ "China's Male-to-Female Ratio Declines for the First Time," People's Daily Online, June 4, 2010, http://english.peopledaily.com.cn/90001/90776/90882/7012887.html.

㉒ 副主席李先念，一九七九年六月，北京，珍・貝瑞斯記錄，七七五號文件，頁三。

㉓ 中國資深經濟學者，二〇〇五年三月二十九日，中國，DML六六三號文件，頁二。

㉔ 關於事件背景，見 Anita Chan, Wal-Mart in China (Ithaca: Cornell University Press, 2011); Tim Pringle, Trade Unions in China: The Challenge of Labor Unrest (New York: Routledge, 2011); David Barboza, "In Chinese Factories, Lost Fingers and Low Pay," New York Times, January 5, 2008, www.nytimes.com/ 2008/01/05/business/worldbusiness/05sweatshop.html?pagewanted=all&_r=0; 另見 "Trade Unions in China: Membership Required," Economist, July 31, 2008, www.economist.com/node/11848496/print.

㉕ David Barboza and Charles Duhigg, "China Contractor Again Faces Labor Issue on iPhones," New York Times, September 10, 2012, www.nytimes.com/2012/09/11 /technology/foxconn-said-to-use-forced-student-labor-to-make-iphones.html?pagewanted=all.

㉖ 總理朱鎔基，二〇〇二年四月五日，北京中南海，DML五六一號文件，頁一至二。朱鎔基在此次受訪時提到韓東方到了美國。韓東方的組織「中國勞工通訊」一九九四年於香港成立。

㉗ Andrew Jacobs, "Protests over Chemical Plant Force Chinese Officials to Back Down," New York Times, October 29, 2012, p. A4; "Ningbo Defends Chemical Plant after Protests," Xinhua, October 24, 2012, www.china.org.cn/china/2012-10/24/content_26896978.htm.

㉘ 工程師，一九八二年九月九日，武漢，長江流域計劃局，DML七八五號文件，頁一。

㉙ The Twelfth Five-Year Plan for National Economic and Social Development of the People's Republic of China (Beijing: Central Document Translation Department of the Central Compilation and Translation Bureau, July 2011), p. 12.

㉚ 國務委員、國家科委主任宋健，一九九四年四月十五日，DML六六四號文件，頁二。

31 中央書記處書記胡啟立，一九八五年十月十六日，北京人民大會堂，珍・貝瑞斯記錄，八〇〇號文件，頁三。

32 U. S. Department of State Reporting Cable, Foley and NPC Standing Committee Head Wan Li, May 23, 1989, Washington, DC, U. S. Capitol, ＤＭＬ, Doc. 698; Reuters, "China Inflation Slows," New York Times, December 29, 1989, www.nytimes.com/1989/12/29/business/china-s-inflation-slows.html; Marcus Noland, Pacific Basin Developing Countries (Washington, DC: Institute for International Economics, 1990), p. 151.

33 "China Inflation Rate," Trading Economics, n. d., 錯誤！超連結參照不正確。(accessed July 26, 2012).

34 副總理朱鎔基，一九九六年六月十二日，北京，ＤＭＬ三九五號文件，頁二。

35 總理溫家寶，二〇〇七年三月十六日，北京人民大會堂，總理記者會，四四三號文件，頁六。

36 國家主席江澤民，一九九二年五月九日，北京，ＤＭＬ四〇三號文件，頁二。

37 副總理朱鎔基，一九九六年六月十二日，北京，ＤＭＬ三九五號文件，頁二。

38 Yi-En Tso and David A. McEntire, "Emergency Management in Taiwan: Learning from Past and Current Experiences," unpublished paper, p. 8.

39 "President Ma Ying-jeou's Popularity Plunges to New Low, TVBS Poll Shows," Taipei Times, July 6, 2012, p. 1, www.taipeitimes.com/News/front /archives/ 2012/07/06/2003537070; "Survey on President Ma Ying-jeou's Approval Rating and People's View on the Unification-Independence Issue," Global Views Survey Research Center, conducted April 13-17, 2011.

40 Ko Shu-ling, "Morakot: The Aftermath: Ma, Liu Approval Ratings Plummet in Morakot's Wake," Taipei Times, August 20, 2009, p. 1.

41 Keith Bradsher, "Collapse of New Bridge Underscores Worries about China Infrastructure," New York Times, August 25, 2012, p. A4.

42 U. S. Geological Survey (USGS), "Earthquakes with 1,000 or More Deaths since 1900," n.d., http://earthquake.usgs.gov/earthquakes/world/world_deaths.php (accessed July 28, 2012).

43 National Climate Data Center (NCDC), "Flooding in China, Summer 1998," November 20, 1998, http://lwf.ncdc.noaa.gov/oa/reports/chinaflooding/ chinaflooding.html.

44 "The World's Worst Floods by Death Toll," n. d., www.epicdisasters.com/ index.php/site/comments/the_worlds_worst_floods_by_death_toll/ (accessed July 28, 2012); Yi Si, "The World's Most Catastrophic Dam Failures," in The Dragon River Have

Come! The Three Gorges Dam and the Fate of China's Yangtze River and Its People, ed. Dai Qing（戴晴）(Armonk, NY: M. E. Sharpe, 1998), p.38.

45 United Nations Environment Programme, "The Songhua River Spill China, December 2005," field mission report, December 5, 2005, p. 7, http://unep.org/PDF/China_Songhua_River_Spill_draft_7_301205.pdf.

46 Ibid., p. 14.

47 Center for Disease Control and Prevention, "Global SARS Outbreak, 2003," in "Frequently Asked Questions about SARS," July 2, 2012, www.cdc.gov/sars/about/ faq.html. 疾病管制中心（CDC）對總死亡人數和總病例的數字，略低於世界衛生組織的數字，它被用為國別數據。World Health Organization, "Cumulative Number of Reported Probable Cases of SARS," www.who.int/csr/sars/country/ 2003_07_11/en/# (accessed November 2, 2012).

48 總統陳水扁，二〇〇七年六月六日，台北，總統府，DML四二八號文件，頁二。

49 與中國資深分析家會談，二〇〇九年二月二十四日，DML六三二號文件，頁二。

50 同上註。

51 副主席李先念，一九七九年六月，北京，珍·貝瑞斯記錄，七七五號文件，頁三。

52 國家主席江澤民，一九九六年六月十四日，北京，中南海，DML三九四號文件，頁四至五。

53 副總理，北京，某某部，一九九九年六月二十八日，DML三五二號文件，頁二。

54 "35,860 Chinese Evacuated from Unrest-Torn Libya," Xinhua, March 3, 2011, http://news.xinhuanet.com/english2010/china/2011-03/03/c_13759456.htm.

55 Jane Perlez, "Chinese Plan to Kill Drug Lord with Drone Highlights Military Advances," New York Times, February 21, 2013, p. A5.

56 總理溫家寶，二〇〇五年四月一日，北京紫光閣，DML四五四號文件，頁三至四。

57 "Xi Jinping's Explanation of the Chinese People's Dream," Chinadaily.com.cn, January 16, 2013.

58 資深外交事務人士，二〇一一年六月二十七日，北京，DML八三三號文件，頁二。

第六章　文武關係

第一段引言（艾森豪總統卸任演說），見 http://mcadams.posc.mu.edu/ike.htm. 第二段引言出自某位智庫分析員，摘自ＤＭＬ八〇七號文件，頁四至五。第三引言出自中國某位高階外交官，摘自ＤＭＬ五五〇號文件，頁一。第四段引言出自《二〇一〇年中國國防白皮書》（北京：國務院新聞辦）可以從 www.china.org.cn/government/whitepaper/node_7114675.htm 查閱。

❶ 司級官員，一九七六年七至八月，珍・貝瑞斯記錄，七九七號文件，頁一。
❷ 邱義仁，二〇〇〇年三月二十八日，華府，ＤＭＬ六二八號文件，頁二。
❸ 解放軍少將，二〇〇五年一月十日，中國，ＤＭＬ四八九號文件，頁二。
❹ 中國資深學者，二〇〇五年八月十五日，日本東京，ＤＭＬ七五八號文件，頁二。
❺ David Shambaugh, Modernizing China's Military: Progress, Problems and Prospects (Berkeley: University of California Press, 2002), p. 13.
❻ 解放軍少將，二〇〇五年一月十一日，中國，ＤＭＬ三三四號文件，頁三。
❼ International Institute for Strategic Studies, The Military Balance (London: IISS), annual volumes published in 1993, 2001, and 2012.
❽ Tai Ming Cheung, ed., New Perspectives on Assessing the Chinese Defense Economy (La Jolla: University of California, Institute on Global Conflict and Cooperation, 2011); Evan S. Medeiros, Roger Cliff, Keith Crane and James C. Mulvenon, A New Direction for China's Defense Industry (Santa Monica, CA: RAND Corporation, 2005).
❾ Li Cheng and Scott W. Harold, "China's New Military Elite," China Security 3, no. 4 (Autumn 2007): 72-73.
❿ 中國將級軍官，二〇一一年六月二十六日，ＤＭＬ八二〇號文件，頁五。
⓫ Tai Ming Cheung, New Perspectives; 另見資深智庫學者，二〇一一年十二月六日，ＤＭＬ八五三號文件，頁一。
⓬ Hu Jintao, "Full Text of Hu Jintao's Report at the 18th Party Congress," Xinhua, November 17, 2012, http://news.xinhuanet.com/english/special/18cpcnc/2012-11/17/c_131981259_10.htm (accessed February 16, 2013).

⑬ Li Cheng and Scott W. Harold, "China's New Military Elite," China Security 3, no. 4 (Autumn 2007): 69.
⑭ Kenji Minemura, "China's Senkakus Operations Overseen by Party Task Force Led by Xi," February 4, 2013, Asahi Shimbun(朝日新聞), http://ajw.asahi.com/article/asia/china/AJ201302040089.
⑮ John Garnaut, "Rotting from Within: Investigating the Massive Corruption of the Chinese Military," Foreign Policy, April 16, 2012, www.foreignpolicy.com/ articles/2012/04/16/rotting_from_within.
⑯ Li Cheng and Harold, "China's New Military Elite," pp. 65-70.
⑰ 解放軍上校，二〇〇五年九月，中國，DML四五九號文件，頁三。
⑱ 中國資深學者，二〇〇四年八月十九日，中國，DML五〇二號文件，頁一至二。
⑲ 中國資深學者，二〇〇四年八月十九日，中國，DML五〇〇號文件，頁一。
⑳ 戰略分析家，二〇〇五年八月十九日，DML五〇二號文件，頁二。
㉑ 中國資深戰略分析家等人，二〇〇三年一月十八至二十二日，美國，DML七五四號文件，頁二。，
㉒ 國家主席江澤民，二〇〇二年十一月二十二日，北京人民大會堂河北廳，DML五二一號文件，頁二。
㉓ 同上註。
㉔ 資深軍官，二〇一二年一月六日，中國，DML八五六號文件，頁四。
㉕ Jeremy Page and Lingling Wei, "Bo's Ties to Army Alarmed Beijing," Wall Street Journal, May 17, 2012, p. A1, http://online.wsj.com/article/ SB10001424052702304203604577398034072800836.html.
㉖ 殷方龍，〈二砲政治部主任：個人的小情小義服從黨的大情大義〉，《人民日報》，二〇一二年四月十三日，http://news.ifeng.com/mainland/detail_2012_04/13/13850516_0.shtml.
㉗ James Mulvenon(毛文杰), "The Bo Xilai Affair and the PLA," China Leadership Monitor, no. 38 (August 6, 2012), www.chinaleadershipmonitor.org.
㉘ 中國將級軍官，二〇〇一年五月九日，DML五六四號文件，頁一。
㉙ 資深外交事務系統官員，二〇〇二年八月二十日，中國，DML五三六號文件，頁三。
㉚ Shirley A. Kan et al., "China-U.S. Aircraft Collision Incident of April 2001: Assessments and Policy Implications," Congressional Research Service, RL30946, October 10, 2001, www.fas.org/sgp/crs/row/RL30946.pdf.
㉛ 解放軍高級軍官，二〇〇一年五月九日，DML五六四號文件，頁一。

㉜ 中國高級軍官，二〇一二年六月六日，DML八五六號文件，頁二至三。

㉝ 中國資深外交及安全分析家，二〇一一年九月二十一日，DML八四七號文件，頁三。

㉞ 中央軍委第一副主席劉華清，一九九四年五月二十六日，北京釣魚台賓館，DML六一二號文件，頁三。

㉟ 討論解放軍的預算相當困難，必須分辨各種尺標。我們在此用的是國防支出占GDP百分比的尺標。由於中國的GDP快速增長，有可能出現國防支出絕對值數字上升，卻在GDP占比方面下降的現象。另一個尺標是國防支出占中央政府總支出百分比。依據這個尺標，鄧小平時期中國的國防支出再也沒有出現過一九七七年鄧小平復出掌權那一年的一七·七%的占比——到二〇〇一年，百分比只有八·二%。見Shambaugh, China's Military, pp. 188-89. 自從一九八九年以來，國防支出絕對值數字快速上升，可是國防支出占GDP百分比卻下降、且一般都很低，甚且國防支出占中央政府總支出百分比下降。這個討論也涉及政府官方數字；另外，在北京承認的數字之外還發生的支出其規模究竟多大，也有辯論。

㊱ James Mulvenon, Soldiers of Fortune: The Rise and Fall of the Chinese Military-Business Complex, 1978-1998 (Armonk, NY: M.E. Sharpe, 2001), 特別是第三章。

㊲ "GDP Growth (Annual %)," World Bank, World Development Indicators, http://data.worldbank.org/data-catalog/world-development-indicators (accessed November 10, 2012).

㊳ 中國將領，二〇〇五年一月十一日，中國，DML三三四號文件，頁二。

㊴ 中國高階將領，一九九四年五月二十四日，北京，DML六一六號文件，頁二。

㊵ 劉華清將軍，一九九四年五月二十六日，北京釣魚台賓館，DML六一二號文件，頁三。

㊶ 兩個數字不符是DML訪問文件原本就如此。

㊷ 中國高階將領，一九九四年五月二十五日，北京，DML六一七號文件，頁二。

㊸ 同上註，頁三。

㊹ 中國高階將領，一九九七年九月二十五日，DML四〇七號文件，頁二。

㊺ 國防部長遲浩田，二〇〇一年三月十九日，北京八一樓，珍·貝瑞斯記錄，七七四號文件，頁二。

㊻ 將級軍官，二〇一一年中期，DML八二六號文件，頁二。

㊼ 中國將領，二〇一〇年一月，DML六七九號文件，頁三。

㊽ Shaun Tandon, "Clinton Uses Warship to Push Philippines Alliance," Defense News, November 16, 2011, www.defensenews.

com/article/20111116/DEFSECT04/111160306/Clinton-Uses-Warship-Push-Philippines-Alliance；另參見 David M. Lampton, "China and the United States: Beyond Balance," Asia Policy, no. 14 (July 2012): 40-44.

49 中國資深外交政策學者，二〇一三年一月二十三日，DML八八三號文件，頁三。

50 Calculated from the China Statistical Yearbook (Beijing: China Statistics Press), 2007-11: table 8-4, "Government Expenditure by Main Item" (yearbook for 2007); table 7-6, "Main Items of National Government Expenditure of Central and Local Governments" (yearbooks for 2008 and 2009); table 8-6, "Main Items of National Government Expenditures of Central and Local Governments" (yearbook for 2010 and 2011).

51 前任美國資深情報官員，二〇一一年十月，DML八五一號文件，頁一。

52 官方對「擾亂公共秩序案件」最近發布的數字是八萬七千件，並且依據所有定性報告，數字還一直繼續成長。"China Handles 87,000 Public Order Disturbance Cases," People's Daily Online, January 20, 2006, http://english.peopledaily.com.cn/200601/20/eng20060120_236813.html. 清華大學教授孫立平據報導曾經表示，二〇一〇年抗議、暴亂和群體事件的數字是十八萬件。Tom Orlik, "Unrest Grows as Economy Booms," Wall Street Journal, September 26, 2011, http://online.wsj.com/article/ SB10001424053111903703604576587070600504108.html.

53 國家主席江澤民，一九九二年五月九日，北京，DML四〇三號文件，頁二。

54 副總理朱鎔基，一九九六年六月十二日，DML三九五號文件，頁三。

55 前任美國資深情報官員，二〇一一年十月，DML八五一號文件，頁一。

56 中國資深人士，二〇一三年一月，DML八六八號文件，頁三。

57 外交政策系統資深分析家，二〇〇九年七月二十四日，中國，DML六四五號文件，頁四。

58 國家主席江澤民，一九九九年三月五日，北京釣魚台賓館，DML三六八號文件，頁四。

59 中國資深學者，二〇〇七年六月十日，中國，DML四三四號文件，頁一。

60 外交事務系統資深人士，一九九九年五月六日，DML五七八號文件，頁一。

61 中國資深安全分析家，二〇一一年九月二十一日，DML八四七號文件，頁三。

62 前任美國資深情報官員二〇一一年十月向國會議員簡報，DML八五一號文件，頁二。前任資深情報官員在做此一簡報時，有位國會議員冒出本文提到的此一評論。

63 資深外交政策顧問，二〇〇二年八月十九日，中國，DML五四七號文件，頁三。

❻❹ 中國資深外交官，二〇〇二年九月二十六日，DML五二九號文件，頁一。

❻❺ 中國資深學者，二〇一一年一月三日，中國，DML七一七號文件，頁二。

❻❻ John Pomfret(潘　文), “China Tests Stealth Aircraft before Gates, Hu Meet,” Washington Post, January 11, 2011, www.washingtonpost.com/wp-dyn/content /article/2011/01/11/AR2011011101338_. 對於此一發展有一種比較善意的解讀，認為解放軍不是要讓來訪的美國國防部長尷尬或驚訝。這個解釋說，胡錦濤當然曉得軍方在研發隱形飛機，但是期待國家領導人去掌握飛機的測試日期恐怕就不太合理了。測試日期恐怕是在系統裡較低層級決定，沒有人把測試和美國國防部長到訪連想到一起。

❻❼ 前任美國資深情報官員，二〇一一年十月，DML八五一號文件，頁二。

❻❽ Robert A. Caro, The Passage of Power (New York: Alfred A. Knopf, 2012), p. 340.

❻❾ Yang Yi, “China Must Have a Strong Navy,” China Defense Blog, December 5, 2011, http://china-defense.blogspot.com/2012/12/rear-admiral-yang-yis-latest-oped.html.

第七章　中國式談判

第一段引言出自黃華，摘自珍・貝瑞斯記錄七一五號文件，頁二至三。第二段引言出自李鵬，摘自DML三九六號文件，頁三。第三段引言出自對某位中國資深學者的訪談，摘自DML五三五號文件，頁一。

❶ Zhou Enlai, “The Past Year’s Negotiations and the Prospects” (December 18, 1946), in Selected Works of Zhou Enlai, vol. 1 (Beijing: Foreign Languages Press, 1981), p. 288.

❷ Henry Kissinger, On China (New York: Penguin Press, 2011), pp. 97-112.

❸ Ibid., pp. 101-2.

❹ 中國著名商人，二〇〇三年三月十一日，DML五一四號文件，頁一。

❺ 中國領導人資深顧問，一九九九年九月二十日，北京，DML五七七號文件，頁一。

❻ Lucian Pye, Chinese Commercial Negotiating Style (Santa Monica, CA: RAND, January 1982), p. 51.

❼ 中國將領，二〇〇九年七月十六日，DML六四六號文件，頁四。

❽ David M. Lampton, The Three Faces of Chinese Power: Might, Money and Minds (Berkeley: University of California Press, 2008).

❾ Lucian Pye, Chinese Commercial Negotiating Style (Santa Monica, CA: RAND, January 1982), Doc. R-2837; Carolyn Blackman, Negotiating China: Case Studies and Strategies (St. Leonards, Australia: Allen and Unwin, 1997); Richard H. Solomon, Chinese Negotiating Behavior, 1967-1984 (Santa Monica, CA: RAND, 1995); and Kenneth T. Young, Negotiating with the Chinese Communists: The United States Experience, 1953-1967 (New York: McGraw-Hill, 1968).

❿ Peking's Approach to Negotiation: Selected Writings, Complied by the Subcommittee on National Security and International Operations, Committee on Government Operations, United States Senate (Washington, DC: U. S. Government Printing Office, 1969).

⓫ Fred Charles Ikle, "American Shortcomings in Negotiating with Communist Powers," in International Negotiation, memorandum prepared at the request of the Subcommittee on National Security and International Operations, Committee on Government Operations, United States Senate (Washington, DC: U. S. Government Printing Office, 1970).

⓬ Sun Tzu, The Art of War, trans. And introd. Samuel B. Griffith (London: Oxford University Press, 1963), pp. 63-64.

⓭ Yan Xuetong(閻學通), Ancient Chinese Thought, Modern Chinese Power, ed. Daniel A. Bell and Sun Zhe(孫哲), trans. Edmund Ryden (Princeton: Princeton University Press, 2011).

⓮ Committee of Concerned Asian Scholars [CCAS], "Interview with Chou En-lai" [July 19, 1971], Bulletin of Concerned Asian Scholars 3, no. 3-4 (1971): 48, http://criticalasianstudies.org/assets/files/bcas/vo3no3.pdf, abstracted in Doc.812, pp.9-10.

⓯ Jimmy Carter, Keeping Faith: Memoirs of a President (Toronto: Bantam Books, 1982), p. 189.

⓰ Ren Xiao, "The Moral Dimension of Chinese Foreign Policy," in New Frontiers in China's Foreign Relations, ed. Allen Carlson and Ren Xiao (Lanham, MD: Lexington Books, 2011), pp. 3-23, esp. pp. 15-20.

⓱ 于慶泰大使，二〇〇九年三月二十日，北京外交部，DML六三七號文件，頁二。

⓲ 孫子，《兵法》，頁六九。

⓳ 非常資深的外交部官員，二〇〇五年一月二十八日，北京，DML三四二號文件，頁三。

⓴ 資深大學戰略分析家，二〇〇九年七月二十日，DML六三八號文件，頁三。同一位戰略分析家後來當著外交部官員

的面表示：「『我們在操縱他們。』台灣是核心。『為了狹隘的台灣核心利益，中國正在操縱北朝鮮。』」二〇一一年六月二十八日，北京，DML八三三號文件，頁五。

㉑ 外交部長黃華，一九七七年十月二日，北京，白魯（心旬）記錄，七一〇號文件，頁二。

㉒ Pew Research Center, "Growing Concerns in China about Inequality, Corruption," October 16, 2012, www.pewglobal.org/files/2012/10/Pew-Global-Attitude-China-Report-FINAL-October-10-2012.pdf, p. 37.

㉓ Carter, Keeping Faith, p. 48.

㉔ 副總理李嵐清，一九九三年七月二十一日，北京中南海紫光閣，DML三七九號文件，頁一至二。

㉕ 非常資深的外交事務官員，一九九七年九月十六日，北京釣魚台賓館，DML四一〇號文件，頁三。

㉖ 國家主席江澤民，一九九六年六月十四日，北京中南海南海中的小島，DML三九四號文件，頁二。

㉗ 同上註，頁一。

㉘ 國民會議議員，二〇〇六年三月二十一日，越南河內，DML四五一號文件，頁一。

㉙ Lan Lan, "Airline Carbon Tax Talks with EU Stall," China Daily, July 23, 2012, p. 1.

㉚ 台灣事務高階領導人，二〇〇五年一月十一日，北京，DML三四一號文件，頁二。

㉛ 中國資深學者，二〇〇九年七月十七日，北京，DML六五二號文件，頁四。

㉜ 方毅，一九七九年六月二十二日，北京，DML四二六號文件，頁一至二。

㉝ 資深外交事務官員，二〇一一年八月四日，DML八三七號文件，頁三。

㉞ 國防部長遲浩田，一九九八年一月十二日，北京國防部外事辦，DML三二九號文件，頁二。

㉟ President William Clinton, "Statement by the President On Most Favored Nation Status for China," Office of the Press Secretary, May 28, 1993, http://china.usa.edu/(S(boflmn2ijuzcks3tmakvrx45)A(nNB4EyowywEkAAAAODZiNWE0MjItMzk0MC00OTMzLTg1OWItYTU2N2I5OTYxOTlhbvg6UVVONxiw6UYZv5sOCboevw1))/ShowArticle.aspx?articleID=736&AspxAutoDetectCookieSupport=1.

㊱ 通常生產高價值出口商品到中國去的美國旗艦型公司（比如，波音飛機公司、以及核能發電廠技術的西屋公司（Westinghouse））都會被示意性地威脅。

㊲ 外交部副部長周南，一九九一年四月，珍・貝瑞斯記錄，七六七號文件，頁三。

㊳ 總理李鵬，一九九三年四月三日，北京人民大會堂，DML三九六號文件，頁四。

39 外交部長錢其琛，一九九一年四月，北京，珍・貝瑞斯記錄，七六五號文件，頁二。

40 韓玉琳市長，一九九三年七月二十七日，福建漳州，DML 六一〇號文件，頁二。

41 王文、黃飛，〈訪問海軍少將楊毅〉，《環球時報》，二〇一〇年四月二十三日，DML 八五二號文件，頁三。

42 外交部長錢其琛，一九九一年四月，北京，珍・貝瑞斯記錄，七六五號文件，頁三。

43 前任中國某大學校長，一九九二年八月二十六日，DML 四二二號文件，頁一。

44 Keith Bradsher, "China Is Blocking Minerals, Executives Say," New York Times, September 23, 2010, www.nytimes.com/2010/09/24/business/energy-enviornment/ 24mineral.html.

45 Andrew Higgins, "In Philippines, Banana Growers Feel Effect of South China Sea Dispute," Washington Post, June 10, 2012, www.washingtonpost.com/world/ asia-pacific/in-philippines-banana-growers-feel-effect-of-south-china-sea-dispute/ 2012/06/10/gJQA47WVTV_story.html.

46 Agence France-Presse, "Japanese Exports to China Drop 14.5pc in November," December 20, 2012, www.scmp.com/business/economy/article/ 1108586/japanese-exports-china-drop-145pc-november.

47 中國高階將領，二〇一〇年一月，DML 六七九號文件，頁二。

48 George Bush and Brent Scowcroft, A World Transformed (New York: Alfred A. Knopf, 1998), p.413.

49 Ibid., p. 414 n.

50 資深資訊官員，二〇〇五年一月十二日，北京，DML 三三九號文件，頁三。

51 章文晉與賽紐斯大使，一九八〇年一月八日，北京中南海，解密文件，DML 六九六號文件。

52 非常高階的台灣官員，二〇〇八年六月二十五日，台北，DML 三八九號文件，頁三。

53 某某將軍，一九九四年五月二十五日，北京，DML 六一七號文件，頁三。

54 非常資深的外交政策領導人，二〇一一年六月二十六日，北京釣魚台賓館，DML 八一九號文件，頁三。

55 吳邦國，二〇〇七年八月二十八日，北京人民大會堂，DML 四三〇號文件，頁二。

56 資深教授，二〇〇九年二月二十四日，北京，DML 六三二號文件，頁二。

57 中國戰略分析家，二〇〇九年七月二十日，DML 六三八號文件，頁三。

結論

第一段引言出自李鵬，摘自珍．貝瑞斯記錄七八八號文件，頁四。第二段引言出自中國情報分析員，摘自ＤＭＬ八四七號文件，頁二。第三段引言出自習近平，摘自ＤＭＬ八六一號文件，頁一。

❶ 這個程度的污染數字，美國政府會發出警告：「人人應避免在戶外一切活動，心肺疾病患者和老年人、幼童應留在室內、減少活動。」

❷ Bruce J. Dickson, Red Capitalists in China (Cambridge: Cambridge University Press, 2003); Margaret M. Pearson, China's New Business Elite: The Political Consequences of Economic Reform (Berkeley: University of California Press, 1997).

❸ 中國資深學者，二〇〇九年二月二十四日，ＤＭＬ六三二號文件，頁三。

❹ 中國最高領導人的資深顧問，二〇〇九年九月二十八日，北京，ＤＭＬ六五四號文件，頁二。

❺ 兩個觀察說明為什麼我認為中國人認定美國衰退是不對的。第一、美國現在能夠開採頁岩天然氣，它極有希望巨幅減低能源輸入美國的負擔，這種降低將不僅改變貿易平衡的現實，也會降低美國製造業的成本。這一發展又將增進美國的競爭力，可望降低在別的地方介入衝突的需要。第二、如果美國能借重它可以吸引及留住有技術、且富冒險精神的移民此一優勢，它將可以保有其他國家實質上所欠缺的這一優勢。

❻ "Diaoyu: Islands in a Stormy Sea," China Daily, September 17, 2012, p. 6.

❼ Hu Jintao, "Hu Jintao Shibada baogao" [Hu Jintao's report at the Eighteenth Party Congress], section 12, part 7, November 8, 2012, Zhongguo wang-luo dianshitai (China Internet Television Network) (from People's Daily), http://news.cntv.cn/18da/20121118/100674_12.shtml; see also "Full Text of Hu Jintao's Report at 18th Party Congress," Xinhua, November 17, 2012, http://newsxinhuanet.com/english/special/

❶ 8cpcnc/2012-11/17/c_131981259_13.htm (accessed December 3,2012).

❽ Xi Jinping, "Zai shiba jie zhonggong zhongyang zhenzhiju di yici jiti" [Xi Jinping at the first session of the Eighteenth CPC Politburo Meeting], Xinhua, November 17, 2012, http://news.xinhuane.com/2012-11/19/c_123967017.htm# (accessed November 30, 2012); see also Edward Wong, " New Communist Party Chief in China Denounces Corruption in Speech," New York Times, November 19, 2012, www.nytimes.com/2012/11/20/world/asia/new-communist-party-chief-in-china-Denounces-corruption.

html.

❾ Robert A. Dahl and Charles E. Lindblom, Politics, Economics and Welfare: Planning and Politico-Economic Systems Resolved into Social Processes (New York: Harper Torchbooks, 1953), pp. 93-126.

❿ 關於四％的估計，見 Minxin Pei, "Will China Become Another Indonesia?," Foreign Policy, no. 116 (Fall 1999): 96-100, and Minxin Pei, China's Trapped Transition (Cambridge, MA: Harvard University Press, 2005)，全書都不斷討論貪腐問題。關於一三．三％至一六．九％的估計，見 David M. Lampton, The Three Faces of Chinese Power: Might, Money and Minds (Berkeley: University of California Press, 2008), pp. 236-38；另參見 Wu Jinglian(吳敬璉), Understanding and Interpreting Chinese Economic Reform (Australia: Thomson, 2005), pp. 391-98，尤其是頁三九四。關於其他學者更高的估計，見 Wu Jinglian, Understanding and Interpreting, p. 394.

⓫ Evan Osnos, "Corruption Nation: Why Bo Xilai Matters," New Yorker, April 16, 2012, www.newyorker.com/online/blogs/evanosnos/2012/04/chinas-public-servants-why-bo-xilai-matters.html.

⓬ Cui Liru, "Some Thoughts on China's International Strategy," Contemporary International Relations 21, no. 6 (November/December 2011): 1-7.

⓭ 關於這項辯論可參見 Chu Shulong(楚樹龍), "Is America Declining?," Brookings Northeast Asia Commentary, no. 54 (November 30, 2011).

⓮ 二〇一〇年夏天，我在上海國際關係研究所發表兩場演講，提出這個論點，演講稿以中、英文同步發表在大衛．藍普敦〈中美關係中的力量與信任〉，《國際展望》第四期（二〇一〇年七至八月），頁四二至四八。

⓯ 與中國外交政策分析家談話，二〇〇九年七月二十日，DML六四八號文件，頁三。

⓰ Ren Xiao(任曉), "Traditional Chinese Theory and Practice of Foreign Relations: A Reassessment," in China and International Relations: The Chinese View and the Contribution of Wang Gungwu, ed. Zheng Yongnian (London: Routledge, 2010), p. 107.

⓱ 中國領導人資深顧問，二〇一二年九月十七日，北京，DML八六三號文件，頁二至三。

⓲ 資深民意分析家，二〇一二年十一月十九日，DML八七九號文件，頁三。

附錄

❶ Allen Carlson, Mary E. Gallagher, Kenneth Lieberthal and Melanie Manion, eds., Contemporary Chinese Politics: New Sources, Methods, and Field Strategies (New York: Cambridge University Press, 2010), particularly the introduction and chapters by Xi Chen, Victor Shih and colleagues, Peter Hays Gries, Calvin Chen, Benjamin L. Read, Lily L. Tsai, and Kenneth Lieberthal.

❷ Maria Heimer and Stig Thogersen, eds., Doing Fieldwork in China (Honolulu: University of Hawaii Press, 2006).

❸ Philip Selznick, TVA and the Grass Roots: A Study in the Sociology of Formal Organization (Berkeley: University of California Press, 1949).

❹ Benjamin L. Read, "More Than an Interview, Less Than Sedaka: Studying Subtle and Hidden Politics with Site-Intensive Methods," in Carlson et al., Contemporary Chinese Politics, p. 150.

❺ Lily L. Tsai, "Quantitative Research and Issues of Political Sensitivity in Rural China," in Carlson et al., Contemporary Chinese Politics, pp. 260-63.

❻ Robert A. Scalapino, ed., Elites in the People's Republic of China (Seattle: University of Washington Press, 1972); Cheng Li, China's Leaders: The New Generation (Lanham, MD: Rowman and Littlefield, 2001), and "The Central Committee, Past and Present: A Method of Quantifying Elite Biographies," in Carlson et al., Contemporary Chinese Politics, pp. 51-68; 另參見 www.chinaleadershipmonitor.org

❼ 加總起來的數字未必總是五五八。有時候數字小於五五八，那是因為我沒有必須的資料去歸類某些應答者；有些時候數字卻大於五五八，因為按照編碼辦法，有人列入不只一個類別；還有些訪談場合，應答者不只一人。

❽ 這一類別包括學者、研究員和智庫人員，除非他們是一個機構或大學的首長。

❾ 我並沒把我和中國大使們的大多數談話記下來（不過，大使們通常都有書記員陪同），因為這些對話大多談公事、且很簡短，並且在當時的情況內容也都相當私密性。

❿ 本書所用的九個級別是：第一級，最高領導人；第二級：政治局委員、副總理、國務委員、中央軍委副主席；第三級：省委第一書記、省長、部長和特別市市委第一書記或市長；第四級：上述單位的副書記、副省長、副部長、副市長；第五級：局長、大學校長、省級部首長、低於省一級的市副市長、地方？級市市長；第六級：低層級「其他」，包括學者和研究員；第七級：大使；第八級：〇〇副首長、副 department 長；以及第九級：執行長、董事長、執行副

總裁。這樣的分類法並不嚴格反映最狹義的層級。例如，大使，怎麼說當然不會是第七級，而大型的、戰略性的國有企業CEO（如中國海洋石油公司）也絕不會是第九級；的確，他們通常具有部長級別。這一個級別分類法用意只在提供最簡略的指標，去看受訪者在中國階層內分布的情況，並且考量到中國企業領導者崛起。再者，任何一種級別分類法都不完整，因為它不會考量到系統中非正式的影響線，也因為一個人同時兼具多層身份，有些身份是外人看不到或不知道的。甚且，有許多情形是我跨很長一段時期訪問同一個人，因此他／她的級別會隨著時間演進而變化，所以每次訪談必要時，他們的級別分類也會變。

⓫ 這個通則有一個重大例外，就是一九八二年我在湖北省就長江流域的管理和計劃的主題，進行相當多的訪談。這項研究讓我跑遍全省農村水力 conservation 和興建工地。這些訪談只有一部分列入本書採用的資料庫。

⓬ 中國資深學者，二〇一三年一月二十三日，DML 八八三號文件，頁四。

⓭ 例如，梁光烈將軍在二〇一一年是國務委員兼國防部長（政府職位）、十七屆中央委員和中央軍委委員（黨職），又是軍方將領。

⓮ Cheng Li, in "China's Fifth Generation: Is Diversity a Source of Strength or Weakness?," Asia Policy, no. 6 (July 2008): 64 指出，在二〇〇七至〇八年，有三十五個非中共黨員具有副部長和副省長級或以上之職位。因此這方面的情況或許會逐漸改變。

⓯ 最重要、內容最豐富的是我和下列人士的互動：環保及社會團體活躍人士戴晴；天安門事件時期的異議人士劉賓雁（一起出席密西根大學主辦的活動）；以及上海《世界經濟導報》編輯欽本立。欽本立遭到江澤民免職，他提供給我江澤民後來在北京迅速竄升的背景資料。我在一九八九年天安門事件之後，和柴玲也有些互動。

⓰ 它們和上述黨、政、軍三者並不互相排斥，其例證就是，學者可能位於軍中（例如，軍事科學院），記者通常任職黨媒，非政府組織負責人通常與不同的國家組織有密切關係。

⓱ Cheng Li, "China's Fifth Generation."

⓲ Cheng Li, in ibid., p. 62 發現女性只占第五代領導人的一一%。

⓳ 關於在中國進行訪談，非常有用的一項參考是 Dorothy J. Solinger, "Interviewing Chinese People: From High-Level Officials to the Unemployed," in Heimer and Thogersen, Doing Fieldwork in China, pp. 153-67. Solinger 的訪談「四項基本法則」是：一、取得適當的核准；二、追蹤你遇過的人，隨著時間演進、擴大人脈；三、「要警覺、不要主動」；四、「注意維護對象的安全」（頁一六六至一六七）。

⑳水利及電力部副首長某某，一九八二年十一月四日，北京，中國，DML八一一號文件，頁五至六。

㉑前任副總理谷牧，一九九三年三月三十一日，北京釣魚台賓館，十五號樓，DML四〇〇號文件，頁一。

國家圖書館出版品預行編目資料

中國夢：從鄧小平到習近平／大衛．藍普頓（David M. Lampton）著；林添貴 譯 .-- 二版 .-- 臺北市：遠流 , 2020.02
面； 公分
譯自：Following the leader : ruling China, from Deng Xiaoping to Xi Jinping
ISBN 978-957-32-8712-4（平裝）

1. 政治 2. 領導者 3. 政治文化 4. 中國

574.1 108022751

FOLLOWING THE LEADER: RULING CHINA,
FROM DENG XIAOPING TO XI JINPING
By DAVID M. LAMPTON

Published by arrangement with UNIVERSITY OF CALIFORNIA PRESS
Through Big Apple Agency, Inc., Labuan, Malaysia.

中國夢：從鄧小平到習近平

作　者／大衛．藍普頓（David M. Lampton）
譯　者／林添貴
總編暨總編輯／林馨琴
副總編輯／吳家恆
編輯協力／陳好、黃嫵羽
封面設計／張士勇

發 行 人／王榮文
出版發行／遠流出版事業股份有限公司
地址：臺北市南昌路二段 81 號 6 樓
電話：（02）2392-6899
傳真：（02）2392-6658
郵撥：0189456-1

著作權顧問／蕭雄淋律師
排　版／中原造像股份有限公司
2015 年 7 月 1 日　初版一刷（原書名：從鄧小平到習近平）
2020 年 2 月 1 日　二版一刷
定　價／新台幣 380 元（缺頁或破損的書，請寄回更換）
ISBN 978-957-32-8712-4

遠流博識網
http://www.ylib.com
E-mail: ylib @ ylib.com.tw